“十三五”国家重点图书出版规划项目

Translation Series on the International
Law of the Sea

世界海洋法译丛

欧洲卷

II

张海文　张桂红　黄　影
·主编·

青岛出版社

《世界海洋法译丛》编译委员会

《世界海洋法译丛》出版委员会

前 言
PREFACE

从1609年荷兰法学家格劳秀斯发表著名的《海洋自由论》到1994年11月16日《联合国海洋法公约》(以下简称《公约》)生效，海洋法经历了一个漫长而坎坷的发展过程。如今，海洋法已发展成为国际法中内容最新、最完备的一个分支。截至2017年11月，《公约》已成为一个拥有168个缔约国的国际条约。根据《公约》，沿海国家可以拥有自己的领海、毗连区、专属经济区、大陆架；群岛国还可拥有群岛水域。国家在不同的海域中行使不同的主权、主权权利和管辖权。

联合国秘书处海洋事务与海洋法司已将各国政府根据《公约》的有关规定向联合国秘书处交存的文件予以公布，这些文件主要有：(1)沿海国家的有关海图或地理坐标表，注明直线基线、群岛基线；领海、专属经济区和大陆架外部界限的大地基准点。(2)沿海国公布的所有有关无害通过的法律和规章；海峡沿岸国公布的在用于国际航行的海峡中有关过境通行的法律和规章；沿海国在其领海的特定区域内暂时停止外国船舶的无害通过的情况。(3)沿海国家的立法实践。

考虑到我们在海洋法研究、实践以及立法工作上的需要，我们决定将世界各国海洋立法、海洋边界实践以及国际海洋争端解决的经典案例译成汉语，并列为国家海洋局海洋发展战略研究所关于海洋权益与法律问题的系列研究项目之一，逐步编译成册出版，丛书名定为《世界海洋法译丛》。我们的决定得到了联合国秘书处海洋事务与海洋法司的赞同和支持。

本丛书的内容包括世界沿海国家的海洋立法汇编8卷（非洲卷1卷、欧洲卷3卷、美洲卷2卷、亚洲卷1卷、大洋洲卷1卷）、海上边界协定1卷、海洋法争端解决国际案例汇编1卷和海上边界国家实践发展现状4卷，共计14卷。

《公约》生效后，《公约》中包含的原则和规则开始对各国的海洋实践产生重大影响，在各国海洋立法中尤为明显。国内立法是国际法研究的一个重要方面，不仅是一国履行国际义务的实践，还可以为国际习惯法的形成和发展提供证据。本丛书中的沿海国海洋立法系列将沿海国立法分为5个部分，分别是非洲国家、亚洲国家、大洋洲国家、欧洲国家和美洲国家。在每部分中将国家按英文字母先后顺序排列。此系列的翻译原文均为联合国网站公布的各国提交的该国立法英文文本。需说明的是，其中有些立法是从其他语种的官方文本译为英文的。我们在翻译过程中尽量做到忠实原文，对有明显错误的地方作了注释。译文尽量保持原立法的完整性，仅对个别立法中与海洋法无关的内容作了省略，并作出标明。

海洋划界是现代海洋法的重要部分。《公约》对国家主权和管辖海域的规定（增加领海宽度、设立专属经济区这一新制度，重新界定大陆架等）使得各沿海国之间出现了大量的重叠主张。各沿海国家相互之间签署了大量的边界协议，但仍有200多项海洋划界问题亟待解决。海洋划界的发展经历了3个阶段：第一个阶段自18世纪至二战爆发前，见证了沿海国普遍接受将陆地领土主权延伸至领海的历程，形成了一些划界的基本原则。第二个阶段始于第一项领海范围以外海洋划界协定（1942年《帕里亚湾条约》）的出台，进而杜鲁门1945年发布《大陆架公告》，直至1958年《大陆架公约》和1969年《北海大陆架案》，见证了海洋划界向外拓展并涵盖大陆架的过程。第三个阶段自专属经济区概念和大陆架新定义首次引入第三次《联合国海洋法公约》会议谈判案文并最终写进《公约》开始，海洋划界有了新的内涵。本丛书中的海上边界协定部分收录了1942—1991年相关国家之间签订的海洋划界协定。为方便查询，协定按地区分类汇总，如大西洋区域（北大西洋和南大西洋）、加勒比区域、地中海区域、印度洋区域和太平洋区域（东太平洋和西太平洋)，每个区域依照国别和划界区域列出协议。

本丛书中的海洋法争端解决案例系列收录了自19世纪末至20世纪初的33个海洋法典型案例，内容编排为7章，涵盖了海洋法主要的案例类型：第一章为基线、海湾和领海类案例；第二章为国际航行海峡类案例；第三章为海洋划界类案例；第四章为渔业和海洋生物资源类案例；第五章为公海刑事管辖权和船旗国管辖权类案例；第六章为航行类案例；第七章为海洋环境类案例。这些案例包含了国际常设法院（Permanent Court of International Justice，2宗）、中美洲法院（Central American Court of Justice，1宗）、国际法院（12宗）和国际海洋法法庭（International Tribunal for the Law of the Sea，7宗）作出的判决及仲裁法庭（10宗）和特别委员会（1宗）作出的仲裁裁决。由于有些涉及海洋法的争议仍在审理当中，因此不排除以后会更新相关审理结果的可能性。

本丛书中的海上边界国家实践发展现状系列旨在广泛传播各国在实践中适用《公约》的现状，为《公约》的实施提供帮助，促进各国统一、一致地适用《公约》规定的复杂而全面的国际规则。此系列包括1982—1994年的双边和多边条约、国内立法及政府照会、宣告和声明，按照国家字母顺序逐一列出。内容涵盖以下事务：领海基线、领海宽度及归属、专属经济区的建立、大陆架的界定、海岸相向或相邻国家间海上边界的划定等。

本丛书的编译工作由张海文主持，北京大学法学院李红云教授及其部分研究生、北京师范大学法学院张桂红教授及其部分研究生以及原国家海洋局国际合作司梁凤奎、祁冬梅、宁佳、蔡壁岭等参与了翻译工作。天津外国语大学黄影讲师负责本丛书的审校工作。丛书的文字翻译是对联合国公开资料的客观展示，以利于国内读者作为资料参考，并不代表编者和出版者认可其观点和立场。在编译过程中由于水平所限，错误在所难免，在此欢迎读者批评指正。

本丛书集合了国内立法和政策、边界协定和国际法案例，为我国了解国际海洋边界的最新进展、熟悉“海上丝绸之路”沿线国家的基本情况，以及国际司法和仲裁机构对各类涉海问题的解读和分析提供了权威参考资料，对于推动国际法治、实现海洋强国具有重要的现实意义。我们希望通过《世界海洋法译丛》的编译出版，能对我国研究海洋法的学者和学生、涉海的政府行政主管部门、海洋立法和执法机构提供一些帮助和参考，为我国海洋事业的发展尽绵薄之力。

编译者

2017 年 11 月 28 日

目　录
CONTENTS

意大利 / Italy …… 1

关于在领海和大陆架勘测和生产石油与天然气的第 613 号法案以及关于勘测和生产石油与天然气的第 6 号法案（1967 年 1 月 11 日）的修正案 …… 1

航海法典 1942 年 3 月 30 日，经第 359 号法令（1974 年 8 月 14 日）修正 …… 5

海船部长法令（1993 年 2 月 26 日）…… 6

在领海外部界限外设立生态保护区的第 61 号法律（2006 年 2 月 8 日）…… 7

在西北地中海、利古里亚海和伊特鲁利亚海设立生态保护区的规定 2011 年 10 月 27 日第 209 号总统敕令（文本于 2012 年 1 月 1 日生效）…… 9

敕令 …… 14

拉脱维亚 / Latvia …… 16

拉脱维亚共和国边界法 …… 16

拉脱维亚共和国大陆架和专属经济区法（1993 年 2 月 2 日）…… 20

拉脱维亚共和国最高委员会就《拉脱维亚共和国边界法》生效程序的决定（1990 年 12 月 10 日）…… 20

立陶宛 / Lithuania……21
领海立法（1992 年 6 月 25 日）……21
立陶宛共和国国家边界适用法……22
立陶宛共和国最高会议关于立陶宛共和国
国家边界法生效的决议……27
立陶宛共和国政府决议（2004 年 12 月 6 日第 1597 号）……27

马耳他 / Malta……31
领海及毗连区法案（1971 年第 32 号）……31
大陆架法（1966 年 7 月 29 日）……36

摩纳哥 / Monaco……40
关于摩纳哥领海划定的最高条例
（1973 年 2 月 14 日第 5094 号）……40
包含海洋法典的第 1198 号决议
（1998 年 3 月 27 日）……40

荷兰 / Netherlands……179
荷兰领海（划界）法案（1985 年 1 月 9 日）……179
荷属安的列斯群岛领海（延伸）法案
（1985 年 1 月 9 日）……182
关于《荷属安的列斯群岛领海（延伸）法案》
第一节的实施管理的法令（1985 年 10 月 23 日）……183
建立荷属安的列斯群岛以及阿鲁巴岛渔业区的法令
（关于荷属安的列斯群岛以及阿鲁巴岛渔业区的法令）
（1993 年 7 月 6 日）……188
建立王国专属经济区的王国法案（专属经济区建立法案）
（1999 年 5 月 27 日）……189
决定荷兰专属经济区外部界限以及启动建立专属经济区
王国法案的法令（荷兰专属经济区外部界限法令）
（2000 年 3 月 13 日）……191

确定加勒比海地区荷兰王国专属经济区外部界限的决议
（加勒比海地区荷兰王国专属经济区外部界限的决议）
（2010 年 6 月 10 日）…………………………………………………… 192

挪威 / Norway ………………………………………………………………… 194
皇家法令（1812 年 2 月 22 日） …………………………………………… 194
关于《海关法》（1928 年 7 月 22 日）的皇家决议
（1932 年 10 月 28 日） ………………………………………………… 194
皇家法令（1935 年 7 月 12 日） …………………………………………… 195
皇家法令（1952 年 7 月 18 日） …………………………………………… 198
王储法令（1955 年 6 月 30 日） …………………………………………… 201
关于挪威海岸以外海床以及底土主权的皇家法令
（1963 年 5 月 31 日）…………………………………………………… 202
关于海底自然资勘探开发的法案（1963 年 6 月 21 日） ……………… 203
关于挪威大陆架海床和底土中石油储量勘探开发的皇家法令
（1965 年 4 月 9 日） …………………………………………………… 203
建立挪威大陆架自然资源等科学研究规则的皇家法令
（1969 年 1 月 31 日）…………………………………………………… 204
关于建立挪威大陆架中石油以外海底自然资源开发的
暂行条例的皇家法令（1970 年 6 月 21 日） ………………………… 206
关于斯瓦尔巴群岛部分领海的界定（1970 年 9 月 25 日） ………… 208
关于建立挪威经济区的皇家法令（1976 年 12 月 17 日）……………… 211
关于挪威专属经济区的第 91 号法令（1976 年 12 月 17 日） ……… 212
挪威斯瓦尔巴群岛地区领海边界条例
（2001 年 6 月 1 日皇家法令） ……………………………………… 214
挪威扬马延岛领海边界条例………………………………………………… 223
关于挪威领海以及毗连区的第 57 号法案
（2003 年 6 月 27 日，见海洋法公报第 54 号第 97 页）……………… 224
关于决定挪威大陆周围领海范围基线的规定
（2002 年 6 月 14 日皇家法令）……………………………………… 225

确定挪威大陆领海外部界限的坐标点列表
（2003 年 12 月 1 日按照《联合国海洋法公约》规定由挪威与
联合国秘书长确立，见海洋法公报第 54 号第 29 页）………… 230
关于决定布维岛领海范围的基线规定
（2005 年 2 月 25 日由皇家法令制定，
见海洋法公报第 60 号第 50 页）………………………………… 245
有关挪威内水、领海、专属经济区以及大陆架上进行的
国外海洋科学研究规则
（2001 年 3 月 30 日王储法令）………………………………… 252
确定布韦岛领海外部界限各点的地理坐标表…………………… 258
1932 年 10 月 28 日《敕令》
（替代 1928 年 6 月 22 日《海关法》）………………………… 265
确定挪威本土领海外部界限点的坐标表………………………… 265
确定斯瓦尔巴群岛领海外部界限点的坐标表…………………… 280
确定扬马延领海外部界限点的坐标表…………………………… 327
关于确定挪威本土领海范围基线的条例
（2002 年 6 月 14 日《敕令》）………………………………… 336

意大利
Italy

（英文文本截止于 2014 年 5 月 9 日）

关于在领海和大陆架勘测和生产石油与天然气的第 613 号法案以及关于勘测和生产石油与天然气的第 6 号法案（1967 年 1 月 11 日）的修正案

第一章　大　陆　架

第一条

根据制定目的，本法中“大陆架”一词是指毗邻意大利半岛及岛屿的海床和底土，但不包括领海以外的地区。其深度通常为 200 米，但在上覆水域承认的区域进行自然资源开发可以超越该范围的限制。

意大利的外部大陆架的确定，需要同与意大利海岸相对并共享大陆架的国家协议决定。

前文中的协议产生效力，也包括只在意大利沿岸和意大利沿岸相对国海岸中间线的意大利一侧的大陆架上颁发勘探和测绘许可证及生产油气的协定的情况。

第二章　法案的目的

第二条

勘探大陆架和开发其自然资源的权利应由国家赋予。

从海岸低潮线到意大利大陆架外部边界上，以及在紧连意大利半岛及岛屿领土的海下区域的底土上进行勘探、测绘，从事以生产油气资源为目的的活动，应遵循本法案以及其他生效的且不和本法冲突的法律。

上文中提到的活动不能对自由航行、捕鱼、海洋生物资源的保护造成影响，不能影响由国际法律授权的公海的其他用途，不能对海岸、沙滩、泊船处和港口的保护带来不正当的干扰。

把在大陆架上任何开采矿产的行为等同于在意大利领土上开采矿产，并包括在本条法律中没有规定的课税。

上文中没有规定的以勘探大陆架为目的的授权和经营，开发除了油、气、矿以外的自然资源应当服从海洋管理局的管辖。在适用的范围之内，这些授权和经营应该受航海法规、相关法规以及决定相关费用的有效法规规定的约束。

第三条

关于第二条的第二段所提及的活动应该在以下阶段执行：

1. 勘探应该包括领海海床全部底土的表面勘探和以查明大陆架地质矿产特征为目的的勘探。

2. 勘探与先前提到的概念相同但是在一个限制的区域里，应在不排他的基础上允许勘探。

3. 在预先确定地势和尺寸的一个区域内进行排他基础上的勘测应该包括所有的活动，包括以探索地下资源为目的而从事的机械钻井活动。

4. 以勘探地下存储物为目的，在勘探许可地区以独占为目的的生产。

第一阶段应享有绝对优先权；为国家碳氢化合物机构（国家碳化氢公司），这一阶段应在排他基础上暂时性保留。

第二阶段不应是强制性的，也不应在之前或与第三阶段和第四阶段同时被授权。阶段 3 在进行生产阶段 4 之前应当托管。

…………

第九条

…………勘探许可证应该颁发给意大利公民或企业申请者，以及总部设在意大利的公司和拥有意大利国籍的个人和企业。拥有意大利国籍的公民、企业和公司可以在意大利领水和大陆架上进行油气的勘测和生产，同时要求申请者具备进行勘探业务的技术和资金能力。

第十条

…………

勘探许可应当是非排他性的。

…………

第十三条

勘探许可证不得在勘探者之间相互转让。

…………

第四章　测绘许可证

第十六条

测量许可证应该颁发给意大利公民或企业申请者，颁发给总部设在意大利的公司和拥有意大利国籍的个人和企业。拥有意大利国籍的公民、企业和公司可以在意大利领水和大陆架上进行油气的勘测和生产，同时其应具备进行海域测量的技术和资金能力。

为了这些有被发现可能性的被快速开发，以及保证上述方案的开展，在同一区域内提交的竞争申请应考虑其工作计划方案的合理性和完整性，也要特别关注申请人采矿的经验以及为意大利能源资源已经作出和将要作出的贡献。

在其他条件不变的情况下，第一申请人应具有优先权。

…………

第十八条

按照许可申请规定的份额，达到第十六条中提到的要求，测量许可证可以发给一个或多个自然人或法人团体，包括股份制企业。

…………

第五章　生　　产

第二十七条

油井和其他可用的地质矿产数据的输出使得可发现的地下存储物在技术上和经济上存在合理性，任何执照持有人对钻井所发现的油气资源享有经营许可权，对这一地区和该井也享用经营许可权。

该地区指上文中提到的地下存储物可以有效被发现的地区。

…………

第三十四条

以免税为目的评估在资产负债表上的，来自第二条中提到的关于油气生产活动的多至 50% 的公司和企业申报的利润，如果遵守 1957 年 1 月第 II 号法令第六条法案的相关规定，直接投资在领海、大陆架或一国领土内实行的非排他性勘探或勘测油气的活动，应当自本法生效之日起 20 年内免征乙级动产物业税。

上文中提到的不高于该活动成本的 50% 的部分应当被有效地免除。

为了获得第一部分所提到的豁免权，公司和企业在资产负债表的基础上评估的税务负担必须适用于年度税务声明并且说明其打算投资的利润的比例。该声明必须随附一份投资时间表的草稿，该时间表须有该活动开始和完成的明确日期、费用和相关财政预算。

…………

第八章　最终和暂行规定

…………

第四十九条

在意大利大陆架上设立勘测和生产设施必须遵守国家法律的规定。

管辖权应由距离设施最近的机关在职权范围内行使。

直到当这些设施漂浮，在这些设施上行使法律法规应按照 1942 年 3 月 30 日批准的皇家法案第三百二十七条及航海法典的第四条和第五条的规定。

…………

第五十五条

按照第二条的规定，从海床中获取的油气资源须主要应用于国内市场，未经工业、商业、手工业部长的同意和外经贸部部长的授权不得出口。

按照第二条的规定，从海床中提取的燃气，没有首先出售给国家碳氢化合物机构的不能被出售或被持有经营许可者利用，但符合第三十三条第3款规定的除外。

在向碳氢化合物技术委员会咨询后，缺席的一方的工业、商业和手工业部长不能就销售作出授权。

利用燃气实施的计划应由工业、商业和手工业部长立足于经济规划部际委员会基于部门方案作的决定进行批准，并得到国家工业补贴部的同意。

航海法典
1942年3月30日，经第359号法令（1974年8月14日）修正

领　海

任何海湾地区，包括入海口或属于共和国领土一部分的沿岸的海港，如果距起点最外部不超过24海里，应接受国家主权的管辖。如果该距离超过24海里，那么沿向海处被24海里分割的最远两点画一条直线，入海口或海湾包括在内的部分应接受国家主权的管辖。

另外，在上文中提到的从最远处两点所交会的直线处，大陆沿岸和共和国的岛屿向海延伸12海里的区域，应该接受国家主权的管辖。这里的12海里是从海岸线低潮标构成处得到的。

上述规定不影响为特定目的制定的法规、规章或国际公约的任何规定。

国家主权范围内的领空

领土和领海上空的领空受国家主权的管辖。

…………

海船部长法令
（1993 年 2 月 26 日）

鉴于航海法典第二条。

鉴于石油资源局 1991 年 11 月 8 日批准的第四百三十八条法令与海上人类生活和航行安全的规定的第二百五十六条。

鉴于 1980 年 5 月 23 日在意大利执行并修订的第三百一十三号法令，1974 年 9 月 1 日在伦敦通过的《V/8 海上人命公约》的规定。

鉴于 1982 年 7 月 4 日修正、1978 年 2 月 17 号在伦敦完成的《防止船舶污染和介入公海上非石油物质的污染的国际公约的议定书》。

鉴于 1991 年 7 月 4 日适用的《MEPC49（31）号决议》。

鉴于 1989 年 10 月 19 日在伦敦适用的《A670（16）号决议》。

鉴于博赤斯的博尼法西奥区由高密度的商船、渔船和游乐交通而导致的在狭窄水域航行的困难。

鉴于作为意大利与法国之间合作的一部分，需要采用紧急措施避免运载油气和化学物质或其他可能造成海洋和海岸污染的物质的轮船在博赤斯的博尼法西奥发生海洋事故的危险。

鉴于需要保护拉马达莱纳群岛，1991 年 12 月 6 日的第三百九十四条法案的第三十六条规定了把它作为一个保护区预留的决定。

鉴于规范外国船只在博赤斯的博尼法西奥的活动，采用《SOLAS 公约 74（83）》第五章规定的程序是必要的。

鉴于在意大利与法国政府间交换注意事项。

鉴于需要通过立竿见影的效果规定意大利船旗国在博赤斯的博尼法西

奥的过境。

法令：

第一条

根据在意大利生效的国际公约的明确规定，在博赤斯的博尼法西奥航行的悬挂意大利国旗的航船禁止运输石油、天然气或者化学物品；并且禁止在甲板上放置装有石油、化学物品或其他可对海洋环境造成威胁或损害的污染物质集装箱。

第二条

违法者应当受到《航海法典》第一百二十四条规定的制裁。

第三条

该项法令的执行应委托领土海事主管机关。

该项法令应在继官方公报公布之日起 30 日内生效。

在领海外部界限外设立生态保护区的第 61 号法律
（2006 年 2 月 8 日）

意大利共和国众议院和参议院已经批准；

并且

共和国总统颁布

如下法律：

第一条　生态保护区的确立以及外部界限的确定

1. 根据 1982 年 12 月 10 日在蒙特哥湾签订的《联合国海洋法公约》及其附件与最终文本决议的条款规定，以及 1994 年 7 月 29 日签订并于 1994 年 12 月 2 日根据 689 号法律批准并生效的关于公约第十一部分的执行协议及其附件，由此正式确立生态保护区的范围从意大利领海的外部界限开始至根据第 3 款确定的界限。

2. 与文化遗产和活动部长协商后，由环境和领土保护部长协同外务部长提出生态保护区的确立，由内阁进行考量之后，以发布共和国总统敕令的方式得以规定。在外务部长的职责范围之内，由其转交给与意大利领土邻近或相向的各个国家。

3. 生态保护区的外部界限在与第 2 款中涉及的国家签订协议的基础上加以确定。在该协议生效之日以前，生态保护区的外部界限沿着中间线的走向，该线的每一点与意大利和第 2 款中所涉及国家的领海基线最近各点的距离都相等。

第二条 生态保护区中法律的适用

1. 在根据第一条确立的生态保护区的框架之下，根据上述提及的《联合国海洋法公约》以及 2001 年 11 月 2 日在巴黎通过的 2001 年教科文组织《保护水下文化遗产的国际公约》的相关规定，保护和保全海洋环境方面行使其管辖权，包括考古和历史遗迹，自该公约在意大利生效之日起执行。

2. 在生态保护区内，与预防和控制各种类型的海洋污染相关的意大利的法律规则、欧盟法律以及有效的国际条约，包括来自船只和船舶压载水舱、垃圾沉没造成的污染，勘探活动以及开发海床活动造成的污染，来自大气的污染，也将适用于悬挂外国国旗的船只以及具有外国国籍的个人。

3. 现行法律不适用于渔业活动。

现行法律，盖有国家封印，将插入意大利共和国官方的法律汇编之中。每个人都必须据此遵行并确保其作为国家法律得以遵行。

2006 年 2 月 8 日于罗马

钱皮

贝卢斯科尼，内阁总统

马蒂奥尼，环境和保护领土部长

在西北地中海、利古里亚海和伊特鲁利亚海设立生态保护区的规定 2011 年 10 月 27 日第 209 号总统敕令

（文本于 2012 年 1 月 1 日生效）

共和国总统

鉴于《宪法》第八十七条相关规定。

鉴于 1986 年 7 月 8 日设立环境部以及有关环境破坏条款的第 349 号法律。

鉴于 1977 年 4 月 26 日第 816 号总统敕令，该敕令包括规定 1962 年 12 月 8 日第 1658 号法律的适用，确定遵守 1958 年 4 月 29 日通过的《领海和毗连区公约》，并执行该公约。

鉴于 1982 年 12 月 31 日第 979 号包括保护海洋条款的法律。

鉴于 1988 年 8 月 23 日第 400 号法律的第十七条第 1 款。

鉴于 1982 年 12 月 10 日在蒙特哥湾签订的《联合国海洋法公约》及其附件和最终决议，特别是第五部分（专属经济区），以及于 1994 年 7 月 29 日在纽约签订并通过 1994 年 12 月 2 日第 689 号法律对本国生效的该公约第十一部分执行协定及其附件。

鉴于 2004 年 1 月 22 日第 42 号法律敕令，根据 2002 年 7 月 6 日第 137 号法律的第十条规定，该法令包括文化遗产和景观法典，且该法令被 2006 年底 157 号法律敕令吸收并修订。鉴于 2006 年 2 月 8 日第 61 号在领海外部界限外确立生态保护区的法律，特别是第一条第 2 款的规定。

鉴于 2007 年 11 月 6 日第 202 号法律敕令，该敕令颁布实施 2005 年 9 月 7 日欧洲议会和理事会关于来源于船舶的污染以及引入对侵权行为的惩罚的 2005/35/CE 号指令。

鉴于 2009 年 10 月 23 日第 157 号规制生态保护区内水下文化遗产保护的法律，该生态保护区是根据 2006 年 2 月 8 日第 61 号法律，更具体而言，

是根据其第四条规定设立的。

鉴于保护海洋环境和水下文化遗产的协议，包括：1972年12月29日在伦敦签署，1975年8月30日生效，由1983年5月2日第305号法律批准的《防止倾倒废物及其他物质造成的海洋污染的国际公约》以及根据2006年2月13日第87号法律和相关的议定书；1976年2月16日在巴塞罗那通过，1978年2月12日生效的《保护地中海免受污染公约》及相关议定书，意大利通过1979年1月25日第30号法律批准；1976年5月10日在摩纳哥签署，并且意大利通过1980年10月24日第743号法律得以批准的《RAMOGE协议》；由1980年9月29日第662号法律批准通过的《防止船舶污染国际公约》(MARPOL公约73/78)，随后于1978年2月17日由在伦敦通过的议定书加以修订，并通过1982年6月4日第438号法律颁布实施；1992年6月5日在里约热内卢签署的《生物多样性公约》，由1994年2月14日第124号法律批准，特别是其中关于在国家管辖范围外确立海洋保护区的IX/20号决定，该决定在2008年5月19日至30日在德国波恩举办的第9届成员国大会上通过；1996年11月24日在摩纳哥签署，2001年6月1日生效，并由意大利通过2005年2月10日第27号法律批准的《关于保护黑海、地中海和邻近大西洋区域内鲸目动物的协议》及其附录和最终决议；1999年11月25日在罗马签署，2001年10月11日第391号法律批准的《在地中海设立海洋哺乳动物栖居地的国际协定》；2001年11月2日在巴黎通过，并由意大利通过2009年10月23日第157号法律批准的教科文组织《保护水下文化遗产国际公约》，批准并实施2011年11月2日在巴黎通过的《保护水下文化遗产国际公约》及其附录，以及使国内法律和公约相关规定保持一致的法律规定。

鉴于相关欧盟的环境法规，包括：1992年5月21日关于自然和半自然栖息地以及野生植物和动物保护的理事会92/43/CEE号“栖息地”指令，由1997年9月8日第357号总统敕令执行，由2003年3月12日第120号总统敕令修订并吸收；“确立共同体船舶交通监控和信息系统”的2002/59/CE号指令以及2005年8月19日第196号相关的执行法律敕令；2005年9月7日欧洲议会和理事会关于船舶污染和引入对侵权行为进行惩罚的2005/35/CE号指令，由2007年11月6日第202号法律敕令颁布实施；欧洲议会和理事会 2008 年 6 月 17 日关于设立在海洋环境政策领域采取共同行动框架的 2008/56/CE 号指令；修订关于船舶污染和引入对侵权行为进行惩罚的 2005/35/CE 号指令的 2009/123/CE 号指令。

鉴于 2005 年 7 月 12 日 2005/667/GAI 号理事会框架决定，该决定旨在加强执行防止船舶污染的刑法框架。

鉴于 2006 年 5 月 22 日欧洲委员会信息通报 COM（2006）216 号《2010 年及之后防止生物多样性损失》以及相关的《2010 年及以后的欧盟行动计划》。

鉴于 2009 年 11 月 20 日由外务部、总秘书处、外交争议和条约处发布的第 050/P/0422197 号会照，该会照公布了确定生态保护区临时性单边界限的陆上坐标列表以及表明界限位置的有色地图。

鉴于外务部法制办公室 2010 年 9 月 17 日公布的关于意大利生态保护区界限的 304554 号会照。

鉴于 2010 年 10 月 7 日会议上由各部委员会通过的初步性决议，已经知悉文化遗产和活动部。

已于 2010 年 11 月 25 日召开的会议上知悉国家委员会法律顾问部所表述的意见，在此次会议上法规顾问部被要求作出一些说明。

已知悉 2011 年 5 月 16 日由环境、陆地和海洋部发布的第 14871/UL 号会照，在此会照中被要求澄清的内容一并提交给国家委员会。

已于 2011 年 6 月 9 日召开的会议上知悉国家委员会法律顾问部所表述的意见，在此次会议上，在进行了一系列评论之后，一项有利的意见得以表达，同时采取了相应的措施。

鉴于在 2011 年 6 月 9 日召开的会议上，包含在国家委员会法律顾问部提出的意见之中的评论得到接受。

鉴于各部委员会于 2011 年 10 月 6 日通过的决议。

基于环境、陆地和海洋部长以及外务部长的提议。

公布以下法规：

第一条

在西北地中海、利古里亚海和伊特鲁利亚海设立生态保护区。

1. 根据 1982 年 12 月 10 日在蒙特哥湾签订的《联合国海洋法公约》，

2006年2月8日第61号法律第一条在西北地中海、利古里亚海和伊特鲁利亚海设立生态保护区，从意大利领海的外部界限开始，不包括西西里海峡，直至第二条规定的界限。

第二条

外部界限

1. 根据2006年2月8日第61号法律第1条第3款的规定，在法国和西班牙签订划界协议之前，生态保护区的外部界限的基准点根据WDS 84确定，并将各点连接到以下坐标点：(1)43°34′36″N，007°41′00″E；(2)43°25′00″N，007°42′36″E；(3)43°05′00″N，007°55′00″E；(4)43°18′00″N，008°26′00″E；(5)43°40′00″N，009°00′00″E；(6)43°19′00″N，009°35′00″E。领海界限沿着下列各点：(7)42°11′42″N，009°54′30″E；(8)41°33′24″N，010°25′00″E；(9)41°24′42″N，009°42′54″E。本条约的界限沿着关于博尼法乔海峡海上界限的法国－意大利条约（根据1986年法国－意大利协议签定）确定的第1点到第6点，并连接到下列各点：(10)41°14′30″N，008°46′00″E；(11)41°23′00″N，008°16′00″E；(12)41°45′30″N，006°56′00″E；(13)41°15′30″N，005°54′00″E；(14)41°05′00″N，006°00′00″E；(15)40°49′00″N，006°04′00″E；(16)40°30′00″N，006°14′00″E；(17)40°03′00″N，006°21′00″E；(18)39°25′00″N，006°17′00″E；(19)38°48′00″N，006°06′00″E；(20)38°48′00″N，008°09′27″E。领海界限沿着下列各点：(21)38°40′00″N，008°43′12″E；(22)38°40′00″N，010°52′00″E；(23)37°50′24″N，011°50′18″E。领海界限从这一点继续向前延伸。

2. 上述各点和各线所确定的外部界限在构成本敕令整体内容一部分的地理地图中得以标明。（地图略。）

第三条

环境、海洋生态系统和水下文化遗产的保护措施

1. 根据第二条划定的生态保护区受意大利法律规定、欧盟法律及意大利参加的有效的国际公约的保护，特别是关于以下几点的保护：(1)各种船舶污染的预防和控制，包括近岸平台，由于压舱水的倾倒而引发的生物污染，如果禁止，废物焚烧、海底勘探和开发引起的海洋污染及大气污染，也与

悬挂外国国旗的船舶及外国国民相关。（2）生物多样性和海洋生态系统保护，特别是海洋哺乳动物。（3）在海底发现的文化遗产。

2. 本条款中的规定并不适用于1980年9月29日第662号法律批准的《防止船舶污染的国际公约》第三条第3款中列明的船舶，该公约随后由1978年2月17日在伦敦通过的一项议定书加以修订并由1982年6月4日第438号法律颁布实施。

第四条

控制和惩罚

第二条规定的生态保护区中，在控制和调查可能发生的侵权行为以及规定的刑罚适用方面，意大利权力机关根据意大利的法律规定、欧盟法律以及意大利签署和作为成员国参加的有效的国际公约，享有管辖权。

第五条

执行程序

适用于根据第二条规定确定的生态保护区的法律制度的执行程序由环境、陆地和海洋部在听取其他部门意见之后，根据具体情况发布敕令加以确定。

本敕令加盖政府封印，应该在意大利共和国法律关系的官方注册地进行记录。本敕令应由其适用的任何人遵守并执行。

2011年10月27日 罗马

那波利塔诺

贝卢斯科尼，各部委员会主席

普雷斯蒂贾科莫，环境、陆地和海洋部长

弗拉蒂尼，外务部长

加盖封印保存者印章：帕尔马

敕 令

经济发展部长

鉴于1967年7月21日关于在领海和大陆架范围内研究和生产液体与气体烃类化合物的第613号法律，以及后续的修订及增补。

鉴于1978年6月3日批准和执行于1971年8月20日在突尼斯签署的意大利和突尼斯政府之间关于两国大陆架划界的协议的第347号法律。

鉴于国际法院于1985年6月3日公布的判决，划定马耳他和利比亚之间的海洋界限。

鉴于1994年12月2日关于批准和执行1982年12月10日在蒙特哥湾签署的《联合国海洋法公约》及其附加和最终决议，以及1994年7月29日在纽约签署的该公约第十一部分的执行协定及其附件，特别是第七十六和七十七条的第689号法律。

鉴于1996年11月25日关于勘探、研究和生产烃类化合物的授权的颁发及使用条件的第625号法律敕令，特别是根据第三条，规制在意大利大陆架相关区域内的开发和研究行为。

鉴于1967年确定名为“区域C”的海洋区域的第613号法律的第五条。

考虑到根据1967年第613号法律的第一条，该条由1994年12月2日第689号法律第七十六条中修订，扩展的区域是意大利大陆架的一部分。

考虑到相邻国家的划界线，根据1994年12月2日第689号法律第八十三条第1款规定，必须最终通过签订协议的方式确定以求得公平划界。

考虑到下文确定的“区域C–南部区域”界限不损害根据上述1994年第689号法律第八十三条第3款确定的在西西里海峡和爱奥尼亚海南部扩张部分意大利大陆架的最终划界。

考虑到在上述海床区域研究和生产烃类化合物具有的潜在利益。

考虑到“区域C”向东部爱奥尼亚海南部扩展以及西西里海峡东北方向的扩张是适宜的。

1.“区域C–南部区域”的划界线由附件A标明的各地理坐标点划定，该附件和附件B的规划图是本敕令的组成部分，附件B是从意大利海军水文测量研究院制定的第1503号西西里海峡的测海图中截取而来，比例尺为

1∶750 000。

2. 在本敕令于《欧盟官方公报》公布之日 3 个月内，申请者可以根据现行的法律法规提出在第 1 款规定的扩展区域内进行勘探或研究液体或气体烃类化合物活动的授权申请。本敕令也在《经济发展部烃类化合物和地理资源官方公报》上公布。

本敕令加盖国家封印，加入意大利共和国立法文件官方汇编之中。所有人都必须遵守该项敕令并保证其得以遵守。

注：附件 A 和附件 B 部分省略。

2012 年 12 月 27 日　罗马

部长

拉脱维亚
Latvia

（英文文本截止于 2011 年 7 月 13 日）

拉脱维亚共和国边界法

第一章　一般条款

第一条　拉脱维亚共和国的边界

拉脱维亚共和国的边界是一条线以及从这条线延伸出的垂直表面。它把拉脱维亚共和国的领土分为陆地和海域，这片土地的地下和领空从邻国和波罗的海的中立水域起算。

第二条　拉脱维亚共和国边界的确定及其防卫与保护

拉脱维亚共和国的边界确定依据是拉脱维亚共和国 1940 年 6 月 6 日批准和生效的国际条约和之后生效的与邻国边界重建的双边条约。

拉脱维亚共和国政府在法律范围内应该采取行动防卫与保护国家的边界和领土。

第三条　拉脱维亚共和国边界的规定

拉脱维亚共和国边界，如果没有在拉脱维亚共和国生效的国际条约中规定，应该标出：

1. 在陆地：根据特征轮廓和清晰可见的标志性建筑与参照点。

2. 在波罗的海：沿着拉脱维亚共和国领土的外部边界。

3. 在伊尔贝海峡和里加湾：根据同爱沙尼亚共和国的双边协议。

4. 沿通航河流：沿着主航道的中部；沿着不通航的河流：沿着它们的中部或者沿着河流主要分支的中部。在湖泊和其他静止水体：沿着连接两点的直线，当拉脱维亚共和国边界线位于该湖泊和其他水体时。

如果沿岸河床或河流有改变，沿着河流、溪水、湖泊或其他水域的拉脱维亚共和国边界线也不应改变。

5. 作为水上标志的跨越边界线的桥梁和其他建筑物：沿着这些桥或其他建筑物的中线，或沿着其他的轴线。

第四条 拉脱维亚共和国的领海

在拉脱维亚共和国的领海中应该认为波罗的海的水域宽度为 12 海里，这一距离是从拉脱维亚沿海到最高低潮线起算。

第五条 拉脱维亚共和国的内水

以下是拉脱维亚共和国的内水：

1. 由直线标记出的港口水域，坐落在向海点的最远处。加入在港口对面沿岸的具体水文或其他结构点。

2. 在伊尔贝海峡和里加湾——从直线基线的水域至劳德角的悬崖南部的一部分，奥维斯角和在里加湾的东部沿海的拉脱维亚共和国的陆地边界的中点之间。

3. 那些海峡和海湾的水域，是完全属于拉脱维亚的沿海。

4. 那些河流、湖泊和其他水体的水域，是完全属于拉脱维亚的海岸。

第二章 拉脱维亚共和国国家边界制度以其边界地区

第六条 拉脱维亚共和国边界的制度

拉脱维亚共和国边界制度规定了维护及防卫边界的方法和穿过边界的程序，进入边界区或在边界区停留的程序。在边界河湖和其他水域，它也提供了必要的控制。拉脱维亚共和国的边界，通过拉脱维亚共和国的其他立法和国际条约，根据本法规定。

第七条 拉脱维亚共和国的国家边界区域

为了维持拉脱维亚共和国国家边界的正常秩序，应该划定边界地区。这个边界是共和国边界的一部分，遵守边界制度是维护拉脱维亚共和国主权的重要体现。根据国际条约，边界地区应该由拉脱维亚共和国政府确定。

第八条 边界区

为了国家边界和拉脱维亚共和国的利益，拉脱维亚共和国政府应该在国家边界固定边界区，该边界区是沿着国家边境和波罗的海海岸线不超过15公里的区域。

第九条 边界区的制度

边界区的制度决定了船舶在拉脱维亚共和国领海和毗邻边界的内水的驶入、停留和工作程序。

边界区的制度根据法律、法规和国际条约确定。

第十条 穿越拉脱维亚共和国国家边界

陆路、公路、水路、航空和其他跨越拉脱维亚共和国边界的运输应该根据国际法和拉脱维亚共和国法律在拉脱维亚共和国政府确定的边界过境点发生，在边界过境口岸应该建立边境管制站。

船舶、军舰和其他漂流物应该根据本法和拉脱维亚共和国法律法规穿越拉脱维亚共和国的边界，该法律法规是根据特别程序颁布的。

飞机和其他飞行器应当根据依特别程序颁布的拉脱维亚共和国的法律法规指定的空中航线穿越拉脱维亚共和国的边界。

第十一条 在拉脱维亚共和国的空中从事飞行的航空器的离开和到达

飞机或其他航空器应当从拉脱维亚机场起飞或降落，该机场是有权进行国际航行的、拥有国际保卫处和海关机构的机场。

在空中飞行的飞机和其他航空器到达与离开的程序应该由拉脱维亚共和国的政府及其下属机构决定或变更。

第十二条 关于即将到达拉脱维亚共和国领海、内水和海港的外国航船及其他航行物应该遵守的规定

根据拉脱维亚共和国的法律法规中的特别程序和被拉脱维亚共和国认可的国际条约，外国航船和其他航行物应该在拉脱维亚共和国的内水停靠。

根据拉脱维亚共和国政府的特别程序，外国军舰应该在拉脱维亚共和

国领海停泊。

外国潜水艇可以在拉脱维亚的领海停留，但必须浮出水面并出示能够表明其所属国家的标志。

外国船舶和其他在内水的航行物在拉脱维亚港口抛锚或停留应当遵守拉脱维亚共和国的法律法规，这些法律法规应根据特别程序颁布。

如果没有其他规定，外国军舰应当经过拉脱维亚共和国政府的允许后进入拉脱维亚共和国的内水、锚地和港口。

如果外国船舶和其他航行物没有经过拉脱维亚共和国指定的监督程序被迫进入拉脱维亚共和国的领土和内水，必须通过距拉脱维亚共和国最近的港口管理局的允许。

第十三条 拉脱维亚共和国国家边境的过境控制

根据本法的规定，通过拉脱维亚共和国国家边境的货物、人、交通工具和集装箱应接受边界和海关的管理，如经证明是必要的，需要接受动植物检验检疫、文物出口检查以及其他措施。

穿过边界和边界过境控制应该根据拉脱维亚共和国法律的具体规定执行。

第十四条 在拉脱维亚共和国边界从事经济活动的程序

航船、漂浮物和以其他形式利用水路的物体在拉脱维亚共和国边界从事的经济活动，安装在拉脱维亚部分边界河流、湖泊和其他水域的水上建筑物及其他工程，国土开发、地下资源开发、森林和动物资源开发、地质勘探等经济活动，需根据拉脱维亚共和国法律法规和相关国际协议进行。

第十五条 在遇到危险或传染病蔓延时暂时关闭拉脱维亚共和国边界的交通

如果拉脱维亚共和国的边界存在某种传染病蔓延的危险，拉脱维亚共和国政府可以直接穿越受影响的地区，对人、畜、货物、植物、生产资料或其他动物进行检查。

拉脱维亚共和国大陆架和专属经济区法

（1993 年 2 月 2 日）

拉脱维亚共和国、爱沙尼亚共和国、立陶宛共和国和瑞典王国协商订立了四国的大陆架和专属经济区法。

拉脱维亚共和国最高委员会就《拉脱维亚共和国边界法》生效程序的决定

（1990 年 12 月 10 日）

拉脱维亚共和国最高委员会决议：

1. 拉脱维亚共和国边界的确定自本法律公布之日起生效。

2. 本决定确定了拉脱维亚共和国与立陶宛共和国、俄罗斯苏维埃联邦社会主义共和国和白俄罗斯苏维埃社会主义共和国之间的国际边界。

3. 本决议中所确定的拉脱维亚共和国边界为拉脱维亚共和国指定的双边或多边边境委员会专家划定的边界地图。

4. 双边和多边的国际边界委员会依照国际条约和协议的规定履行了其界定边界的职责。

5. 当国际双边或多边边界委员会签署了对边界线的描述，并立法批准了该边界线描述及其边界地图时，拉脱维亚共和国的边界在这一刻才最终确定。

6. 拉脱维亚共和国最高委员会于 1991 年 3 月 1 日提交建议修改关于“拉脱维亚共和国边界”立法并将生效。

A. 戈尔布诺夫斯：拉脱维亚共和国最高委员会主席

I. Daudiss：拉脱维亚共和国最高委员会秘书

1990 年 12 月 10 日

立陶宛
Lithuania

（英文文本截止于 2009 年 2 月 28 日）

领海立法
（1992 年 6 月 25 日）

重获独立的立陶宛所面临的问题之一就是边界的确定及其适用的制度。作为苏联加盟共和国之一的立陶宛已经立法规定了其相关边界。立陶宛有关边界的法律包括了其领海的相关规定。

立陶宛的领海边界的定义是指其领海的沿线的主权。立陶宛的领海宽度为 12 海里。其领海的范围测量是以“海岸的最外点的连线为直线基线”。其海岸并非如授权绘制的直线基线，它是平滑的，只有少许崎岖，大陆沿岸没有岛屿。向陆地一侧的领海水域构成部分立陶宛内水。立陶宛的国际协定确立了其不同的领海界线。

国家边界法规定了适用于立陶宛领海上的航行制度的一般规则。国家边界法使用“和平航行”，而不是通常使用的“无害通过”来指明通过领海。这种术语上的差异似乎并不会导致在通行制度上与“无害通过”的巨大不同。“和平航行”同时适用于通过领海但是没有进入内海和已经进入立陶宛内海的船舶。法律没有严格界定和平航行的含义，除了以下几种情况：正常航行过程中或为了向遇险人员、船舶或航空器提供援助而泊船或锚定的。

进入立陶宛领海的船舶应当履行国家边界法以及其他的法律和立陶宛签署的国际协定确立的程序，遵守立陶宛权力机关制定的规则。对于军舰的通行，立陶宛基于互惠原则由法律确立相关权利。适用于本国军舰和平航行的权利同样被授予外国军舰。由于法律规定禁止军舰携带这些武器“以任何方式通过立陶宛共和国边界”，所以该权利不适用于携带核武器或其他大规模杀伤性武器的军舰。

对于携带危险货物的船只以及装有核动力引擎的邮轮和船只，可以指定海上航线。被授权的国家机构可以向其提供标注清晰航海路线的航海图表。针对这些船只，应当制定专门的航海规则。外国潜艇和其他潜艇通过时应当浮出水面并展示其国旗。国家边界法第十一条确立了外国船只驶入立陶宛内水和港口的程序。

进入立陶宛领海和内水的船只，有违反规则行为的，应当受到追击和逮捕；同时，对违反国家边界法的人员应被提起诉讼。

（国家边界法规定立陶宛国际协定确立的其他规范和规则优先于国家边界法的规定和其他法律规范适用。）

立陶宛共和国国家边界适用法

一、一般规则

第一条 立陶宛共和国的国家边界

立陶宛共和国的国家疆界起于国界线，立陶宛共和国领土包括起于这条疆界以内以及垂直于该条疆界的陆地、水域、地表和外空。

立陶宛共和国的国家疆域是神圣不可侵犯的。

立陶宛共和国的边界由立陶宛共和国参加的国际条约确定。

第二条 捍卫立陶宛共和国的国家边界

为了捍卫立陶宛共和国的国家疆域，有必要采取多种可能的措施来保护国家疆界不受侵犯。

立陶宛共和国政府应确保在国家法律和其他法规的框架以内捍卫本国疆界。

第三条 立陶宛共和国的国家疆界线确定

立陶宛共和国国家疆界线应该这样确定：

1. 陆地界线——沿着国际协议确定的直线划定。

2. 海岸线——以沿领海海域的直线划定。

3. 航行水域的边界起于主航道中心线上，不可以航行的水域边界起于河流或者河床中心；在湖泊或其他水体上，沿着连接国家边界线与湖泊或其他水体岸边线的交会处的线；立陶宛共和国在湖泊、河流以及其他水域的边界线不能因为新河床或者水位线的变化而变化。

4. 跨越边界水域的桥梁或其他构筑物,沿着它们的中间线或轴心线划定。

立陶宛共和国的国家边界应该在边界地区用标记注明，界碑的形式和大小以及安置程序应该由本国政府依据相关法令和立陶宛参与的国际条约确定。

第四条 立陶宛共和国的领海

立陶宛共和国的领海包括：由海岸线垂直延伸 12 海里宽的海域；封闭海域的海岸线应该由最突出的海岸两点的直线连接。这些突出海岸的点必须由立陶宛共和国政府确定。

立陶宛共和国参加的国际协议可以确定其领海的不同界限。

第五条 立陶宛共和国内水

立陶宛共和国内水定义为：

1. 领海向陆地一侧的海水。

2. 港口水域范围是在海上最远的港口建造物的连线以内。

3. 河流、湖泊、海湾和其他水体的岸边属于立陶宛共和国。

二、立陶宛共和国边界法

第六条 立陶宛共和国边界法

立陶宛共和国边界法包括：

1. 取得合法跨越国家边界的程序。

2. 取得合法携带运输物品跨越国家边界的程序。

3. 外国船舶取得合法航行和暂时停留在立陶宛共和国国家领海、河流、湖泊、海湾或者其他水体区域或港口的程序。

4. 取得合法航空运输的程序。

5. 取得合法在立陶宛国家边界开展各项工作、商业和其他活动的程序。

本法案中详细说明的立陶宛共和国边界同样适用于立陶宛共和国与其他国家之间签订的国际协议的规定。

第七条 立陶宛共和国国家边界过境点

立陶宛共和国的国家边界过境点应由立陶宛共和国认可的国际协议或立陶宛共和国政府确定。

边界检查站和海关检查站需分别设立在国家边界、国际海、内河港口和机场。

第八条 人员或货物跨越立陶宛共和国国家边界的合法程序

通过跨越立陶宛共和国国家边界点才能通过立陶宛边界。

人员跨越立陶宛共和国国家边界需出示护照或其他符合国际要求的证件。

外籍人员出入立陶宛国家边界需出示立陶宛签证。若最高委员会无异议，立陶宛共和国可建立一个外国公民跨越立陶宛国家边界的简化程序。

海关有权检查进入边界的相关运输物品及货物。

第九条 空运出入边界程序

飞机穿越立陶宛共和国国家边界需依照立陶宛共和国法律和立陶宛共和国国家主管机构与他国签订的国际协议规定的航道航行，并且该航道已获得立陶宛共和国许可。在进入立陶宛共和国的领空后，飞机只可以在国际机场起飞或降落。

第十条 在立陶宛共和国和平航行

在没有预见的情况下驶入立陶宛共和国内水或在预见的情况下驶入或驶离立陶宛共和国内水或港口时，在立陶宛共和国领海的航行应被视为和平航行。

在和平航行的过程中，如果遇到飞机遇险或者救援人员施救的情况，船舶可以停止航行或者抛锚。

船舶穿越立陶宛国家边界须遵守本法规定的程序、立陶宛共和国的其他法律、立陶宛共和国认可的国际协议和国家主管部门制定的条例。

外国船舶和平航行许可权需符合立陶宛共和国领海法规定。

立陶宛共和国政府指定航道供航道船舶载运危险货物或危险船舶（如油轮和核动力船舶）通过。

国家授权机构应当建立专门规则指导船舶航行，并提供海图清楚标明航线。

穿越立陶宛共和国国家边界和航行在其领海的外国潜水艇和其他潜艇必须在海面航行，并且展示其所属国国旗。

第十一条　外国船舶进入立陶宛共和国内水和港口的程序

外国船舶有权进入立陶宛共和国港口和锚地，此规定应由立陶宛共和国政府颁布。

立陶宛共和国授权的国家机构应该规定：

1. 有关外国船舶驶入和暂时停靠在立陶宛共和国内水、泊位和港口的规定。

2. 有关为乘客和货物提供服务的规定。

3. 有关船舶与岸上交往以及船舶机组人员登岸的规定。

4. 有关非自由船员访问船舶的程序。

5. 外国船舶在立陶宛的界河、界湖或其他水域的立陶宛共和国的港口与内水驶入和停留的规定。

第十二条　禁止携带核武器和其他大规模杀伤性武器通过立陶宛共和国的边界

应该通过一切手段禁止携带核武器和其他大规模杀伤性武器通过立陶宛共和国的边界。

第十三条　立陶宛共和国的边界的军队过境

只要根据立陶宛共和国签订的国际协议规定的程序，外国军队和军用货运特遣队可以通过立陶宛共和国的边界。

第十四条　为了防止传染病的传播暂时限制或关闭立陶宛共和国的国家边界的通信连接口

特别危险的传染病在外国或立陶宛共和国领土上有传播危险时，立陶宛政府可以：

1. 暂时限制或关闭立陶宛共和国的国家边界的交流连接口。

2. 对通过立陶宛国家边界的人、动物、动植物产品及其他物品等进行强制检疫。

第十五条 侵犯立陶宛共和国国家边界的主体

侵犯立陶宛共和国国家边界的主体应为：

1. 正在穿越或试图穿越立陶宛共和国国家边界而违反有关穿越国境既有程序的人员。

2. 即将驶入立陶宛共和国领海或内水以及立陶宛界河、界湖或其他水体的部分水域而违反有关驶入既有规定的船舶。

3. 未经允许已经通过立陶宛共和国国境，或已经违反立陶宛共和国其他有关穿越国境规定的飞行器。

4. 未经允许已经通过立陶宛共和国国境或已经违反立陶宛共和国其他有关穿越国境规定的陆地交通工具。

第十六条 对违反国家边界提起的诉讼

违反立陶宛共和国国家边界规定的人应该根据立陶宛共和国的法律被追诉和逮捕。应根据立陶宛共和国法律制度，对违反立陶宛国家边界法的人提起诉讼。违反了边界法的外国公民应该被驱逐出境。

三、最后规定

第十七条 公开调整立陶宛共和国国家边界制度的文件的程序

关于立陶宛共和国国家边界制度的文件应该根据已公布的法律规定的一般程序和特别公告公布。

第十八条 国际协定建立的其他规范的影响

如果一个立陶宛共和国的国际协议建立了规范或规则而不是本法中规定的法律，该立陶宛共和国的国际协议建立的规范或规则应被适用。

立陶宛共和国最高委员会主席

维陶塔斯·兰茨贝吉斯

维尔纽斯，1992 年 6 月 25 日，第 I–2671 号

立陶宛共和国最高会议关于立陶宛共和国国家边界法生效的决议

立陶宛共和国最高会议决议包括：

1. 立陶宛共和国国家边界法于 1992 年 7 月 1 日生效。

2. 根据第八条第 2 款规定，该法案的遵守和执行程序案应由政府在 1992 年 8 月 1 日前制定。

3. 向政府提议：冰岛共和国、拉脱维亚共和国、爱沙尼亚共和国、大不列颠联合王国及北爱尔兰联合王国公民享有无需签证即可越过立陶宛共和国国家边界的权利。

立陶宛共和国
最高委员会主席
维陶塔斯 · 兰茨贝吉斯
维尔纽斯，1992 年 6 月 25 日，第 I–2671 号

立陶宛共和国政府决议
（2004 年 12 月 6 日第 1597 号）

有关立陶宛共和国领海、毗连区、专属经济区和大陆架的决议以及政府部门和政府机构的权力分配以制定必要的维尔纽斯法案。

根据 1982 年《联合国海洋法公约》（官方公告第 107–4786，2003）所确立的广泛被承认的海洋法的原则和规则，为了行使其领海的主权和毗连区、专属经济区、大陆架的主权性权利，立陶宛共和国政府决议如下：

1. 在 1984 年世界大地测量系统（WGS1984）下确定：

（1）立陶宛共和国领海界限转向点的坐标（附录 1），该坐标是通过直线测量。

（2）立陶宛共和国专属经济区和大陆架重合边界转向点的坐标（附录 2），

该坐标是通过直线测量。

（3）立陶宛共和国毗连区界限转向点的坐标（附录3），该坐标是通过直线测量。

2. 如有需要，在2005年3月31日前，指定以下部门在适当的情况下确保必要的法律和法规符合国际规则和立陶宛签订的国际条约中有关立陶宛共和国政府毗连区、专属经济区、大陆架的有关规定，并建立一套统一的法律体系，包括侵权预防、民事责任和刑事责任。

（1）环境部——专属经济区和大陆架上的以下活动：有关海洋设施、电缆、管道的建设和运营；海洋生物资源的保护；资源的勘探、开采、开发；海洋环境的保护；海洋污染的预防和减少；污水和其他物质的排放。

（2）环境部、教育与科学部——在专属经济区上的海洋科学研究。

（3）国防部和内政部——有关救助作业和紧追权的事务。

（4）文化部——有关专属经济区上的文化遗产保护，未经授权的广播（面向公众的有声广播或者电视广播的传输）。

（5）交通运输和通信部——有关飞行和航行安全，海上交通管制，航海救援的保护。

（6）交通运输和通信部，农业部下属的国家土地局——有关水文调查活动。

（7）卫生部——有关毗连区上违反卫生法规的预防事务。

（8）农业部——有关在专属经济区上的捕鱼活动。

3. 终止2000年10月30日第1292号政府决议的效力——该决议是批准为确定立陶宛共和国政府领海界限的波罗的海海岸基点的决议（政府公告第2000,94–2938）。

4. 该决议将一直有效，直到新的有关立陶宛共和国领海、毗连区、专属经济区和大陆架界限的法律通过。

代理总理：Algirdas Brazauskas

外交部代理部长：Antanas Valionis

附录 1 2004 年 12 月 6 日立陶宛共和国政府第 1597 号决议规定的立陶宛共和国领海界限转向点坐标

表 1 波罗的海沿海的正常基线（领海的内部界限）

点	地理坐标	
	北 纬	东 经
1	56°04,148′	21°03,858′
2	55°55,246′	21°02,689′
3	55°43,631′	21°04,562′
4	55°37,780′	21°06,398′
5	55°32,545′	21°05,913′
6	55°23,165′	21°02,078′
7	55°16,850′	20°57,223′

表 2 与俄罗斯联邦共和国的国家边界（领海的南部界限）

点	地理坐标	
	北 纬	东 经
7	55°16,850′	20°57,223′
14	55°23,040′	20°39,227′

表 3 与拉脱维亚共和国的国家边界（领海的北部界限）

点	地理坐标	
	北 纬	东 经
1	56°04,148′	21°03,858′
8	56°02,725′	20°42,583′

表 4 领海的外部界限（国界）

点	地理坐标	
	北 纬	东 经
8	56°02,725′	20°42,583′
9	55°54,934′	20°41,361′
10	55°43,507′	20°43,333′
11	55°38,142′	20°45,228′
12	55°33,896′	20°44,911′
13	55°27,330′	20°42,325′
14	55°23,040′	20°39,227′

附录 2 2004 年 12 月 6 日立陶宛共和国政府第 1597 号决议规定的立陶宛共和国政府专属经济区和大陆架重合边界的地理坐标

表 1　位于立陶宛共和国和俄罗斯联邦共和国之间的专属经济区和大陆架的边界

点	地理坐标	
	北　纬	东　经
14	55°23,040′	20°39,227′
22	55°38,175′	19°55,466′
23	55°55,420′	19°02,805′
24	55°55,921′	19°01,268′

表 2　位于立陶宛共和国与瑞士王国之间的专属经济区和大陆架的边界

点	地理坐标	
	北　纬	东　经
24	55°55,921′	19°01,268′
25	55°57,300′	19°03,983′
26	55°58,867′	19°04,817′
27	56°02,433′	19°05,600′
28	56°02,725′	19°05,783′

表 3　位于立陶宛共和国和拉脱维亚共和国之间的专属经济区和大陆架的边界

点	地理坐标	
	北　纬	东　经
8	56°02,725′	20°42,583′
28	56°02,725′	19°05,783′

附录 3　2004 年 12 月 6 日立陶宛共和国政府第 1597 号决议规定的立陶宛共和国毗连区界的地理坐标

点	地理坐标	
	北　纬	东　经
15	56°02,504′	20°21,152′
16	55°54,560′	20°20,040′
17	55°43,321′	20°22,107′
18	55°38,443′	20°24,052′
19	55°35,188′	20°23,885′
20	55°31,443′	20°22,504′
21	55°29,486′	20°21,371′

马耳他
Malta

（英文文本截止于 2010 年 7 月 12 日）

领海及毗连区法案
（1971 年第 32 号）

一、简　　称

1. 本法简称为“领海和毗连区法案”。

二、解　　释

2. 在本法中，除非另有规定，“适当行动”意为任何或全部以下行为：

（1）向船舶喊话。

（2）停靠船舶。

（3）登上船舶。

（4）搜索船舶。

（5）逮捕或拘留任何有可能犯罪或已经犯罪的犯罪嫌疑人。

（6）抓捕任何登上船舶的与犯罪嫌疑人有任何形式联系的人。

（7）要求船长带领船员离开马耳他水域或马耳他的港口和海港。

“外国军舰”意为任何属于外国军方的船舶和具有与马耳他军用船舶相同特点的船舶。

“法律”包括任何具有法律效力的文书。

“马耳他”是指马耳他岛、戈佐岛和马耳他群岛的其他岛屿。

“马耳他军舰”意为属于马耳他军方的船舶，该船舶应具有外部识别标志。例如：属于马耳他政府官方授权管辖马耳他的船舶，该船舶的名称应在适当的服役名单或类似名单上，并且配备在武装纪律部队服役的船员。

“海事执法人员”意为任何马耳他政治力量或马耳他军方，任何海关官员和其他一般执法机关授权的官员。

“有关罪行”意为任何违反相关海关法律、财政事项、移民和卫生的行为，也包括污染的事项。

“相关船舶或飞行器”意为任何马耳他军舰或军事飞机，任何船舶或飞行器，包括任何属于军方或任何执行机构的飞机，包括海关当局拥有明显的外部标志的或确定为政府服务的马耳他军舰或飞行器。

“侦察船”意为任何应当采取适当行动的船舶。

三、领海的范围

3.（1）除非下文另有规定，马耳他领海应为马耳他海岸12海里以内全部海洋部分，以直线基线的方法从低潮线量起连接适当的点。

（2）按照渔业法和与捕鱼相关的任何其他法律，不论在本法前后实施，马耳他外海应该延伸至已测量领海宽度的直线基线起25海里内的外海的全部部分，并且为了上述目的管辖应该延伸。

四、毗　连　区

4.（1）对第三条第2款的规定不应有偏见，根据第三条第1款在外海毗邻马耳他领海的范围内的规定（本法称此区域为“毗连区”），国家应该有诸如管辖权和通过国际法认可该区域的权利，尤其可行使必要的控制权。

（a）为了防止任何违反海关、财政事项、移民和卫生，包括污染的法律规定的行为。

（b）根据案件的要求，为了惩罚任何违反如马耳他官方承认的法律或者第三条第 1 款或第 2 款中定义的马耳他领海的规定的行为。

（2）毗连区应该延伸至已测量的领海宽度的直线基线起 24 海里的范围。

五、船舶在马耳他海域采取的行动

5.（1）根据第 2 款的规定，无论是否悬挂马耳他或其他任何标志，或不悬挂标志，只要有理由怀疑船上有任何有可能犯罪的人或者已经触犯了马耳他任何法律的人，任何海洋执行官在马耳他内水或领海登上相关船舶或飞行器时，可以对任何船舶采取适当的行动，但外国军舰或国家所有的仅用于非商业用途的船舶除外。

（2）根据第 3 款的规定，如果犯罪嫌疑人在船上的犯罪是在通过马耳他的水域时发生的，不得行使第 1 款的权利，除非：

（a）犯罪结果祸及马耳他。

（b）犯罪行为扰乱了马耳他的和平或良好的领海秩序。

（c）船长、大使馆或该船船旗国的官方机构要求马耳他政府的协助。

（d）对于制止毒品和精神药品的非法运输适当的行动是必要的。

（3）第 2 款的规定不应该影响任何海事执法人员在任何船舶甲板上或航空器上，以逮捕或侦查为目的，在通过马耳他领海或马耳他内水的外国船舶上采取马耳他法律授权的任何措施。

六、船舶在毗连区内采取的行动

6.（1）在毗连区内，无论是否悬挂马耳他或其他任何标志，或不悬挂标志，只要有理由怀疑船上有任何有可能犯罪的人或者已经触犯了马耳他任何法律的人，任何海洋执行官在马耳他内水或领海登上相关船舶或飞行器时，可以对任何船舶采取适当的行动；但外国军舰或国家所有的仅用于非商业用途的船舶除外。

（2）就悬挂外国国旗的涉嫌船舶，如果该船的船员毫无疑问实施了违反马耳他法律的行为，可以对该船进行监视，直到其离开马耳他毗连区。

（3）就涉嫌船舶，不论该船舶属于马耳他或悬挂他国国旗，在马耳他法庭管辖范围内任何人在船舶甲板上违反马耳他法律有犯罪嫌疑的，该船舶仍然具有通行权，但任何海事执行官可以对该船舶或船员进一步采取适当措施。

（4）凡可疑船舶的船长被要求将船驶向马耳他海港或港口，如嫌疑船舶中有船员和成员将会承认或已经承认具有犯罪行为，应移交警察局进一步侦查。

七、规定船舶从领海过境的权利

7.（1）总理可以制定法规控制或管理船舶从马耳他领海的过境行为，并且在不损害上述一般性的情况下，这些规定可以就所有或任何一个或更多的下列事项制定条文：

（a）航行安全和海上交通规定，包括目的地或海道的建立和分航道的使用或监视船舶过境。

（b）保护航标和设施以及其他设施或设备。

（c）保护电缆和管道。

（d）海洋生物资源的保护。

（e）违反任何法律或法规有关捕鱼的规定。

（f）环境的保护和污染的减少和预防。

（g）海洋科学研究和水文测量。

（h）任何违反海关、财政、移民或卫生方面的法律法规行为的预防。

（i）为了保证对法律、法规、规则或秩序的服从，以及为确保这种服从而必须的权力而逮捕、扣押和拘留船舶。

（j）对于任何触犯或不遵守本法任何规定的行为进行惩罚，不论是通过罚金或服刑的形式。

（2）使用根据本条第 1 款制定的任何规定，军舰或核动力船、载有核物质的船或载有其他危险或有毒物质的船，在上述规定下可以根据先前的许可或通知在领海过境，颁发这些许可或通知的权威机构必须是被认可的。

八、救　援

8.（1）本法的规定不得解释为影响任何司法管辖和根据国际法领海以外可实行的权利，特别是本条的以下规定应该适用。

紧　追　权

（2）根据下条第 3 款的规定，有关船舶或飞行器，在马耳他内水、领海、毗连区可以开始追逐船舶，如果该紧追权一直没有中断，相关船舶可以继续行使紧追权追逐可疑船舶至公海。

如果可疑船舶在毗连区内，当在船上的海事执法人员下令相关船舶停靠时，紧追权只有在可疑船舶被怀疑有任何相关罪行的情况下行使。

（3）凡在毗连区内的可疑船舶，紧追权只有在相关罪行委员会有理由怀疑的情况下行使。

（4）除了相关船舶或航空器首先给予可疑船舶视觉上或听觉上的停止信号之外，本法有关的紧追权不应该行使；当可疑船舶驶入自己国家或第三国家的领海时，上述紧追权应中止。

（5）凡影响紧追权的以上条款（第 2~4 款）的有关飞机的规定应该做必要的变通。现第 6 款同样应该适用。

（6）任何飞机不应该逮捕马耳他领海外的可疑船舶，除非该飞机已经命令该可疑船舶停止并已经不中断地进行紧追。一架飞机进行追逐时可由另一飞机或船舶接替，其他飞机或船舶只能在其追逐没有中断的情况下在马耳他领海外逮捕可疑船舶。

（7）紧追权应该比照适用于第三条第 2 款规定区域内的违法行为，或者违反为建立前述区域的目的而实施的任何法律。

船舶在公海的行动

（8）凡马耳他军事船舶在公海上对抗外国船舶，该船舶不是外国军舰或外国政府拥有的、仅用于非商业用途的船舶，根据下款中关于可疑船舶的规定，对可疑船舶有合理理由怀疑：

（a）可疑船舶用于海盗。

（b）可疑船舶用于奴隶买卖。

（c）可疑船舶用于非官方广播并且马耳他法院就此有管辖权。

（d）可疑船舶是没有国籍的。

（e）虽然悬挂外国国旗或拒绝出示其国旗，但是可疑船舶是在马耳他注册的船。任何在相关船舶上的海事执行官员可以通过登上可疑船舶对其悬挂国旗的权利进行核实，并且检查其文件；如果这样仍然怀疑可疑船舶的国籍，可以对相关船舶进行能够考虑得到的全部检查。

（9）按照相关规定，被发现从事非官方广播的任何人或可疑船舶可以被任何在相关船舶上的海事管理官员逮捕，管理人员还可以没收上述未经授权的广播所用的任何设备。

大陆架法

（1966 年 7 月 29 日）

简　　称

1. 本法简称为《大陆架法》。

解　　释

2. 在该法中，除非内容另有要求：

“大陆架”的意思是指邻接马耳他海岸但在领海以外的一定区域的海床

和底土，其深度通常为 200 米，但在上覆水域承认的区域进行自然资源开发可以超越该范围的限制。即使是这样，马耳他对岸的相关国家也有必要决定大陆架的边界。大陆架边界需要由马耳他和其他国家的协议决定，或者在无协议的情况下采用中间线，这条线上每个点离测量马耳他及他国领海的基线最近点都是等距的。

“马耳他”是指由马耳他宪法第一百二十四条规定的马耳他的定义。

“自然资源”意思是矿石、海床上的非生物资源、下层土以及属于定居物种的生物机体。

对大陆架的勘探开发

3.（1）马耳他关于大陆架和自然资源可运用的任何权利是通过该法案并由马耳他政府授权的。

（2）在条款 1 中提到的关于任何涉及石油资源的权利是可实行的。禁止任何人在没有许可证的情况下开采、取得和勘探石油资源，关于授予许可证用于探测、钻孔及开采石油以及关于制定法规来规范勘探及开采石油资源的行为,这些石油（产成品）的法例的实施应当适用于马耳他的石油资源。

（3）总理会按照顺序在政府公报上发布指定的海域，条款 1 中提到的对于这个海域的权利是适用的，在这个法例中以这样方式被指定的任何海域被称为“规划海域”。

（4）条款中“石油”的含义同石油（产成品）法例中石油的含义是相同的。

在规划海域对装置的保护

4.（1）为保护任何装置或指定区域的其他设施，总理在政府公告颁布法令禁止船舶在未经允许的情况下进入指定区域，这些区域会在相应法令中进行详细说明。

（2）如果任何船舶违反了条款的规定，进入了指定海域，船主需要承担相应的责任。定罪一般为：罚款不超过 1 000 马镑或者被判入狱的期限不超过 3 个月，或者是两者并罚，除非其能够证明规定执行的禁止令船主不知情，并且之前不是合理的质询。

规定的变化和废除

5. 该条款中的规定可能会被修改和废除。

法律在马耳他的实施

6.（1）任何执行或者不履行法律责任的情况。

（a）在规定海域中或者是在那些装置和设施 500 海里的范围之内，在装置和设施之上或之下发生。

（b）如果在马耳他的任何地区发生,则构成违反马耳他法律规定的犯罪，该行为应参照在马耳他岛上实施的该法律以及其他在马耳他生效的法律进行处理。

（2）根据组织和民事诉讼法典（关于诉讼）第七百四十二条的规定，在规定海域中或者是在那些装置和设置 500 海里范围之内的任何装置和设置应被视为安装在马耳他岛上。

油的弃置

7.（1）如果任何石油或者含油量不低于万分之一的混合物被排放或泄漏到任一海域。

（a）通过管道。

（b）任何机器设备的使用是为了勘探海床和底土或者在规划的海域内勘探其自然资源。依据具体情况,管道的拥有者或者使用机器的人触犯了法律，除非其能证明所排放出的弃置物是源于有人在未经其允许（解释或告知）下的行为或者是在（物体）泄漏的情况下,其合理地进行关注并且阻止该事件，在该事件被发现后采取了所有合理的步骤制止并降低该事件的发生（风险）。

（2）违反该条款规定的人应该承担责任，处以不超过 1 000 马磅的罚款。

阻止通过勘探大陆架进行干扰的方法

8.（1）在缺乏总理颁发的执照，或者违反该执照上任何有关电缆或管道的路线以及任何其他用以确保不干涉大陆架及其自然资源勘探和开发的要求或条件的情况下，任何人不得在公海指定区域内敷设或维持海底电缆或管道。

（2）任何人违反这个法例的任何条款都应当承担责任，大致的处罚是：从违反规定当日算起，每天不超过 55 马磅的罚款。

社会团体的违法行为

9.（1）如果此法案中一个违法行为（包括另一个法例中的违法行为同样适用于这个法例或者是依据第六条第 6 款的价值原则属违法活动的）是由社会团体做出的，任何人在进行违法活动时，无论他是该社团的主席、经理、代表或其他官员，或者当时看来是以此等身份行事的人，应被认定为是违反法律的犯罪行为，除非他能证明不知道是违法行为并且已竭尽所能去阻止该违法行为。

（2）警察部队成员应在指定区域配备必要设施和装备，在马耳他领域内享有一切权力、保护和特权。

紧急追捕的权利

10. 包括有关紧追权的相关规定以及关于领海以及毗连区相关法律规定，对违法活动任何合理的怀疑都是适用的。

摩纳哥
Monaco

（英文文本截止于 2009 年 1 月 16 日）

关于摩纳哥领海划定的最高条例
（1973 年 2 月 14 日第 5094 号）

摩纳哥领水应扩展至由沿岸低潮线形成的距基线 12 海里的界限。

包含海洋法典的第 1198 号决议
（1998 年 3 月 27 日）

我们的兰尼埃三世，
托天之佑，
拥有至高无上权力的摩纳哥王子，
批准国会在 1997 年 12 月 22 日的全国性会议上通过如下的法案。

第一条

海洋法的规定编纂如下：

第一卷　机构、管理局和管辖权

第一编　海洋理事会

第 L.110–1 条

海洋理事会的设立旨在审查向其提交的与现行法律相关的事宜，针对该文本出台意见并阐明原因。

理事会有权根据国王的命令、国家部长的请求或法律的规定商讨与海洋有关的任何事宜。

第 L.110–2 条

海洋理事会应当由国家部长或由其指定的政府议员主持。

理事会成员根据主权命令任命，任期 3 年，可以连任。

理事会成员以及理事会的运作应当根据主权命令决定。

理事会可以分成若干部门。

第二编　检查理事会

第 L.120–1 条

检查理事会旨在依照船舶委托对船舶实施初次检查，依照法律规定或主权命令对船舶实施年度检查和特殊检查。

在任何条件下，检查理事会都应确保船舶符合法律法规的要求，特别是确保船舶、船员和船上其他人员的安全以及对海洋环境的保护。

根据检查理事会的提议，国家部长有权禁止船舶移动。

在案件进入一审程序之前，法庭庭长有权发出撤销前款命令中规定的措施的临时裁决。

第 L.120–2 条

理事会成员及理事会的运作均应遵照国家命令。

第三编 海洋事务主任

第 L.130–1 条

海洋事务主任是国家最高职能机构设立的首长，承担如下职能：

保证规定船舶地位的法律的实施。

监督有关海上航行是否符合法律规定和船上安全。

确保尊重船员的地位。

负责各项征税工作。

对其所管辖范围内违反法律法规的行为进行通报。

第 L.130–2 条

海洋事务主任或其他宣誓践行本法的官员或代理人有权检查船舶是否具有有效的安全证书。

在无正当理由证明船舶的条件及其设施与证书所陈述的内容存在本质上的不同时，应当承认证书的有效性。

船舶无法提供安全证书或船舶存在对船员和船上其他人员或海洋环境的危险时，根据海洋事务主任的建议，国家部长有权发布禁止船舶移动的命令。

在案件进入一审程序之前，法庭庭长有权发出撤销前款命令中有关措施的临时措施。

如果检查结果认为应该加强干预，海洋事务主任必须立即通知船舶注册国家的领事，并写明其认为有必要告知的引起干涉的所有情形。

第四编 公共安全事务主任、海洋警察的首长

第 L.140–1 条

公共安全事务主任以及海洋警察的负责人在港口码头、其他港口设施以及内海和领海内行使与其在本国领土内其他部分相同的权力，特别是有关人身和财产安全的权力时，应当负责监督除军舰以外的所有船舶上的乘客和船员。

其应对如下事项负责：

1. 根据国际条约的规定，监管在第 L.210–3 条规定的领海和毗连区内进

行的捕鱼和海运活动。

2. 组织和管理海上救援活动，必要时提供专业救助予以协助。

第五编　违规报告

第 L.150–1 条

根据具体规定，违反本法应当由官员、刑事警察以及经海洋事务部门授权并为完成此目的起誓的代理人进行报告。

国家官员和代理人以及负责征收费用或经正式任命并为完成此目的起誓的对法律法规规定的控制措施产生影响的公共机构也有权作报告。

第 L.150–2 条

阻止或试图阻止相关人员对违反本法的事件进行报告应当被判处 6 个月至 3 年的监禁并根据刑法典第二十六条第 4 款的规定处以罚款。

第 L.150–3 条

对制造虚假文件或者发布错误信息的人员应依照前款规定加以处罚。

第六编　港口运营

第 L.160–1 条

港口应当按照法律规定的条件运营。

第二卷　摩纳哥的海洋区域和海洋环境

第一编　摩纳哥管辖的领海和海洋区域

第 L.210–1 条

摩纳哥根据《联合国海洋法公约》及其实施条例对其领海以及领海以外的海洋区域行使主权。

第 L.210–2 条

摩纳哥行使或者有权行使主权的领海界限以及领海周围海洋区域的界

限应当由 1984 年 2 月 16 日的法兰克—摩纳哥海洋划界会议确定。

第 L.210–3 条

“毗连区”是摩纳哥行使或有权行使国际法规定的沿海国权力的与领海相连接的区域。

第二编 反污染措施

第一章 程序和方法

第一部分 预 防

第 L.221–1 条

各种污染源导致的损害的预防程序和方法应当由海洋委员会的意见形成的主权命令来确定。

第 L.221–2 条

第 L.221–1 条所指的命令应当明确具体，特别是 :

1. 致污产品和废物的目录。

2. 致污产品和废物适用的禁止规定或规则。

3. 致污产品使用者的信息及其采取的预防措施。

4. 可能引起污染的固定的或移动的设施、工厂、设备和装置应遵守的安全条例。

5. 有关进口、生产、分发、销售和使用的条件或者可能导致污染的设备的禁止规定。

6. 有关样品采集和分析的规定。

第二部分 污染防治措施

第 L.221–3 条

对污染源的防治程序和措施由国务大臣决定，必要时咨询海洋理事会。

第 L.221–4 条

国家部长应当作出决定，特别是：

1. 海洋环境的所有污染源的研究方式、持续监测和适当的排除措施。

2. 消除各种污染来源的方案。

3. 危急情况下的介入措施和方法。

4. 终止污染和赔偿损失的紧急措施。

第 L.221–5 条

当发生任何影响船舶、航空器或平台运输或在船上携带可能对沿岸或相关利益构成严重威胁的损害或人员伤亡事件时，船舶的所有人、营运人或航空器、设施或平台的所有人应当根据与石油污染赔偿案件中的公海干预相关的 1969 年 11 月 29 日的《布鲁塞尔国际公约》的第二条至第四条的规定，采取必要措施消除危险。

如正式命令未在指定期限内实施或未能获得预期效果，国家部长有权命令采取必要措施，并要求所有人或者营运人承担采取措施的费用。

依照本条规定或者 1969 年 11 月 29 日的《布鲁塞尔国际公约》规定的执行措施所需商品或服务可以通过友好协议或者征用确定。

第三部分　刑 罚 条 款

第 L.221–6 条

违反第 L.221–1 条和第 L.221–2 条中所指的主权命令应当判处 1~6 个月的监禁以及刑法典第二十六条第 4 款规定的罚金。

如果重复犯罪行为，应当判处 6 个月至 1 年的监禁并根据刑法典第二十六条第 4 款规定处以最高罚金。

第二章　消除原油污染的措施

第 L.222–1 条

受预防原油污染海洋有关的 1954 年 5 月 12 日的伦敦国际协议约束的悬挂摩纳哥国旗的船舶的船长，违反会议的禁止性规定排放原油或原油混合物入海，应当判处 1~5 年的监禁以及刑法典第四段第二十六条规定的罚款，罚款数额为规定数额的 50 倍。

法院有权禁止过错方 5 年内管理船舶。

对重复犯罪行为，除了适用刑法典第四十条的规定外，还应当处以本条第 1 款规定的最高罚款数额的双倍罚款。法院有权发布永久禁止管理船舶的命令。

第 L.222-2 条

船舶的所有人、营运人或船长之外的任何人，违反上文提到的禁止规定，排放原油或者原油混合物入海，处以上条规定的刑罚以及规定的最高金额的两倍的罚金。

第 L.222-3 条

悬挂摩纳哥国旗的船舶上发生了第 L.222-1 条指明的违法行为，但是由于船舶净吨位较小不属于上文所指伦敦公约的适用范围内，船长应当判处 6 个月至 3 年的监禁，以及刑法典第二十六条第 4 款规定的罚款，罚款总额应当是规定数额的 10 倍。

上述船舶的所有人、营运人以及除船长以外的任何人排放禁排物质入海，应当承担上述条文中规定的最高金额的两倍的罚金。

如果重复犯罪行为，除了适用刑法典第四十条的规定外，还应当判处规定最高金额的两倍的罚金。

管理船舶的禁止规定适用于符合第 L.222-1 条规定的所有案件。

第 L.222-4 条

第 L.223-3 条所指船舶的发动机功率低于主权命令确定的水平，应当判处如下刑罚：

1. 船长应当单处或并处 6 天至 1 个月的监禁或刑法典第二条第 26 款规定的罚金；

2. 所有人、营运人或船长之外的任何人命令排放禁排物质入海，应当被判处 6 个月至 3 年的监禁以及刑法典第三段第二十六条规定的罚款。

如果重复犯罪，除了适用刑法典第四十条以外，还应判处两倍的最高额罚金。

但是，油轮不适用本条的规定。

第 L.222–5 条

根据案件情形，适用第 L.221–1 条、第 L.222–2 条、第 L.222–3 条和第 L.222–4 条规定的惩罚：

1. 船长因为粗心、疏忽大意或过失未能遵守法律规定而导致或者未能控制或阻止属于 1969 年 11 月 29 日《布鲁塞尔公约》的管辖的海洋意外事故，导致排放物污染了内水、领海和毗连区。

2. 所有人、营运人或者船长以外的其他任何实施了排放前述规定的禁排物质的人。

第 L.222–6 条

船长因为粗心或疏忽大意没能遵守规则而导致或者没能控制或阻止第 L.222–1 条规定的泄露，应当被判处 3 个月至 1 年的监禁并处以刑法典第二十六条第 4 款规定的罚款。

如果重复犯罪行为，除了适用刑法典第四十条的规定之外，还应当判处两倍的最高额罚金。

所有人、营运人或者船长之外的任何导致符合本款第一条规定的排放应当受到相同的惩罚。

法院应当判决船舶所有人或营运人实施必要的修缮或修理从而防止将来可能发生的意外泄露。在进行有效的修缮或修补之前，法院有权禁止船舶入海。

第 L.222–7 条

排放第 L.222–1 条规定的原油或原油混合物进入内水或领海，不论船舶悬挂何国国旗，即使船舶在非上述《伦敦国际公约》的缔约国的国家注册，仍应根据案件情形，适用前款规定加以处罚。

第 L.222–8 条

为了保护人身安全、确保本船舶或其他船舶的安全，或者为了防止损害船舶或其所载货物的目的，船舶排放废物的，不适用从第 L.222–1 条到第 L.222–7 条的规定。

由于船舶损坏和泄漏等不可避免的因素导致泄漏，且在事后采取了有效预防措施控制和减少排放的情形，不适用上述规定。

第 L.222–9 条

适用第 L.222–1 条规定的船舶的船长必须制作《伦敦国际公约》第九条规定的燃油日志。未制作日志或者日志所包含的信息不准确，船长应被判处 6 天至 1 个月的监禁，并依照第二十六条第 2 款的规定处以罚金。

经主管机构要求，船长拒不出示燃油日志，或者阻止主管机构检查记日志的，处以相同刑罚。

第 L.222–10 条

适用第 L.222–3 条和第 L.222–4 条规定的船舶的船长必须依据主权命令确定的条件制作油料记录簿。如果拒绝制作或者该油料记录薄包含错误信息，应当被处以前款规定的处罚。

经主管机构要求，船长拒不出示油料燃油日志，或者阻止主管机构检查日志的，处以相同处罚。

上述规定不适用于油轮以外的注册吨位低于 150 吨的船舶。

一旦驶入摩纳哥领海，任何运载石油的船舶的船长应当立即与海洋事务的主任联系，应特别告知船舶驶入领海的日期和时间、位置和航道、船舶的航行速度以及货物的性质。

船舶驶入海岸 50 千米内，船长有义务向同一主管机构报告船舶遭受的属于 1969 年 11 月 29 日《布鲁塞尔公约》管辖的任何海洋意外事故。

任何违反本条第 4 款和第 5 款规定的，船长应当被处以第 L.222–9 条规定的处罚。

第 L.222–11 条

在所有认定违反禁止规定或规则排放原油或原油混合物的案件中，法院有权判决：

1. 如果船舶悬挂摩纳哥国旗，禁止船舶在 15 天至 6 个月内航行。

2. 如果悬挂他国国旗，禁止船舶在 1 个月至两年内使用国内港口。

在所有案件中，如果其他船长命令实施进一步的违法行为，应当被判处永久禁航。

第 L.222–12 条

在用于观光或体育活动船舶上，本章规定的惩罚应当适用于犯罪发生之时对船舶进行实际管理的人。

第 L.222-13 条

任何船舶上发生了从第 L.222-1 条至 L.222-7 条规定的违法行为，检察官或者检查官员有权发布禁止船舶航行的临时裁决。

裁决的制定者有权在任何时间无条件或以支付保证金为条件解除航行命令，付款的数量和形式由其确定。

使用和支付保证金的条件应当适用《刑事诉讼法典》第一百九十三条至第二百条的规定。

经船长、船舶的所有人或者营运人要求，上诉法院委员会的庭长依照《刑事诉讼法典》第一卷第六编第十二部分的规定，有权根据本条第二部分规定的条件撤销禁航裁决，或者变更先前确定的保证金的数额以及支付方式。

第 L.222-14 条

判定船长适用本章规定的惩罚的，船舶的所有人或者营运人应当对判决的罚金、费用和赔偿金共同承担责任。

第三章　消除倾倒废物及其他物质产生的污染的措施

第 L.223-1 条

禁止任何向海洋直接或间接排放或倾倒威胁人体健康、影响海水质量、危害海洋生物资源、生物群的废物或其他物质，禁止违反协议或妨碍任何其他海洋合法使用的行为。

第 L.223-2 条

任何情况下均禁止倾倒的水域和物质的名单以及行政授权允许倾倒的水域和物质的名单应当基于海洋委员会的意见并通过主权命令予以确定，同时还应当列明有关授权的技术条件。

第 L.223-3 条

悬挂摩纳哥国旗且受 1972 年 12 月 29 日的《伦敦国际公约》以及 1976 年 2 月 16 日《巴塞罗那公约》管辖的船舶的船长，违反第 L.223-1 条和第 L.223-2 条以及前述公约的规定，排放或者允许排放废物或其他物质，应当判处 1~5 年的监禁并根据刑法第四条第 26 款的规定处以罚款，罚款数额为规定罚款的 50 倍。

法院有权禁止过错方在 5 年内控制船舶。

第 L.223-4 条

船舶所有人、营运人以及船长之外的其他人，违反第 L.223-1 条和第 L.223-2 条以及上述伦敦和巴塞罗那公约的规定排放废物、其他污染物或有害物质的，应当判处两倍于第 L.223-3 条规定的最高额刑罚。

第 L.223-5 条

根据案件情形，判处下列人员第 L.223-4 条或第 L.223-4 条规定的刑罚：

1. 船长因粗心、疏忽大意或过失而未遵守法律规定导致或未能控制或阻止属于 1969 年 11 月 29 日《布鲁塞尔公约》管辖的海洋意外事故，导致禁止排放的废物或其他物质进入内海或领海。

2. 船舶的所有人、营运人或除船长之外的任何人在上述情形下排放禁排废物的人。

第 L.223-6 条

船长因为粗心、疏忽大意或过失没能遵守规制而导致或没能控制或阻止禁排物质排放的应当判处 3 个月至 1 年的监禁以及刑法典第二十六条第 4 款规定的罚金。

如果重复犯罪行为，除了适用刑法典第四十条之外，还应当被处以双倍的最高额罚金。

船舶的所有人、营运人或除船长之外的任何人实施本条第 1 款规定的条件下的排放适用同样的惩罚。

法院应当判决船舶的所有人或操作人进行必要的修补以防止将来意外泄漏。在修补产生效果之前，有权禁止船舶入海。

第 L.223-7 条

但是，当船舶排放废物是为了保护人身安全或确保本船舶或其他船舶的安全时，不适用第 L.223-3 条、第 L.223-4 条、第 L.223-5 和第 L.223-6 条的规定。

在采取合理预防措施之后，由于损坏或其他无法阻止的事件导致的废物的排放，也不适用上述条款。

第 L.223-8 条

船舶向内水或领海排放禁排废物的，不论船舶悬挂何国国旗，即使船舶注册国不是上述《伦敦公约》和《巴塞罗那公约》的缔约国，均应当适用第 L.223-3 条、第 L.223-4 条、第 L.223-5 条和第 L.223-6 条规定的处罚。

第 L.223-9 条

第 L.222-11 条和第 L.222-15 条的规定适用于本章规定的各情形。

第四章 陆源污染的防治措施

第 L.224-1 条

禁止直接或间接地向地表水、地下水、内水或领水倾倒或排放可能威胁人类生命，损害海洋生物资源、动物圈、植物圈，危害经济或旅游业发展或阻碍海洋合法使用的废弃物、物品或其他物质的行为。

第 L.224-2 条

主管机构管理的倾倒或排放的废物、物体或其他物质的清单应当基于海洋委员会的意见通过主权命令确定。

该主权命令应当明确完全禁止倾倒或排放的废物、物体或其他物质的清单。

第 L.224-3 条

任何违反第 L.224-1 条及为实施该条而发布的主权命令规定的应当单处或并处 1~5 日的监禁以及刑法典第二十九条第 3 款规定的罚款。

违法使用装置、操作工业或商业设施以及使用类似设备导致的违法行为，应当判处 6 天至 1 个月的监禁以及刑法典第二十六条第 3 款规定的罚金。

从知道不可避免的违法行为发生之日起，采取所有合理的防范措施阻止或减少排放的，不适用本款的规定。

违法行为对海洋环境造成不可弥补的损害的，应当判处 1~6 个月的监禁以及刑法典第二十六条第 4 款规定的罚款。

在确定的时限内，法院可以发布执行修缮工作或其他任何符合法律规定的必要措施的命令。

第 L.224-4 条

设施或装置的所有人或营运人应当对主犯承担的罚金、费用和赔偿金负连带赔偿责任。

倾倒第 L.224–1 条禁止的废物、物体或其他物质的所有人承担相同的责任。

第 L.224–5 条

未根据命令实施修缮工作或者没有遵守第 L.224–3 条规定采取措施的人应当判处 3 个月至 1 年的监禁以及刑法典第二十六条第 3 款规定的罚款。

在听取海洋事务主任的意见以及进行修补或采取措施之后，根据主检察官的请求和国家的议定结论，法院有权：

1. 适用罚款，数额由法院确定。

2. 在其达标之前，禁止使用产生污染的设备、设施或操作工厂。

3. 适用上款中的禁止性规定、授权行政机构实施修补或由违法者采取必要措施。

法院有权要求违法者支付上述两款中规定的禁止性措施所产生的工资、薪金或其他应当支付给雇员的报酬以及其他相关社会安全保障款。

第 L.224–6 条

违反上述条款规定，使用装置设备、操作上述设施、反对或试图反对行政机构授权实施的修缮工作或措施的人应当判处 6 个月至 3 年的监禁以及刑法典第二十六条第 4 款规定的罚款。

第三编 海洋环境的保护

第 L.230–1 条

在不妨碍第二编规定的条件下，本编规定的目的在于通过合理措施确保自然保护区以及海洋生物群和植物群的发展，防止海洋环境受干扰，阻止可能对土壤和底土以及建设于其上的适当设施的损害。

本编规定适用于所有的海岸以及内水和领海，特别是这些区域中的特别保护区。

第 L.230–2 条

上述条款的适用条件应当以海洋委员会的意见为基础通过主权命令确定，尤其应当明确以下条款：

1. 在内水、领海和特别保护区航行的条件以及各水域的界限。

2. 在上述水域或区域进行体育或捕鱼类的活动。

3. 对使用上述水域进行可能损害其生态质量的活动所采取的限制条件。

第 L.230–3 条

违反下列主权命令或部长命令的行为应并处或单处 6 天至 1 个月的监禁和刑法典第一段第二十六条规定的罚金：

1. 禁止或限制任何船舶航行或停泊。

2. 禁止在特定时间或特定地点的捕鱼活动。

3. 禁止使用特定方法、禁用的辅助设施及非法设备捕鱼或捕捞其他海洋生物。

4. 禁止捕鱼或捕捞特定的海洋生物。

5. 禁止可能损害海洋生物群或植物群，破坏海洋环境，损害土壤、底土或者建筑于其上的任何其他设施的行为。

如果重复违法行为，应当判处 1~6 个月的监禁和刑法典第二十六条第 2 款规定的罚款。

在促进资源的再造以及海洋生物圈和植物圈的保存和发展的海洋区域内实施或试图实施违法行为，应当判处 3 个月至 1 年的监禁和刑法典第二十六条第 3 款规定的罚款。在日出和日落之间实施或试图实施违法行为应当判处 6 个月至 3 年的监禁以及第二十六条第四段中的罚款。

应当扣押实施本条规定的违法行为的船舶或设施。扣押可以通过交存两倍于最大额罚款的现金的保证金代替。

在有罪判决中，法院有权没收船舶、设备、销售款、破坏物或者抵押物。

第四编　海洋环境及其海床和底土的开发和利用

第一章　海洋科学研究

第 L.241–1 条

任何意图在其有管辖权的海洋环境内、海洋区域或其海床或底土上进行非营利性科学研究活动的公职人员或个人必须事先获得国家部长的许可。

上述取决于是否与第 L.210–3 条规定的领海或毗连区相关的许可的取得

条件，应当根据海洋委员会的意见通过主权命令确定。

第 L.241–2 条

在下列情形中，对上述条文中提及的活动不予授权：

1. 活动不以非营利的海洋科学研究为目的。

2. 活动不以单一和平目的展开。

3. 申请的检查结果无法确定活动将通过适当的科学方式或方法进行以及无法确定不会对海洋环境、海床及其底土造成危害。

4. 如果活动妨碍航行或捕鱼、海洋的合法使用或危害环境的质量。

5. 如果活动的实施没有遵守 1982 年 12 月 10 日的《联合国海洋法公约》的相关规定，包括保护和维护海洋资源的规定。

第 L.241–3 条

摩纳哥公职人员、个人或者国家部长授权的主管国际机构实施的海洋科学研究活动，如果符合基于海洋委员会的意见而颁布的主权命令的条件，不需要第 L.241–1 条规定的许可证。

在受保护的海洋区域进行活动必须经过许可。

第二章　海床及其底土资源的开发和开采

第 L.242–1 条

在海洋环境中或在摩纳哥管辖范围内的海床及其底土实施营利性开发或开采活动的公职人员或个人必须经国家部长许可。

获得许可的条件应当基于海洋委员会的意见通过主权命令确定。

第 L.242–2 条

上述条文中提到的活动不应获得授权：

1. 如果活动不以非营利的海洋科学研究为目的。

2. 如果申请的检查结果无法确定活动将以适当的科学方式或方法进行以及无法确定活动不会对海洋环境、海床或其底土造成严重的或难以弥补的损害。

3. 如果活动对航行和捕鱼构成威胁或危害环境的质量。

第三章 规制各种开发、开采和研究活动的一般条款

第一部分 一般规定

第 L.243–1 条

持有第 L.241–1 和 L.242–1 条规定的许可证的人员必须尽可能拥有最优良的设备。

颁发许可证的其他条件应当由主权命令确定，包括排放原油和钻油液体的最小标准、安全措施、搬迁实施操作的装置的措施以及包含营运人责任的强制保险和资金担保。

第 L.243–2 条

不论何种研究目的和形式，许可证持有人必须在研究完成之日起一年内向国家部长汇报研究结果。

第 L.243–3 条

本章中的术语“装置和设施”应作如下解释：

1. 平台和其他勘探或开采设备及其附属设施。

2. 直接参与勘探或开采活动的船舶。

第 L.243–4 条

可在上述条文中的装置周围设立安全保护区，其向外延伸的距离由主权命令予以确定，并从装置的最外缘各点起算。

任何人都不能以勘探或开采以外的理由进入这一区域。

对装置或设施以及安全保护区的飞越的限制应当以保护装置和设施以及空中航行安全为限。

第 L.243–5 条

第 L.243–3 条第 1 款中所指的装置和设施应当受有关保护海洋上人类生命安全的法律的限制。

在装置或设施上负责勘探或开采工作的人员在上述立法范围内应当视为船长。

第 L.243–6 条

第 L.243–3 条第 1 款所指的安置在海床上的装置或设备的所有人或营运

人应当负责船上用于勘探或开采活动的设施或设备以及在其职权范围内确保海洋信号的有效运作。

如果上款提到的人员没有遵守国家部长的指示，但未对刑事程序造成损害，如果发布的命令没有在规定时间内执行，上述机构有权主动采取必要措施，费用由所有人或营运人承担。

巡查机构的人员有权自由进入装置、设施和信号设备。

第 L.243–7 条

海床及其底土上进行开发和开采活动的航海信息必须告知行政机关。

根据具体情形，此项义务应当由第 L.243–3 条所指的装置和设施的所有人或营运人或者负责船上工作的人员履行。

第 L.243–8 条

所有人或营运人应当拆除所有停止使用的装置或设施。

在拆除之前，所有人或营运人必须采取职责范围内所有的必要措施防止勘探或开采操作场所中的泄漏或渗透。

拒绝履行或没能遵守规定的，国家部长应当正式命令操作人员履行义务并设定履行期限。

必要情形下，拆除工作可以由操作人员之外的人实施，但是费用和风险由该操作人员承担。

在这种情况下，所有人或营运人丧失对装置和设施的权利。

如果设施不危及航行、捕鱼或海洋环境的完整性，所有人或营运人有权决定不撤移归其所有但停止使用的全部或部分装置。

许可证应当明确不撤移装置或设施的条件。

第二部分　刑 罚 规 定

第 L.243–9 条

未取得第 L.241–1 条规定的许可证或没有遵守上述许可证中规定的条件实施勘探或科学研究活动应当单处或并处 1~3 个月的监禁或刑法典第二十六条第 2 款规定的罚金。

如果重复犯罪行为，相关人员应当判处 1~3 个月的监禁以及刑法典第二十六条第 2 款规定的罚金。

第 L.243–10 条

未取得第 L.241–1 条规定的许可证或没有遵守上述许可证中规定的条件，在海床或其底土实施开发或科学研究活动应当单处或并处 1~3 个月的监禁或刑法典第二段第二十六条规定的罚金。

如果重复犯罪行为，相关人员应当判处 1~5 年的监禁以及刑法典第二十六条第 3 款规定的罚金。

第 L.243–11 条

按照第 L.243–9 条和第 L.243–10 条判决有罪的，法院有权判决过错方在规定的期限内拆除未经许可建造的装置或设施，或者要求其加以改造以符合许可证规定的条件。

根据案件情形，没有遵守这种命令的过错方应当承担上述第 L.243–9 条和第 L.243–10 条规定的刑罚。

法院确定的履行期限届满，装置和设施没有完全拆除或者没能符合许可证规定的条件，国家部长可以主动执行法院的判决，费用和风险由过错方承担。

第 L.243–12 条

提交的官方文件违反第 L.243–9 条和第 L.243–10 条的规定，在法院作出终局判决之前，根据经国家部长请求主检察长作出的决定或者地方治安法官的主动检查，应当停止开采或开发工作。

在所有案件中，所有人或者营运人必须根据要求进行解释。

无论是否提起上诉，法院的判决均立即生效。

司法主管机关有权自主决定或者根据国家部长、所有人或营运人的请求决定撤销中止开发工作的命令。

在案件未进入司法程序之前，国家部长可以自主或在相同条件下发布中止开发工作的命令。

国家部长应当对其作出的判决的执行负责；如果没有发生提起、撤回或终止刑事诉讼程序的情形，判决失效。

第 L.243–13 条

继续实施司法或行政命令禁止的开发或开采活动应当判处第 L.243–9 条

和第 L.243-10 条规定的罚金。

第 L.243-14 条

第 L.243-3 条规定的装置或设施导致海洋污染的，适用第一卷第二编第二章和第三章的规定。

如果没有船长，根据案件情形，应当向船舶的所有人、营运人或使用船上装置或设施进行开发和开采活动的人提起诉讼。

没有向雇员发布防治污染的具体指示或没能确保执行上述指示的所有人或营运人应视为违法行为的从犯。

第 L.243-15 条

未能履行或拒绝拆除第 L.243-8 条规定的装置或设施的所有人或营运人应当判处第 L.243-9 条或第 L.243-10 条规定的罚金。

第 L.243-16 条

违反有关海洋信号的第 L.243-6 条规定，应当判处 6 天至 3 个月的监禁以及刑法典第二十六条第 3 款规定的罚金。

违法行为导致第 L.243-3 条规定的设施或其他船舶碰撞、搁浅、遭受可以预见的或已知障碍的影响，或者导致设施、船舶或其货物的严重损害，过错方应当单处或并处 1~6 个月的监禁或刑法典第二十六条第 3 款规定的罚金。

违法行为导致前款中所指的设施和船舶受损或不适航、货物损失，或者造成一个以上的人员严重伤亡，过错方应当单处或并处 3 个月至两年的监禁或刑法典第二十六条第 4 款规定的罚金。

任何情况下，法院可以命令海洋信号在一定期限内符合标准。

如果上述命令未被执行，国务大臣应当使信号符合标准，过错方承担费用和风险。

第 L.243-17 条

违反第 L.243-7 条关于海洋信息通告的规定，应当单处或并处 6 天至 3 个月的监禁或者刑法典第二段第二十六条规定的罚金。

第 L.243-18 条

除不可抗力情形外，任何通过船舶或飞行器在海域主管部门采取必要措施告知后仍非法进入第 L.243-4 条规定的安全区域的，应当单处或并处 6

天至 3 个月的监禁或刑法典第二十六条第 2 款规定的罚金。

如果重复违法行为，过错方应当判处 6 个月至 1 年的监禁以及刑法典第二十六条第 3 款规定的罚金。

在所有案件中，法院有权判决没收实施违法活动所使用的船舶或飞行器。

第四章 生物资源的开发

第一部分 一 般 规 定

第 L.244–1 条

开发海洋环境中的生物资源包括各种动物种类、水产养殖资源以及植物种类。

第 L.244–2 条

开发海洋环境中的生物资源，包括开发各种动物类、水产养殖资源和植物类，应当遵守相关法律规定。

只有职业捕鱼人员有权出售鱼类产品。

第 L.244–3 条

在不妨碍第 L.230–2 条规定的条件下，基于海洋委员会意见作出的主权命令应当明确：

1. 不同渔场开放和关闭的日期，全年开放的渔场以及捕鱼的具体时间。
2. 捕鱼时应当遵守的规则和其他规定。
3. 禁止的捕鱼用具、渔网、设施和工具。
4. 禁止的捕鱼程序和方法。
5. 防止破坏产卵的特殊规定：不能捕获的各种鱼类、甲壳类动物和贝类水生动物的限制规格。
6. 适用上述第四段和第五段规定的保证禁止放弃的条件。
7. 禁用的饵料。
8. 一般来说，确保动物和植物物种的保存和发展的规定。
9. 水产养殖场所的设施和运营条件。

第 L.244–4 条

禁止使用爆炸、电击、火炮或药品方式捕鱼。

第 L.244–5 条

禁止出售、运输、兜售或使用任何禁捕鱼类的产品。

第二部分 刑罚规定

第 L.244–6 条

使用爆炸、电击、火炮或药品捕鱼应当判处 6~18 个月的监禁以及刑法典第二十六条第 4 款规定的罚金。

如果重复犯罪行为，监禁的最长期限延长至两年，并处以双倍前款规定的罚金数额。

第 L.244–7 条

在不妨碍第 L.230–3 条规定的适用的条件下，违反本章其他规定、主权命令以及为了适用这一规定而制定的部长命令的，应当单处或并处 1~5 天的监禁或刑法典第二十九条第 3 款规定的罚金。

如果在 1 年内重复犯罪行为，判处 6 天至 1 个月的监禁以及刑法典第二十六条第 1 款规定的罚金。

第 L.244–8 条

没收禁用的捕鱼用具、渔网、设施和工具，在所有案件中，法院有权下令销毁上述用具。

实施违法行为所用的船舶和设备应当被扣押，法院可以对其没收和销售。

第 L.244–9 条

扣押船舶的处罚可以通过支付相当于双倍可能判处的最高额罚金的方式替代，法院有权没收上述保证金。

第 L.244–10 条

被指控违反主权命令或第 L.244–7 条规定的部长命令的所有人、营运人、船长或其他对船舶负责的人，在支付相当于两倍可能判处的最高额罚金的现金保证之前，不得离开港口。

第三卷　船舶和其他远洋轮

第一编　船舶的地位

第一章　入　　籍

第一部分　一 般 规 定

第 L.311–1 条

船舶悬挂摩纳哥国旗的权利应当通过入籍授予。

入籍应当由国家部长授权，并在入籍证书中予以记录。

入籍证书的内容和颁布的形式、鉴定和使用应当通过主权命令确定。

船舶的国籍应当通过颁布年度国籍证书予以确认。

发放证书应当支付第 L.311–8 条规定的年度入籍费用。

第 L.311–2 条

船舶取得入籍的条件由主权命令确定。

第 L.311–3 条

下述船舶不受入籍的限制 ：

1. 取得入籍的船舶的存货清单中的小船。

2. 由于自身的设计，不应视为船舶的小船和漂浮设施。

3. 用于娱乐和体育活动的船舶，在制造者、供应商或进口商的赞助之下，为了展示或测试目的进行断断续续的短途旅行的用于娱乐和体育活动的船舶。

本条适用的方式应当通过主权命令确定。

第 L.311–4 条

海洋事务部门应当为获得入籍的每艘船舶制作包含主权命令规定的有关确认船舶身份以及船舶所有人和营运人信息的记录。

上述记录应涉及第 L.314–10 条、第 L.315–15 条、第 L.316–3 条、第 L.317–3 条、L.317–8 条、第 L.317–14 条、第 L.317–16 条和第 L.511–3 条的内容。

第 L.311–5 条

入籍船舶的所有人应当将船舶发生的主权命令中描述的变化通知海洋

事务部门。

船舶所有人或共有人变动或所有人和共有人的居所改变的，入籍船舶的所有人也应当履行上述告知义务。

上述告知行为应在3个月内向海洋事务部门做出。在船舶的说明书发生变动的情况下，履行期间从变动完成之日起计算。

第L.311-6条

入籍证书仅可用于取得入籍证书的船舶。

禁止有偿或无偿转让入籍证书。

但是，船舶的所有人有权出借或出租入籍证书。

在这种情形下，入籍证书的有效性受海洋事务部门出借或出租登记的限制。

本条适用的方式应当由主权命令确定。

第L.311-7条

取得摩纳哥国籍的船舶的船长应当携带船舶有效入籍证书离港出海。

第二部分　年度入籍费用

第L.311-8条

所有入籍船舶的所有人应当支付年度入籍费用。

悬挂国王国旗的船舶或者国有或国家租赁的船舶无须支付费用。

部长命令核准的海洋体育学校所有或租赁的船舶或小型船舶同样适用上述规定。

第L.311-9条

费用的适用原则和税率以及延迟付款的罚款数额应当通过主权命令确定，同时应明确收取费用和罚款的方式。

第三部分　刑 罚 条 款

第L.311-10条

任何人不论采用何种方式骗取或试图骗取入籍船舶所享有的利益的，应当判处 6 个月至 3 年的监禁以及刑法典第二十六条第 3 款规定的罚金。

第 L.311–11 条

明知船舶存在不正当入籍行为而没有阻止或试图阻止船舶入海，命令或接受此类船舶的命令应当承担上述条款中规定的处罚。

同时禁止船长 5 年内控制船舶。

在无权悬挂摩纳哥国旗的船舶上悬挂摩纳哥国旗或者控制此类船舶的人应当承担相同的处罚。

第 L.311–12 条

违反第 L.311–6 条规定，不正当使用、转让或试图转让入籍证书，应当承担第 L.311–10 条规定的处罚。

第 L.311–13 条

上述条文中列举的情形中，如果重复犯罪行为，除了适用刑法典第四十条的规定，还应当适用刑法典第二十六条第 3 款规定的最高额罚金以及永久禁止过错方使用船舶的规定。

第 L.311–14 条

船长违反第 L.311–17 条的规定应当判处刑法典第二十六条第 2 款规定的罚金。

违法行为发生时船舶实际负责人应当承担相同的处罚。

如果重复违法行为，除了适用刑法典第四十条的规定，应当禁止过错方 5 年内使用船舶。

第 L.311–15 条

未通知海洋事务部门入籍船舶、所有人或共有人、船舶所有人或共有人居所变动的船舶的所有人应当承担刑法典第二十九条第 3 款规定的罚款。

第二章　船主责任的限制

第 L.312–1 条

船主有权根据国际公约的规定限制自己的责任。

上述规定同样适用于国际公约中规定的相关船主。

第 L.312–2 条

一审法院有权决定限制船主自身责任以及旁听清算程序的权利。

第三章 海事抵押

第 L.313–1 条

船舶可用于抵押，船舶可以根据双方达成的协议进行抵押。

建造中的船舶可用于抵押。

为某一特定数额的一个或多个单独指定的船舶设定的抵押有效。

第 L.313–2 条

海事抵押担保合同必须以书面形式做出，否则无效；必须以私人名下的物品作担保。

可以在境外达成担保合同。

第 L.313–3 条

船舶的所有人或能证明为此目的接受了船长明确指示的代理人可以船舶作为抵押，否则抵押无效。

船舶的共有人以船舶中无法分割的份额作抵押，必须经过船舶大多数所有人的同意，否则抵押无效。

第 L.313–4 条

除非另有协议，以船舶或船舶不可分割的份额作抵押的，应当延伸至船体、装备、设备、机器以及其他附属物。

船舶丢失或毁损，下列款项应当代替船舶及其附属物：

（1）船舶所有人对船舶造成的损害引起的赔偿。

（2）船舶所有人承担的共同海损份额。

（3）船舶所有人对实施协助或救援活动产生的赔偿，该赔偿为从船舶抵押登记到关于抵押船舶丢失或损坏之后产生的赔偿。

（4）船身保险产生的赔偿金。

提出正式反对之前的善意付款是有效的。

第 L.313–5 条

抵押物应当在公共领域之中，并且根据主权命令确定的条件予以保存。

在公开之前，抵押物不得对第三方强制实施。

如果抵押在摩纳哥公布，买方以入籍之前购买或在国外建造的船舶进行抵押的行为有效。

在船舶出售之前进行适当公布，卖方或其代理人在船舶出卖之前进行的抵押适用上述规定。

第 L.313–6 条

同一船舶或船舶的同一部分设定了两个或两个以上的抵押，抵押的优先顺序根据抵押登记的日期决定。

同一天登记的抵押拥有相同的优先等级，不论登记的具体时刻。

第 L.313–7 条

从抵押登记之日起算，抵押的有效期为 10 年；10 年期限届满，没有续期，抵押失效。

第 L.313–8 条

假如利息率在抵押契据和抵押条目中表明，登记应当保证资本的利息平等。

第 L.313–9 条

以批示票据作抵押，通过背书进行的转让优于抵押留置的转让。

第 L.313–10 条

登记的减少或消除可以基于有权达成此项目的有关各方的同意，也可以根据没有上诉权或已决案件的法律判决。

第 L.313–11 条

拥有船舶登记抵押留置权的债权人可以扣押船舶或者为了优先受偿目的出售船舶，并根据注册的顺序受偿。

不论船舶为谁实际占有，抵押依附于船舶。

第 L.313–12 条

如果抵押妨碍船舶一个不可分割的部分，债权人有权没收或出售归他所有的份额。但如果以船舶过半份额作抵押，在船舶没收之后，债权人有权在船舶共有人参与的情况下出售整船。

在共有情形下，一个或多个共有人在对共有的不可分割的部分进行的抵押在分割或拍卖销售之后仍然有效。

然而，如果法院的判决影响此种出售，对船舶不可分割部分享有抵押留置权的债权人的请求权应当受他们对与抵押利率相关的出售收益担保债权的限制。

第 L.313–13 条

一审法院对扣押程序和强制出售抵押船舶或其不可分割部分享有管辖权。

第 L.313–14 条

导致抵押的入籍船舶损害的自愿行为应当禁止。

违反本禁止的欺诈行为无效，行为人应当判处刑法典第三百三十七条规定的刑罚。

第 L.313–15 条

根据本法典规定的条件，只有 20 或以上注册吨位的船舶可用于抵押。

第四章　有担保债权

第 L.314–1 条

以下有关船舶产生担保债权的航行费用、船舶事故以及航行开始之后产生的运费和船舶的意外事件的事项应当有担保债权：

1. 法院诉讼费用以及与船舶销售和收益分配相关的费用。

2. 领航费用、港口费用和运转费用以及类似的费用，保护和维持船舶进入最后港口至出售船舶之后的费用。

3. 在不违反商法典第 475 条规定的条件下，船长、船员和船上其他雇用人员以及民法典第 1938–60 条所指的分担款项、利息、逾期付款和额外费用。

4. 海上救援和共同海损分担产生的报酬。

5. 由于碰撞、其他航海事件或港口设施损害、乘客或乘务员人身伤害产生的赔偿，货物或行李丢失产生的赔偿。

6. 以下事件产生的赔偿请求：

（1）离开船籍港的船长在法定权限内为保存船舶或继续航行签订合同或实施操作，不论船长当时是否为船舶所有人或是否由船长、供应商、修理商、出借方或合同的其他当事人提出申请。

（2）为了保存船舶或继续航行为必要，船舶的代理人签订合同或实施操作。

第 L.313–2 条

担保债权不须登记，直接构成有效的法律保证，并优先于留置担保。

第 L.314–3 条

债权人有权根据普通法行使有担保债权，但是留置担保优先于此类债权。

第 L.314–4 条

船舶的意外事件以及第 L.314–1 条规定的货运费是指：

1. 因船舶所有人导致的船舶物理损坏、无法修复或运费损失产生的赔偿。

2. 因船舶所有人导致的船舶物理损坏、无法修复或运费损失产生的共同海损赔偿。

3. 截至航行终结，因船舶所有人救援或援助产生的在扣除分配给船长和船上其他雇用人员的费用之后的报酬。

客票收入应当视为运费。

第 L.313–5 条

因船舶所有人导致的保险合同规定的和国家以优先受偿金、保证或其他津贴形式支付的款项不应当视为船舶的附属物或货运费。

第 L.314–6 条

通过放弃第 L.314–1 条，以利于船舶雇用人员利益创设的有担保债权应当属于同一雇用合同有效期内进行的所有航行产生的全部货运费用。

第 L.314–7 条

与同一航行有关的请求权应当由第 L.314–1 条列出的命令担保。

第 L.314–1 中提到的请求权有同等的受偿权，在赔偿款不足时应当按比例支付。

然而，第 L.314–1 条第 4 款和第 6 款所指的赔偿请求应当根据请求的日期确定受偿顺序。

同一事件产生的请求权视为同时产生。

第 L.314–8 条

与上述航行相关的有担保债权优先于先前航行有关的债权。

然而，包含数个航行的单一劳务合同产生的请求权与最后航行的请求权具有同等的受偿权。

第 L.314–9 条

不论船舶转移何处，第 L.314–1 条提及的有担保债权附随船舶。

所有请求权的有效期为 1 年，而不仅指第 L.314–1 条第 6 款提及的供货方的请求权。

在后一种情形下，期限缩减至 6 个月。

期限的计算方式：

1. 对于保证支付救援和援助费用的有担保债权，从救援结束之日起计算。

2. 对于保证支付船舶毁损和人身伤亡的有担保债权，从伤害发生之日起计算。

3. 对于保证支付船舶或行李丢失或毁损的有担保债权，从船舶或行李运交或应当运交之日起计算。

4. 对于保证支付修理和供给或第 L.314–1 条提到的其他服务费用，从请求权产生之日起计算。

在其他情形下，期限应当从可支付之日起计算。

第 L.314–10 条

本章所指的有担保债权应当清偿，不需要考虑义务消灭的一般理由：

1. 通过没收违反习惯、规则或安全条例的船舶。

2. 依据法院判决出售船舶。

3. 在公布第 L.311–4 条所指的注册登记簿中的转移事件两个月内，自愿转移船舶的所有权。

第 L.314–11 条

只要此项费用仍然有效或者总计货运费用为船长或船舶代理人所有，运费的有担保债权具有可执行力。该情形同样适用于意外事件的有担保债权。

第 L.314–12 条

除非船舶所有人因不法行为丧失所有权或债权人非善意行为，本章规定应当适用于船舶所有人、非船舶所有人的操作人员或主要船舶租赁人操作的船舶。

第五章　扣押船舶

第一部分　一般规定

第 L.315–1 条

法院有权依照本章规定没收和出售任何船舶。

第 L.315–2 条

根据起诉方的申请，应当告知海洋事务主任关于没收船舶的法院判决或文件。

第 L.315–3 条

收到没收船舶的通知之后，海洋事务主任应当禁止船舶航行。

第 L.315–4 条

一审法院院长根据临时规则，有权授权被扣押的船舶因一个或多个具体的航行而离开；为了获得授权，申请人应当交存能够保障债权申请人利益的足额保证金。

院长应当确定船舶返回没收港的期限，这一期限为可变期限。如果期限届满，船舶没有返回上述港口，交存的保证金应当支付给债权人。

第二部分　临时扣押

第 L.315–5 条

一审法院院长有权根据申请发布临时扣押裁定。

该申请依法有效，应当立即发布授权命令。

如果无法提供，可以要求债权申请人提供证明其偿付能力的先前证据；如果无法提供，应当提供交存于常设法院登记处的担保票据或提供保证人担保。

没收船舶或为了释放船舶、防止船舶没收交纳的保证金导致的损害赔偿的申请人的责任在一审程序启动之前有效。

第 L.315–6 条

被临时扣押的船舶禁止出海。

临时扣押对船舶所有人的权利不产生影响。

第 L.315–7 条

授权命令对申请人设定的期限不应超过 1 个月，在这期间内，申请人必须提交证据证明临时没收有效的证据，或提出实质性索赔要求，否则没收无效。

第 L.315–8 条

一审法院院长在保证人支付足额保证金的情况下，有权撤销扣押裁定，如果这些赔偿是关于本金、利益、费用和申请人索赔的特定份额。

船舶已被扣押且已提供了保证金以撤销扣押令或阻止扣押的，不应以同样的理由对同一个债权人的同一船舶或任何属于同一所有人的船舶提起新的扣押程序，也不得要求提供新的保证金。

第 L.315–9 条

申请人必须在 3 天内向船舶所有人提交没收记录，否则没收无效。

没收记录应当交存海洋事务主任以及船旗国的国家领事。

第三部分　动产的执行

第 L.315–10 条

动产执行应当在付款请求送达后 24 小时内启动。

第 L.315–11 条

付款请求应当送达船舶所有人本人或其住所。

针对第 L.314–1 条规定的船舶的有担保债权，付款请求应送达船舶船长。

请求付款的有效期限为 10 天。

第 L.315–12 条

没收记录应当由法警送达，没收记录应当包含如下信息：

债权人的名称、职业和地址。

执行所遵守的执行命令。

支付的数额。

付款日期。

如果债权中没有合法地址，以公国的住所为准。

船舶所有人和船长的名称。

船舶的名称、类型、吨位和国籍。

对汽艇、救生艇和装备以及船舶的其他设施、食品和货舱的说明。

司法庭长应当指定保管人。

禁止强制任何人担任保管人。

第 L.315–13 条

扣押记录应当在 7 天内交存海洋事务主任以及船旗国的国家领事。

第 L.315–14 条

债权申请人必须在 3 天内将扣押记录的复印件交给船舶所有人，并在一审程序中传唤其出庭并判决是否出售被没收的物品。

如果船舶所有人在公国没有住所，通知和出庭传票应当提交给被没收船舶的船长，如果没有船长，应当提交给船舶所有人或船长的代表人。

计算送达通知和出庭传票期限的方式应当符合民事诉讼法典第一百五十八条的规定。

第 L.315–15 条

如果船舶是摩纳哥国籍，扣押记录应当在第 L.311–4 条指定的登记处记录。

第 L.315–16 条

如果船舶是摩纳哥国籍，债权申请人应当要求海事主任发布登记处的记录报告书。

在 7 天之内，向登记中登记债权人确定的住所送达扣押通知。

上述通知应当指明出庭日期。

第 L.315–17 条

如果没收的船舶不是摩纳哥国籍，通知应当送达船旗国的国家领事。

第 L.315–18 条

法院应当确定最低价格和出售条件，如果没有投标，应当确定以较低的保留价格发布新的招标命令的日期，具体条件应当在同一命令中明确。

第 L.315–19 条

在张贴通知和在摩纳哥报纸刊登通知之后的 15 天内，法院一审程序之前进行销售不得损害法院有权发布的其他公开形式。

但是，法院可以在法庭上通过律师代理人或船舶经纪人判决销售有效。

以上所有情形，法院命令应当明确公开措施。

第 L.315-20 条

通知应当张贴在被没收船舶的出入口、一审法院的主要入口以及海洋事务部门办公室。

第 L.315-21 条

通知必须指明：

申请债权人的名称、职业和地址。

起诉依据的法律文书。

请求的返款金额。

当事人在公国的住所。

被没收船舶所有人的名称、职业和住所。

船舶的名称、已经配备或正在配备的船长的姓名、关于机械动力的发动机容量细节。

船舶的位置。

出售的最低价格和条件。

出售的日期、地点和时间。

第 L.315-22 条

拟定销售款项申请书，并在销售之前提交常设法院登记处。

如果在销售之后没有提交申请书，应认定反对销售款项的数额分配。

第 L.315-23 条

款项分配的异议应当至少在销售日期确定之后的 3 天内提出，在此日期之后提出的申请无效。

第 L.315-24 条

债权申请人或异议人应当在 3 天内提交申诉书。

被告应当在 3 天内答辩。

程序应当受《民事诉讼法典》第六百四十八条规定的约束。

第 L.315-25 条

船舶销售应当终止船长的职权，即使他保留了索赔的权利。

免除船舶的有担保债权或其所负担的抵押留置。

第 L.315–26 条

通过法院判决进行的销售中禁止提高报价。

第 L.315–27 条

中标者应当在 24 小时内向常设法院的登记处交纳包括费用在内的价款，否则销售应当认定为无效，并发布新的销售命令。

第 L.315–28 条

没有付款或交存保证金，船舶应被再次销售并且根据第 L.315–19 条、第 L.315–20 条和第 L.315–21 条的规定在新通知张贴后 3 天内出售，第一次投标的得标人应当支付差价、损害赔偿、利息和诉讼费。

第 L.315–29 条

中标人 5 天内支付价款并应向一审法院院长申请指定法官向债权人住所送达出庭作证传票，从而和平达成利益分配协议。

第 L.315–30 条

传票应当在法院张贴，并且在摩纳哥日报予以公布。

会议应当在传票送达之日起 15 天内举行，不允许延期。

第 L.315–31 条

提出异议的债权人应当在收到提起诉讼程序的债权申请人或第三债务人送达的传票后 3 天内向常设法院登记处提交能证明其诉求的文件；否则上述债权人不得参与利益分配。

第 L.315–32 条

如果债权人不同意收益的分配，应当拟定申请记录书和正式的反对文件。

每一个债权人必须在 8 天内向常设法院登记处交存申请以及证实他们申请的文件。

根据提起诉讼的债权人的申请，法院当通过职权外行为传唤债权人出庭并对包括有担保债权人在内的所有债权人进行判决。

第 L.315–33 条

除了民事诉讼程序中规定的期限外，应当在法院判决送达后 10 天内提起上诉。

第 L.315-34 条

上诉期限届满 8 天内或判决之后 8 天内提出上诉，法官应当对债权人的主张、利益和费用拟定清单。停止增加申请利息并禁止对第三债务人产生不利影响。

第 L.315-35 条

债权人的受偿顺序和销售利益的分配应当根据他们的裁定及其申请比例在持有有担保债权和抵押留置权的债权人中有效。

每一个债权人应当根据政策、利益和费用受偿。

第 L.315-36 条

根据监督法官的命令，法院的书记员应当发布类似于不动产诉讼中规定的排名表。

裁定应当授权排除未列入注册名单的债权人。

此排除根据利益相关人的请求产生效力。

第 L.315-37 条

没收共同共有的船舶一个部分或多个部分以及销售所得收益的分配应当遵守前述规则、下列情形除外：

根据第 L.317-16 条第二部分和第三部分的规定，应当通知其他共有人没收事宜。

在第 L.317-25 条的情形下，负责没收程序的法院应当在出售之前对提出的异议进行判决。

第六章　与船舶有关的法律规则和法律文件

第 L.316-1 条

船舶应当遵守适用于可转移物品的普通法规则，不得损害本法案以及为了实施本法案制定的其他规则。

任何构成、转移或终止所有权或使船舶获得入籍的其他实质权利应当以书面形式拟定，否则无效。文件必须包含对船舶享有利益的当事人的充分信息，信息的具体内容当通过主权命令确定。

第 L.316–2 条

上述规定应当同样适用于转移船舶所有人身份于租船人的定期租船合同、光船租赁合同以及 1 年以上的可变期限的货运费的分配协议。

第 L.316–3 条

第 L.316–1 条和第 L.316–2 条所指的文件应当在第 L.311–4 条规定的登记处登记并在同化证明的背面予以记载。

在完成上述两项手续之后，上述文件对善意取得船舶权利并根据法律规定保存船舶的第三人不产生效力。

第 L.316–4 条

除非另有约定，在船舶交付之前，以他人名义建造船舶的人为船舶的所有人。

造船合同应采用书面形式，修改原始合同应采用书面形式。

船舶所有权应当在最终审判之后船舶接受之时转移。

即使购买人购买船舶没有保留，船舶建造者同样应当对船舶的潜在瑕疵负责。

针对建造人提起保修诉讼的期限为 1 年。诉讼期间从知道潜在瑕疵之日起计算。

第 L.316–5 条

如果船舶建造者因宣告破产还债或清偿而无法完成船舶建造，船舶所有人在支付扣除保证金的估算价格后有权获得船舶以及分配的物资的所有权。

船舶所有人有义务支付造船厂的费用并完成船舶的建造。

第七章　所　有　权

第 L.317–1 条

船舶的所有人可以是自然人或法人。

第 L.317–2 条

船舶可以在共同所有权下营运。共有所有权合同必须采用书面形式；否则无效。

第 L.317–3 条

共同所有权可以分为若干部分。部分的数量和共有人的分配数额必须在第 L.311–4 条规定的登记簿中记载。

第 L.317–4 条

对共同所有权下的船舶营运进行判决应当符合大多数人的利益，除非在第 L.317–21 条中有规定。

每个共有人应当有与所有关系中所占份额相当的选举权。

判决应当通知所有共有人。

第 L.317–5 条

尽管有相反的规定，少数共有人有权针对多数人的决定提起法律诉讼。此种诉讼应当在该决定公布之日起 3 年内提起。

如果程序违法或与共同所有权的利益相违背，或利于多数共有人而有损害少数人的利益，判决无效。

第 L.317–6 条

不存在绝对多数共有人或多次撤销针对多数共有人的判决，法院根据一个共有人的申请有权判决指定临时负责人或判决通过拍卖出售船舶，也可以共同采用两种方式。

第 L.317–7 条

多数共有人有权委托一个或多个管理人管理船舶，管理人可以为共有人。

第 L.317–8 条

管理人的任命、辞职和解雇必须通知在第 L.311–4 条指明的登记处登记的第三方。

第 L.317–9 条

没有任命管理人或没有根据上述条款的规定将任命的一个或多个管理人通知第三方，船舶的所有共有人应视为管理人。

第 L.317–10 条

存在多个管理人员的，应当相互协调，一致行动。

第 L.317–11 条

在任何情形下，管理人代表共有人充分行使管理权。

通过合同条款对管理人的限制不对第三方产生法律效力。

第 L.317–12 条

船长必须遵守管理人员的指示。

第 L.317–13 条

船舶共有人应当根据所占船舶份额的比例承担船舶运作中的收益和损失。

船舶共有人必须支付共同所有权的费用以及相同比例的管理人的费用。

第 L.317–14 条

尽管存在相反协议，作为管理人的共有人应当对共有关系产生的债务承担无限连带责任。

除非有其他协议，上述规定同样适用于不是管理人的共有人。

上款中提及的相反协议在完成第 L.311–4 条规定的送达通知之前不对第三方强制实施。

第 L.317–15 条

共有人死亡、丧失行为能力或者清算财产不影响共同共有。

第 L.317–16 条

每个共有人都有权处置其份额。

共有人转让份额必须在第 L.311–4 条规定的登记处登记。

第 L.317–17 条

共有人对第 L.311–4 条规定的转让通知之前的合同债务承担责任。

第 L.317–18 条

尽管有相反条款，使船舶丧失摩纳哥国籍的转让必须经其他共有人的同意。

第 L.317–19 条

作为船舶工作人员的共有人在解雇时，有权放弃共有关系并取得所占份额。

未达成一致意见，所占份额由法院确定。

除非当事人同意，所得份额应当在达成一致协议或法院作出最后决定的 1 个月内有效。

第 L.317–20 条

共有人有权根据第 L.313–1 条以及下列规定的条件和程序抵押其份额。

第 L.317-21 条

经代表船舶四分之三份额的大多数人的同意，管理人有权抵押船舶。

第 L.317-22 条

通过拍卖强制出售、自愿出售或法院的判决可以终止船舶的共同营运。

第 L.317-23 条

自愿出售的决定应当由代表三分之二船舶份额的大多数人作出。

上述决定应当明确出售的方式。

第 L.317-24 条

根据第 L.317-6 条的规定，法院有权判决终止共有关系并明确船舶销售的条件。

第 L.317-25 条

没收的份额超过整个船舶份额的一半时，销售应当包括整个船舶，除非其他共有人提出正式合法的反对理由。

第二编 海上事故

第一章 碰 撞

第 L.321-1 条

碰撞是指两艘船舶或船舶与其他非永久停泊的浮动设施之间发生的接触。碰撞可以发生在正在航行或适合航行的船舶之间。

发生碰撞之后，只要船舶、船员或乘客未受到严重危害，遭受碰撞的船舶的船长应当对其他船舶、船员和乘客实施救援。

他应当将船舶名称、国籍、注册港以及始发地和目的地告知其他船舶。

在发生碰撞之后，不论碰撞发生在哪一水域，对船舶、人员和物品进行赔偿应当受本章规定的约束。

第 L.321-2 条

如果碰撞原因是意外事件或不可抗力，或者碰撞原因无法查明，不论碰撞船舶中的一方或双方在碰撞发生之时是否处于停泊状态，损害应当由碰撞船舶各方承担。

第 L.321–3 条

如果碰撞原因为船舶中一方的过错行为，赔偿费用应当由过错方承担。

第 L.321–4 条

如果碰撞船舶各方都有过错，船舶各方承担的责任份额应当根据过错程度确定。

如果无法确定过错份额，船舶各方应当承担相同的责任。

对船舶及其货物、相关人员造成的损害或对船舶工作人员、乘客或船上其他人员的财产造成的损害，在排除第三方连带责任的情况下，应当按照相同条件予以赔偿。

然而，共同第三方应当对产生的伤亡损害承担责任，并受超额支付法律规定要求支付数额的当事方的法律行为的约束。

第 L.321–5 条

即使引航是法律的强制行为，上述条款中确定的责任同样适用于因引航员失误产生的碰撞。

第 L.321–6 条

前述条款适用于因一个船舶向另一个船舶移动导致损害的赔偿，即使没有发生碰撞。

第 L.321–7 条

赔偿诉讼应当在事件发生之日起两年内提起。

第 L.321–4 条第 3 款所指的法律诉讼应当从支付之日起 1 年内提起。

如果未在摩纳哥或法国司法管辖范围内的水域内扣押船舶，诉讼时效不应开始计算。

有关船舶所有人责任的诉讼时效的规定同样适用于根据本章规定提起的法律诉讼。

第 L.321–8 条

除了第 L.321–7 条第 3 款，本章所有规定应当适用于国有船舶和用于公共服务的船舶。

第二章 救 助

第 L.322-1 条

不论救援发生在哪个水域，其他船舶向遇难船舶提供救援或船舶之间提供救援服务应当遵守本章的规定。

第 L.322-2 条

任何有效的救助行为应当获得公平报酬，即使船舶为同一人所有。

除非达成一致，否则未产生有效后果的救援不应获得报酬；对污染或其他任何对环境造成损害的防治或限制应视为产生了有效的结果。

支付的报酬不应当超过被救物资的价值。

对船舶本身或其货物实施的救援对环境产生威胁应当支付相当于救援费用的补偿金，包括使用设备的合理的折旧费。

拯救人的生命不应当支付报酬。

救助面临同一危险的他人的人享有平等请求支付相当于支付给船舶、货物及其附属物的打捞人员的报酬。

第 L.322-3 条

尽管被救船舶有明确合理的禁令，参加救援的人不应获得报酬。

第 L.322-4 条

拖船提供了拖船合同内容之外的额外救助有权获得救助的费用。

第 L.322-5 条

报酬应当由各方协商确定，如果达不成一致意见，由法院确定。

上述规定同样适用于救助船舶之间或施救船舶的所有人、船长和船员之间的报酬分配比例。

如果施救船舶是外国船舶，该分配应当受国际法的约束。

第 L.322-6 条

不论是否达成一致意见，因实施救援产生的争端应当由一审法院管辖。

法院有权评估协议的有效性和公平性。

法院应当根据情形确定或调整救助船舶的报酬，特别应当考虑船舶或货物的价值以及救助船舶面临的危险。

第 L.322-7 条

施救船舶不应当对被救船舶或第三方承担责任。

然而，当存在故意或不可原谅的过失时，救助船舶应当承担责任。

不可原谅的过失是指忽视损害可能性以及没有合理原因的疏忽大意引起的故意过失。

第 L.322-8 条

请求支付报酬的诉讼应当自救助实施完毕之日起两年内提出。

但是，如果无法在摩纳哥或法国管辖的水域逮捕被救船舶，诉讼时效不开始计算。

对施救船舶的责任提起的诉讼受相同期限的限制。

第 L.322-9 条

如果船舶没有受到严重威胁，船舶的船长应当要求其船员或乘客对在海上发现的或面临生命危险的人员实施救援。

除非船舶所有人进行了有效的直接干涉，否则应当对违反上述条款承担责任。

第 L.322-10 条

除了第 L.322-8 条第 2 款的规定，本章规定应当适用于国有船舶和用于公共服务的船舶。

第 L.322-5 条第 2 款的规定不适用于国有船舶。

国有船舶之间实施救助也有权获得报酬。

第三编　船　　长

第 L.330-1 条

船长是船舶公司、海事活动的首长以及船舶所有人的代表。

在没有名义船长时，应当由定期指挥船舶的人行使船长的职权。

第 L.330-2 条

船长由船舶的操作人任命。在租船情形下，船舶操作人员的权利转移至租船者，船长由租船者任命。

船长因死亡、疾病、重伤或其他原因不能胜任职责时，在船舶达到第一停靠港之前，大副自动行使管理船舶的职责。

上述行使管理船舶职权的大副因死亡、疾病或伤亡无法行使职权时，船长的职权应当转移至甲板上职务等级最高的船员，当上述人员穷尽时，轮机舱最高级别的船员行使船长的职权直至船舶到达第一停靠港。

第 L.330-3 条

船长应当持有船舶航行过程中所要求的证书或证明。

第 L.330-4 条

船长的报酬应当遵守第六编的规定。

第 L.330-5 条

船长应当对行使职权产生的错误承担责任。

第 L.330-6 条

除非法律禁止船长引航，否则即使船舶上有引航员，船长应当在船舶进入或离开港口、停泊处、运河和河流时进行引航。

在摩纳哥领海或内海，摩纳哥或外国船舶的船长应当遵守国际惯例中的海洋交通规则以及通过摩纳哥海岸的最短距离的规则。

第 L.330-7 条

船长应当确保实施了法律规定中的检查。

第 L.330-8 条

在所有船舶中，船长应当提供以下文件：

船籍证明入籍证明。

安全证明和有关检查的法律文件。

并且根据航行的类型提供。

船舶的条款。

租船契约和货物清单。

有关船舶及其货物清单的证明和海关文件。

规则规定的其他文件。

第 L.330-9 条

船长必须记录航海日志并保证其他船舶的航海日志被适当记录。

在特定事件中，船长必须记录报告的详细内容并在到达港口 24 小时内由主管治安法官证明。如果在国外，应当由摩纳哥领事馆员证明，如果没有领事官员，应当由主管地方治安法官证明。

第 L.330–10 条

在证明之前，船舶的航海日志和登记簿应当认定是可信的。

第 L.330–11 条

在航行终结之时，船长应当履行到达港口的官方手续。

第 L.330–12 条

在航行过程中，如果船长必须在港口进行非常规停靠，应当遵守海关手续并向摩纳哥领事官员说明停靠的原因，如果不能，则应向主管地方治安法官说明停靠原因。

第 L.330–13 条

船舶遇难，船长一人或与全部或部分船员获救，船长应当向主管地方治安法官报告。如果在国外，应向摩纳哥领事官员或到达地的主管治安法官报告，并由和他一同获救的船员质证。船长应当获得报告的证明副本。

所说的治安法官应当采取措施证明报告中事件的真实性。

第 L.330–14 条

船长有权通过规则、个别命令或第 L.632–6 条规定的惩戒对船员、乘客和船上的其他人员实施惩戒权。

他应当在船舶上行使民事登记处法官的职权以及接受根据民法典规定作出的发誓声明。

在通知陆上有民事登记职权的第一摩纳哥机构之前，民事登记处文件原件应当从属于船舶条款。

船长对船上发生的犯罪或轻罪行使刑事侦察的职权。

第 L.330–15 条

当船舶操作人不在代理公司或分支机构，船长应当提供船舶和航行的必需品。

船长应当根据船舶法律和惯例确定的方式为操作人员的利益行使商业职权，操作人员不得限制或制约第三方的上述职权。

船长有权订立运送乘客或货物的合同，签署和交付提单，接收并确保其商品在船上交货，收集应缴运输费用，采取一切措施获得报酬。

第 L.330–16 条

除非操作人员明确指示，船长无权作出承诺，如果无法与操作人员取得联系，应当获得摩纳哥领事官员或当地主管治安法官的授权。

第 L.330–17 条

当船舶操作人不在代理公司或分支机构，船长在紧急情况下有权以操作人员的身份保护船舶所有人、乘客和托运人的利益。

操作人员应当被视为乘客和托运人事务的管理人。

第 L.330–18 条

未经操作人员书面授权，船长不得装载自己的货物。

在违反禁止性规定时，船长有权向操作人员收取相当于其货物两倍运费的赔偿金。

第 L.330–19 条

船长有权获得操作人员的法律文件或其他文件。

第四卷 海洋航行

第一编 航行规则

第一章 术 语

第 L.411–1 条

在海上、港口和咸水停泊处进行的航行，以及在远航船舶的第一个障碍为河口和河流的航行为海洋航行。

第 L.411–2 条

海洋航行分为以下几种：

商业航海。

娱乐或体育航海。

科研航海。

第 L.411–3 条

商业航行以营利为目的。

娱乐或体育航行不以营利为目的。

科研航行是以科学研究为目的的非营利性航行，应当遵守国际惯例的规定。

第 L.411–4 条

商业航行包括以下三种：

1. 商业航行。
2. 商业捕鱼。
3. 特殊形式的航行。

第 L.411–5 条

商业航海的目的是运送旅客或运输商品。

商业航海包括长距离航行、近海航行和离岸航行。

第 L.411–6 条

远洋航行应当在如下限定区域之外进行：

北方：北纬 72° 一线。

西方：沿着西经 12°40′ 从北纬 72° 画到北纬 30°，然后沿着北纬 30° 纬线画到北纬 27°，再沿着西经 27° 画到北纬 10°，这样一条线。

南方：格林尼治子午线以西北纬 10° 和格林尼治子午线以东北纬 30°；

东方：东经 46°20′。

第 L.411–7 条

沿海航行是非近海航行的远洋航行之外在周围地区进行的航行。

第 L.411–8 条

近海航行通过下列船舶完成：

1. 在主权命令决定的区域和离海岸不过 20 海里的地区航行的最大吨位为 300 注册吨的船舶。
2. 上述条款中规定界限内的用于拖拽的所有吨位的驳船和其他设施。
3. 所有非正常离开港口和停泊处的船舶。

第 L.411–9 条

商业捕鱼包括近海捕鱼、公海捕鱼和远洋捕鱼。

商业捕鱼的目的是为了捕捉鱼类、海洋动物、甲壳类动物、贝类和其他对人类有用的生物。

第 L.411–10 条

近海捕鱼是指在从海岸线到公海之间的区域内进行的捕鱼活动。

公海捕鱼由净吨重不超过 25 注册吨位的船舶在离开港口不超过 72 小时内实施的捕鱼活动，应当遵守如下限制：

最北以北纬 72° 为限。

最南以赤道为界。

最西以格林尼治西经 28° 为界。

最东以格林尼治东经 26° 为界。

远洋捕鱼是在上述条款规定的界限范围以外进行的捕鱼。

第 L.411–11 条

特殊航行是在第 L.411–5 条或第 L.411–9 条规定的范围之外进行的航行。

第二章 航行条款

第 L.412–1 条

参与海洋航行的所有船舶应当携带航行文件。

第 L.412–2 条

船舶条款构成向有正式雇用船员的船舶发布的航行文件。

第 L.412–3 条

海洋信件是向没有正式雇用海员的商业船舶发送的航海文件。

第 L.412–4 条

入籍证明是指没有正式雇用船员的用于娱乐和体育目的的船舶提供的航海证明。

第 L.412–5 条

发布和更新第 L.412–2 条和第 L.412–3 条规定的航海文件的条件应当通过基于海洋事务意见的主权命令发布。

第 L.412–6 条

在不妨碍对罪犯的刑事制裁的条件下，应当拒绝或撤销关于不符合或无法符合行使职权条件的船长或官员的所在船舶的条款。

第 L.412–7 条

船舶条款中包含的声明在证明有其他目的之前应当认为具有法律效力。

第 L.412–8 条

没有航行文件，船舶不得出海航行。

在船上或港口根据主管机关的要求应当提供上述文件。

如果在航行文件有效期间以及在主权命令规定的所有其他情形下，船舶暂停使用，上述文件必须交存主管机构。

第三章　船舶的确认

第 L.413–1 条

船舶包括竹筏、进入海洋之后在洋面或洋底航行的漂浮设施，但第 L.311–3 条规定的漂浮设施除外。

第 L.413–2 条

所有船舶应当在海洋事务委员会注册。

第 L.413–3 条

注册的条件应当由主权命令确定。

第 L.413–4 条

参与海洋航行的所有船舶必须在船尾标明船舶的名称以及摩纳哥港口。

净重等于或超过 25 吨的船舶必须在船舷以及两侧标明船舶名称。

这些标注的形式应当由主权命令确定。

第 L.413–5 条

所有船舶必须标明主权命令规定的其他外部标记。

第二编　海 洋 安 全

第一章　一 般 规 定

第 L.421–1 条

本条规定适用于第三编范围内的摩纳哥船舶。

本规定同样适用于：

1. 前款中未提及的摩纳哥船舶。

2. 在公国港口停靠并且符合主权命令规定的条件的外国船舶。

第 L.421–2 条

有关船舶、船员以及船上其他人员安全的规则包括：

1. 防止船舶毁损的规则。

2. 有关航海界限的 1966 年 4 月 5 日《伦敦国际公约》规定的限制国际航行船舶排水量的规则。

3. 保护海上人类生命和确保船舶上生存条件的规则。

4. 不妨碍本法典规定的第二编的适用，第二条规定的关于防治污染的规则。

5. 确定指挥和操控船舶的资质证书的规则。这些规则应当由主权命令确定。

第 L.421–3 条

安全文件和污染防治证明应当根据第一编第二条所指的委员会的建议通过国家部长发布。

如果无法证明船舶入海不会对船舶本身、船员、船上其他人员、海洋环境以及 1969 年 11 月 29 日《布鲁塞尔公约》确定的相关利益造成损害，海洋事务主任有权在未纠正不符合常规的事项之前禁止或推迟船舶起航。

如果船舶未能符合规定的条件，发布安全文件和污染防治证明的机构有权在文件有效期终止之前撤销文件。

当船舶符合条件时，应当返还上述文件。

第 L.421–4 条

除了根据《刑事诉讼法典》的规定行使职权的官员和刑事侦查警察之外，下列人员有权进入船舶甲板行使第 L.120–1 条和第 L.421–3 条规定的检查权或参与检查：

海洋事务部门的官员。

公共安全部门的主任，海洋警察的负责人。

安全和社会活动部长指定的医生。

劳动督察员。

电信管理部门负责检测无线电设备的官员。

检查委员会的成员。

第二章 刑罚规定

第 L.422-1 条

在不妨碍官员和刑事侦查警察根据《刑事诉讼法典》的规定行使职权的条件下，违反国际条约和协议适用或为了适用上述规则制定的本法案和主权命令应当由海洋事务主任或公共安全主任、海洋警察主席在职责范围内报告，或由经正式授权的委托的代理人报告。

第 L.422-2 条

根据第 L.422-1 条规定拟定的报告在被证实之前应当认定为可信的。

他们应当转送至检察总长。

被指控的违法者应当送交公国的刑事法院。

第 L.422-3 条

违反第 L.421-2 条或为了本条的实施发布主权命令的船舶建造者、操纵人员、所有人或船长应当承担刑法典第三段第二十六条规定的罚款。

同样的处罚适用于不遵守有关粮食、危险物质和有害物质的规定进行装载、卸载、包装和进行操作的人员。

然而，第 L.421-1 条第 2 款第一项规定的船舶适用刑法典第一段第二十六条规定的罚款。

第 L.422-4 条

没有通用的安全文件或污染防治证明文件的船舶的操作人、船长或所有人参与航行或试图参与船舶航行的应当单处或并处 1 个月至 1 年的监禁或刑法典第三段第二十六条规定的罚款。

然而，如果能证明船长接受操作人员或船舶所有人的指示，应当判处 1~3 个月的监禁和刑法典第二段第二十六条规定的罚款。

第 L.422-5 条

任何制造商或向使用者出售不符合法定标准的安全设备或污染防治设施的人应当单处或并处 1 个月至 1 年的监禁或刑法典第三段第二十六条规定的罚款。

第 L.422–6 条

如果是重犯，应当判处前款规定中两倍的监禁期限和罚款。

第五卷 船舶经营

第一编 货运利益

第一章 经 营 人

第 L.511–1 条

船舶的经营人是指以自己的行为经营船舶的人，无论其是否是船舶的所有人。

第 L.511–2 条

船舶的经营人既可以是自然人，又可以是船舶的共同所有人或者是普通法制度下的法人。

第 L.511–3 条

船舶的所有人或共同所有人应当被视为船舶的经营人。

在包租情形下，如果包租合同约定包租人为船舶的经营人并按时在 L.311–4 条中提到的登记中公示，则包租人就是经营人。

第 L.511–4 条

依据普通法规定，船舶经营人应该对其雇员在陆地和海上的行为负责。尤其是根据法律和合同推定船长的法律责任,船长应该亲自对其负责。同时，船长也应该对其行为和过错、全体船员以及船舶上的其他任何服务人员的职务行为负责。

船舶经营人须遵守第 L.312–1 条的规定，同时他们也受第 L.623–47 条的约束。

当索赔涉及海上援助和救助或者为防止共同海损而征税，则不适用该责任范围。

如果对船长和因承诺、行为及过错而承担船长责任的船员们提起诉讼，船舶经营人则有权适用第 L.312–1 条中规定的责任范围。

第二章　附属海运业

第一部分　经营船舶买卖代理人

第 L.512–1 条

在国务大臣的提议下，根据主权命令来任命和解雇船舶经纪人。

他们的人数没有限制。

第 L.512–2 条

在主权命令条件下，船舶经纪人是各行政部门认可的代理：他们被授权在船舶主管机关、港务局、一审法院、海关或者卫生服务机关之前处理与船舶管理有关的进出港事务。

他们可以作为租船经纪人。

他们应有权翻译法庭上提出的索赔要求、报表、租船合同、提单、合同和其他任何需要翻译的文件。

除了在销售以下扣押品和第 L.315–19 条第 2 款的规定的内容的情况下，他们可能会影响船舶的公开拍卖。他们可能不会以自己的名义或代表第三方购买受委托出售或估值的船舶或其附件。

第 L.512–3 条

船舶经纪人应根据授权从事一切商业活动。尤其，他们可能是船舶的经营人或船舶的代理商。

第 L.512–4 条

船舶经纪人应备份一项记录，每天不间断地依数字顺序记载所有的法律行为、手续以及依据授权而进行的收费行为。

第 L.512–5 条

船舶经纪人可以依据以下服务进行收费：

船舶的管理，包括履行义务和完成一审法院前的手续以及海关服务或其他公共机构服务。

货物的租赁或采购。

船舶的销售。

对外语起草的文件的翻译。

这项工作的费用数额应当由船舶经纪人和与航运有关的利益方之间的共同协议来确定。

第二部分　船舶的代理

第 L.512-6 条

船舶代理人作为船舶经营人的有偿代理人，出于需要和船舶及航行的考虑，要执行船长自己所不执行的业务。

船舶代理人代替船长处理一些有关船舶离港、接待、到港、交付货物以及其他通常与船舶在港停留有关的事务。

船舶代理人为船舶和航行的正常需要作准备。

第 L.512-7 条

船舶经营人或者船长可以分配给船舶经纪人任何其他的任务。

第 L.512-8 条

按照前述第 L.512-6 条第 3 款的规定，当船舶代理人代替船长为船舶的正常需要提供准备时，因该行为而对船舶经营人产生的债权，应被视为第 L.314-1 条第 6 款中规定的有担保的债权。

第 L.512-9 条

船长有权接受的任何司法或者其他文书都可以通知船舶代理人。

第 L.512-10 条

针对因前述第 L.512-6 条中规定的经营行为而引起的对船舶经营人提起的任何诉讼，可以由船舶代理人的住所地法院进行管辖，尽管有相反的规定。

第 L.512-11 条

关于船舶代理人保管或处理的货物的灭失和毁损，其仅在下述第 L.523-3 条至第 L.523-6 条规定的条件下和限额内承担责任。

关于船舶代理人根据前述第 L.512-6 条第 1 款规定进行的其他行为，其应按照普通法的规定承担相应责任。

第三部分 收 货 人

第 L.512-12 条

收货人作为货物权利人的有偿代理人，应代表货物权利人提货并到期支付运费。

第 L.512-13 条

收货人必须在依据准据法规定的条件下和期限内就有关货物的条件或数量瑕疵告知承运人或其代理人。

如果这种瑕疵没有告知承运人及其代理人，则收货人应当被视为按照提单中描述的条件和数量收到货物。但是这种假设可能被船舶代理人或承运人的报告所推翻。

第 L.512-14 条

收货人仅应当在下述第 L.523-3 条至第 L.523-6 条规定的条件下和限额内承担货物灭失或损坏的责任。

第四部分 一 般 条 款

第 L.512-15 条

对船舶代理人或者收货人提起的所有法律诉讼都应当遵守一年有效期的规定，该期间从合同签订或执行之日起算。

第 L.512-16 条

在国际事务方面，船舶代理或收货人实施的行为以及签订的合同应受当时所在港口国法律的管辖。

第 L.512-17 条

船舶代理、收货人或装卸公司的职责可由同一人履行。

在这些情况下，有效的规则应当是在索赔出现时能够有效执行的规则。

第三章 牵引作业

第 L.513–1 条

当一艘或几艘拖船提供动力调动一艘船舶或使之移动，而该服务不具有援助或救援的特点，则此时就产生牵引合同。

牵引协议可以通过任何可用的方式来证明，包括船长接受的由拖船提供的服务。

牵引费用应该由法规或拖船所在港口的习惯来确定，否则应由当事人双方协商确定。

第 L.513–2 条

在港口的拖船作业应该在拖船船长的指挥下进行。

除在建立拖船的过程中存在疏忽大意外，在牵引作业期间由被拖的船舶或拖船造成的一切损害都应当由被拖船舶负责。

当事人可以用口头或书面协议的方式委托拖船船长指挥牵引作业。此种情形下，一切损害应该由牵引方承担责任，除非被牵引方存在重大过失。

第 L.513–3 条

摩纳哥公国内水范围以外的牵引（拖带）作业应在拖船船长的指挥下进行。

由拖曳船或拖船进行的拖带作业所引起的任何损害，应由拖船行为人负责，除非其过失是由被拖船引起的。

当事人可以用口头或书面协议的方式委托拖轮船长指挥拖曳作业。所产生的损害则应由被拖船舶承担责任，除非拖轮方具有重大过失。

第 L.513–4 条

海运合同是规范拖轮公司牵引浮动设备、码头、容器或其他在海上无法推进的物体的协议。

在牵引作业持续期间，被拖曳设备上的人员应被视为拖轮公司的雇员，这与他们的招聘和薪酬条件无关。

除非另有约定，在当事人之间拖轮公司的义务由普通运输法确定。租船规则不能适用于该合同。

关于拖轮和被拖设备构成一个整体作为第三方时，除非出现不可抗力，拖轮公司的责任将完全免除。

第 L.513-5 条

拖曳作业所产生的诉讼行为应受从作业完成后算起的两年时效期的限制。

第二编　海上租赁及海上货物运输

第一章　海上租赁

第一部分　一般规则

第 L.521-1 条

根据租船合同，经营人通过租赁方式将其全部或部分船舶交与承租人支配。

租船的条件和影响应由双方当事人以合同确定，否则以本规定确定。

在租赁期间，有关船舶的所有人或经营人的任何改变都不得影响租赁合同的执行。但签订了租船合同的经营人仍应依据该合同产生的义务对船舶新的所有人或经营人负责。

第 L.521-2 条

在国际事务中，除非当事人另有约定，船旗国的法律应适用于合同。

第 L.521-3 条

船舶租赁应当采用书面形式，租船合同是列出双方承诺的文件。

前款规定不适用于登记吨位为 10 吨以下的船舶。

租船合同中应包括：

当事人的姓名、身份和居住地。

关于船舶的描述。

各方的相互义务。

租赁的范围，即部分租赁和全部租赁，以及在部分租赁中表明船舱或其他空间由承租人支配。

在必要情况下，经营人是否同意装运或已经装运有害或危险物质或者含有该种物质的货物。

运费。

第 L.521–4 条

经营人应当为支付其运费提供有担保债权的货物。

收货人或者要求交货的货物接收人自动地对应当支付的一切运费负责。

第 L.521–5 条

如果经营人在卸货时没有收到付款，除非承租人支付保证金，否则经营人可不将货物保存在船上，而是委托第三方出售。

这种委托货物应由中期单方法令授权，他们的销售应由中期救济法令来授权。

第 L.521–6 条

由租船合同产生的诉讼行为应受一年诉讼时效的制约。依据普通法规定，这种期限可以中止或中断。

依据第 L.521–14 条、第 L.521–23 条、第 L.521–38 条和第 L.521–42 条，时效期限的规定即将实施。

第二部分 光船租赁

第 L.521–7 条

在光船租赁合同中，运营商承担在指定时间向承租人交付特定的无配件或设备、无完整配件或设备的船舶的义务。

除在第 L.521–3 条中规定的内容外，光船租赁合同必须包含：

该船舶受承租人支配的期限；

在局部维修的情况下，配件或设备由经营人留在原地。

第 L.521–8 条

船舶经营人应在约定的时间和地点将指定的船舶提供给承租人，并保证船舶具备良好适航状态并能够满足预期的服务目的。

第 L.521–9 条

船舶经营人应负责对船舶本身固有的缺陷进行必要的维修和更换。

如果船舶因该缺陷抛锚超过 24 小时，则抛锚期不支付租赁费。

第 L.521–10 条

船舶承租人可以在船舶的通常用途范围内使用船舶。

承租人可以使用船上的材料和设备，但必须在合同期限届满后。除正常的磨损外，要在相同的数量和质量上恢复其原貌。

第 L.521–11 条

承租人应当负责维修船舶以及维修和更换第 L.521–9 条中规定的固有缺陷以外的物品。

承租人应当雇用船员并支付其工资，同时提供食品和相关费用。另外，承租人应当承担经营船舶的所有费用，并确保船舶的安全。

承租人将确保船舶经营人因船舶经营行为对第三方的提出任何诉讼。

承租人将行使该船舶的航运和商业管理权。承租人应承担船长对于船舶的义务。

第 L.521–12 条

租赁合同期限届满后，承租人必须归还其所租赁船舶，并保证船舶处于其租赁时的状态，船舶及其设备的正常磨损除外。

第 L.521–13 条

如果承租人迟延归还船舶，以及船舶经营人能够证明船舶遭受较严重损坏，承租人应当在 15 天内支付等于原租金的补偿金，超出 15 天的，应支付原租金两倍的补偿金。

第 L.521–14 条

租船合同产生的法律诉讼，其时效期限从合同期满或终止执行时开始计算。

第三部分　定 期 租 船

第 L.521–15 条

在定期租船合同中，船舶经营人承担在指定时间内向租赁者提供设备齐全的船舶的义务。

第 L.521–16 条

除了第 521–3 条中规定的信息，定期租船合同还必须包含：

合同的有效期限。

承租人可以使用船舶的区域限制。

预期的经营业务。

第 L.521–17 条

船舶经营人负责在约定的时间和地点交付指定的船舶，并确保船舶在合同期限内具备良好的适航状态，并配备合适的设备以满足承租方的预期需要。

第 L.521–18 条

船舶经营人应当负责船舶的海上管理工作。

如果能够证实货物遭受的损害是由于船舶经营人未履行义务造成的，其应当对损害负责。然而，经营人不应当对船长或其下属的海上错误负责。

第 L.521–19 条

该船舶的商业管理活动由承租者负责。

承租人应当承担船舶商业化运作的全部费用。

承租人应当对由商业运作造成的船舶损害负责。

第 L.521–20 条

在与船舶的商业管理有关的所有事务中，船长必须遵守承租人根据租船合同中特别规定的限制而作出的指示。

第 L.521–21 条

根据承租合同的条件，在船舶交由承租人完全支配时承租费用生效。

承租费用应提前按月支付。

承租人并不是在任何情况下都必须支付租金的。

当船舶经营人迟延交付船舶时，承租人可以解除合同，同时就因迟延交付船舶造成的损害要求船舶经营人赔偿，船舶经营人能够证明迟延交付是由其不能控制的原因引起的或者迟延交付并没有给承租人造成损害结果的除外。如果船舶经营人通知承租人船舶将迟延交付，承租人可以要求解除合同或继续履行合同。

第 L.521–22 条

如果船舶抛锚超过 24 小时，无法满足商业服务，则货物运费不应该被交出。

如果租船丢失、损毁或者出现不可挽回的损失，货物运费在船舶不再由承租人使用时停止计算。

第 L.521–23 条

由定期租船合同引起的法律诉讼的时效期从合同期满之日或合同终止执行之日起计算。

第四部分　航 次 租 船

第 L.521–24 条

在航次租船合同中，船舶经营人将一船舶的全部或部分交由承租人支配以完成一次或多次指定的航行。

第 L.521–25 条

除了第 L521–3 条中规定的内容，航次租船合同还必须包含：

货物的性质和体积。

装卸货物的地点。

预定装卸货物的时间。

预定的操作。

第 L.521–26 条

船舶经营人应当承担：

在约定的时间和地点提供指定的船舶并且保证船舶在航行过程中具备良好的适航状态，设备能够满足合同中预期的操作需要。

尽其所能去完成租船合同中提到的航行。

第 L.521–27 条

船舶经营人应保留船舶在海上及商业管理的权利。

船舶经营人应在租船合同中明确规定的限制内对船长在船上收到的货物负责。

如果能证明作为船舶经营人其已尽到自己的义务或者损害不是由于其未尽到义务所造成的，或者损害是由于船长或其下属在海上的错误行为造成的，则应当免除船舶经营人的责任。

第 L.521–28 条

承租人必须按照租船合同规定的货物数量将货物装货。否则其仍然要按照合同规定的货物数量承担运费以及船舶可能产生的其他任何费用。然而作为补偿，欠款中应扣除船舶由此节省的费用以及载运的任何替代商品的运费的四分之三。

根据第三段第五项中第 L.521–3 条的规定，对于装载危险、有害及违禁货物可能造成的任何损害，承租人应当就装载的货物对船舶经营人以及牵涉其利益的所有第三方负责。经过船长同意接受货物的，应当免除此仅与船舶经营人有关的责任。

第 L.521–29 条

承租人必须在租船合同约定的期限内装卸货物。

如果租船合同明确规定装卸货物的期间，则这些期间不能互换，必须单独计算。

第 L.521–30 条

起始点和称为“停泊日数”的装卸货物的预计日期受当事各方协议的约束，没有协议的，按照行为发生的港口惯例或者一般的航运惯例来执行。

第 L.521–31 条

承租人不遵守既定时限的，应当负责缴纳滞期费作为货运附加费。

滞期费的数额，应当由当事人的协议确定，没有协议的，根据行为发生地的港口的惯例来执行。

第 L.521–32 条

在船舶航行之前，如果对贸易国实施了禁令，或发生了其他不可抗力量事件导致航行不能进行，在不损害双方利益的情况下应当解除合同。

第 L.521–33 条

在货物装载前，承租人可以解除合同。在此情况下，承租人应当补偿船舶经营人遭受的数量相当于运费的损失。

第 L.521–34 条

如果不可抗力事件导致船舶短时间延迟离港，则合同继续有效，且不存在因延迟离港而产生的损害赔偿问题。

如果不可抗力事件发生在航行期间且导致航行暂时中断，则合同也将继续有效，且不得增加运费。

在这些情况下，租船人可以自费卸载货物，然后其应当支付整个运费。

第 L.521–35 条

如果船舶长时间无法进港，船长必须遵守由船舶经营人和承租人共同达成的协议；如果没有相关协议，船长应使船舶驶入可以卸载货物的临近港口。

第 L.521–36 条

在船舶航行过程中，如果非经营人的原因导致船舶长期停运，承租人应当支付补偿性的运费。

第 L.521–37 条

航行期间的船舶仅属于一个租船人，该承租人可以卸载货物，其应当支付整个航程的运费和卸载货物的费用。

第 L.521–38 条

租船合同所产生的法律诉讼，其时效期限从完成卸货时或终止航行的事件发生时开始计算。

第五部分　转 租 合 同

第 L.521–39 条

一个承租人可以转租船舶，或用它来执行运输合同。

非经船舶经营人书面同意并在其承认的合同条件下和限度内，空船承租人不能转租该空船。

第 L.521–40 条

在租船合同范围内，船舶分租不得解除承租人对船舶经营人的义务。

第 L.521–41 条

受到承租人拖欠船舶经营人运费的限制，因为分租仍然拖欠运费，经营人可以采取行动反对分租。

在转租中不得使经营人与转租之间建立任何其他的直接关系。

第 L.521–42 条

由转租产生的法律诉讼时效期限开始于：

在定期租船合同情况下，从合同期满或合同终止执行时起。

在航次租船合同情况下，从完成卸货或致使航行结束的事件发生时起。

第二章 货物运输

第一部分 一般规则

第 L.522-1 条

在本章：

“承运人”是指本人或者委托他人与托运人订立海上货物运输合同的人。

“托运人”是指本人或者委托他人与承运人订立海上货物运输合同的人，包括本人、委托人以及根据海上货物运输合同将货物实际交付承运人的人。

根据海上货物运输合同，托运人负有支付特定运费的义务。承运人负有将货物从一指定港口运送至另一指定港口的义务。

第 L.522-2 条

因不可抗力导致前往运输货物的船舶被阻止或延迟，进而托运人的货物运输不能有效执行或必然给承运人带来责任，则合同应当被撤销。

在此情形下，合同撤销不应当给任何一方带来损害。

第 L.522-3 条

如果因承运人的过错而导致上述影响的，托运人可以要求解除合同。

托运人有权获得与其遭受的损失相称的赔偿。该金额不得超过第 L.522-35 条规定的数额。

第 L.522-4 条

本章规定适用于从收货到运输期间。

第 L.522-5 条

本章适用于离开或到达摩纳哥的海上货物运输，货物受摩纳哥参加的国际公约约束的情形除外。

第 L.522-6 条

本条规定适用于：

1. 在没有租船合同的情况下，各方之间在执行运输过程中存在利害关系。

2. 在承运人与第三方承运人之间的关系中，存在根据租船合同签发的提单。

第二部分 提 单

第 L.522-7 条

应托运人要求，承运人或其代理须在接收货物后签发提单。

提单须载明货物已由承运人或其代理人接收或装船以及承运人按照适当背书的正本提单递送货物的义务。

该义务源于提单中的一项声明，即该货物的收货人是记名人、指示收货人或是提单持有人。

载明收货人的提单不得转让。承运人或其代理人只可将货物交付给出示正本提单的记名人。

指示提单须通过背书转让。承运人或其代理人只可将货物交付给背书提单的持有人，即使未注明姓名。

不记名提单须凭单转让。承运人或其代理人须将货物交付给任何持有此提单的申请人。

第 L.522-8 条

提单内容必须载明：

货物的一般属性、主要标志、包数或件数、重量或其他表明其数量的标准，必要时还应当包括对货物危险性的明确说明。

承运人的名称及主要营业场所。

托运人或其代表的姓名和签字。

托运人指定的收货人。

装货港和在装货港接收货物的日期。

卸货港。

正本提单的份数。

提单的签发地点。

承运人或其代表的签字。

收货人支付运费或其他任何规定由收货人支付运费的说明。

提单受本章条款的约束，该规定应当避免对托运人和收货人造成不公正对待。

在必要情况下，货物将要或可能被带上舱面的说明。

双方确定的交货日期或货物在卸货港交付的期限。

提单背书的“在船交付”应被视为货物已装船。

除非有相反证明，提单应构成对承运人已经收到所描述货物的推定，但如果提单已转让给善意第三承运人，则这样的证据是不被采纳的。

第 L.522-9 条

提单必须至少一式两份，托运人和承运人各持一份。正本提单应由承运人或其代表以及托运人在货物装船后 24 小时内签字。

正本提单应注明日期。正本提单的数量应在每个副本上表明。

第 L.522-10 条

托运人应当对其在提单中所记载的描述货物的详细信息的准确性负责。

托运人应当就其任何不准确的信息向承运人负责。

承运人依据该规定仅能对抗托运人。

第 L.522-11 条

如果出于某种原因，承运人或代表其签发提单的人知道或怀疑提单记载的货物的属性、主要标志、包数或件数、重量或数量等信息与其已收到的货物不符，或其没有足够的方式去验证提单记载的详细信息，承运人或代其签发提单人必须在提单上记录信息不符报告，载明信息的不准确，怀疑的原因或缺乏足够的手段核实。

第 L.522-12 条

托运人因承运人或代表签发提单人的问题导致的损害而对承运人承担赔偿责任，其所依据的任何索赔信函或协议，不包括由托运人提供的有关不准确信息或有关货物外表状况的不准确报告，应对第三方无效。

在签发提单时，如果承运人知道或应当知道有关货物缺陷的不准确报告被故意省略，则其不能因该缺陷而免除责任，并且不能根据下文第 L.522-35 条规定的限制责任获得利益。如果承运人已经故意损害第三方的利益，其也不能依据赔偿信函对抗托运人。

第三部分　合同执行

第 L.522-13 条

托运人或其代理须按照当事人之间的协议或装货港惯例在指定地点按时交货。

未能在上述时间地点按时交货的托运人须补偿承运人为此遭受的损失，金额应至少涵盖协定运费。

第 L.522-14 条

托运人须为货物贴上足够的标志以便识别。正常条件下，这些标志需在航运结束时仍可读。

必要时，托运人须按照危险品运输规定的要求为货物贴上专门标志。

第 L.522-15 条

必要时，托运人须声明交付货物的危险性，并指出任何应采取的预防措施。

知情条件下，承运人或其代理会拒绝装载含有易燃、易爆或危险材料的货物，船长有权在任何时间任何地点将该货物卸载、销毁或宣布无害，且无须支付赔偿；此外，托运人应对装载该货物造成的一切损失或费用负责。

如承运人知晓该货物的性质并同意装载，船长在该货物未对船舶或货物构成威胁的情况下，不得将其卸载、销毁或宣布无害；除非涉及共同海损（如适用），否则无须支付赔偿。

第 L.522-16 条

托运人应为自身过失或其货物的固有缺陷对船舶或其他货物造成的损失负责。

第 L.522-17 条

运费金额应由当事人双方协商确定，由托运人支付。

货到支付运费的情况下，收件人如签收货物也须支付该笔运费。

第 L.522-18 条

如遇海上危险或承运人未履行第 L.522-20 条和第 L.522-21 条中规定的义务，造成货物丢失，托运人无须支付运费。

若承运人已支付共同海损分摊，则在海上出于共同安全而丢弃的商品运费应由托运人照常支付。

第 L.522-19 条

如货物未转交第三方，承运人在货物交付后 15 天内以担保债权承担对运费的支付责任。

在 15 天期限内出现法定清算、托运人许可或索赔人正式进入破产清算的情况，则该债权应当成立。

第 L.522-20 条

即使有任何相反规定，承运人在起航前仍须做到：

1. 根据航程及装载货物的具体情况使船舶处于适航状态。

2. 妥善装备船舶，配备供给。

3. 用于载货的整个或部分船舱应适于货品存放，并保持整齐有序。

第 L.522-21 条

即使有任何相反规定，承运人仍须妥善、谨慎地参与装载、搬运、积载、运输、保管和卸载所运货物。

第 L.522-22 条

承运人在舱面上装载货物，应当同托运人在提单中达成明确协议或符合相关规定，否则该行为视为失职，除非载货集装箱装船之时，船舶已配有完备的集装箱运输设备。

如承运人与托运人双方已约定需要或可以将货物装载于舱面上，则承运人须在提单或其他任何构成海上货物运输合同的证明文件中提及此项协议。

第 L.522-23 条

若协议明确规定货物为舱内运输，但承运人违反协议将货物置于舱面，则应根据第 L.522-39 条的含义视为承运人的作为或不作为。

第 L.522-24 条

承运人在货物运输中须采用最直接的路线，不得有不合理的绕航。

第 L.522-25 条

如航行中断或所到港口非合同中指定港口，承运人或其代表必须及时确保货物的转运，并将其运送到指定的目的地港口，否则应支付损失赔偿金。

不论航行中止或船舶绕航的原因是什么，承运人必须履行此义务。

第 L.522–26 条

若发生第 L.522–25 所述的由其他船舶转运的情况，转运成本及运费须由托运人支付，除非依照第 L.522–31 条规定，造成中止事件的责任在于承运人。

任何情况下，承运人应保留整个航程的定额运费。

第 L.522–27 条

承运人或其代理人必须将货物交付给收货人或其代理人。

收货人是指记名提单上显示的人名，或抵达时出示不记名提单的人，或指示提单的最后一位背书人。

第 L.522–28 条

正本提单的提交应证明交付，除非有相反证明。

只要其中一份正本提单已交付，则其他正本提单失效。

第 L.522–29 条

承运人或其代理不可将未缴付运费的货物扣留在船上。

第 L.522–30 条

若货物无人认领，或货物的保存费、运费支付方面产生争议，承运人或其代理人可根据法院命令：

1. 变卖全部或部分货物以补偿运费，除非收货人支付保证金。

2. 得到法院命令，将剩余货物存储起来。

如果金额不足，承运人应保留向托运人索要运费的权利。

第四部分　承运人责任

第 L.522–31 条

如果导致货物毁损、灭失或延期交付的事件发生在接收货物后或者运送货物前，除非承运人能够证明其本人以及其雇员和代理人已经采取了一切可能被要求采取的合理措施防止事件及其结果的发生，否则应当对货物灭失、损坏或者货物的迟延交付带来的任何损失负责。

第 L.522–32 条

货物没有在运输合同中明确约定的时间期限内，在约定的卸货港交付的，或者在缺少这种约定的情况下，在合理的时间期限内根据情况要求更换一个勤勉的承运人来实现目的的，为迟延交付。

第 L.522-33 条

承运人不应为以下原因引起的货物的灭失、毁损或延期交付负责：

1. 海上或其他通航水域的危险、危害或伤亡。

2. 战争行为、暴乱、内乱、海盗行为、公共当局的逮捕或强制措施或者检疫限制。

3. 部分或全面罢工、停工或劳动受到限制。

4. 不可归责于承运人或其代理人或受雇人的行为或过错的其他任何外部原因。

5. 托运人的过错，尤其是那些影响货物的包装、打包或标志的过错。

6. 货物的固有缺陷或特有属性，或者目的港标准范围内可以容忍的运输过程造成的重量损失。

7. 船长、引航员或承运人的其他受雇人的航行过错。

8. 在海上救助或者企图救助人命或者财产，或者为上述目的而出现的绕行。

9. 火灾。

10. 船舶不适航或存在潜在缺陷，如果承运人证明其已经尽其所能使船舶适航或者经过谨慎检查仍没有发现潜在缺陷。

第 L.522-34 条

但是，在上述所列各种情形下，托运人或其继承人或受让人可以证明灭失或损毁完全或部分是由于承运人或其受雇人的过错而不是上述第 L.522-33 条第 7 款规定的过错。

第 L.522-35 条

有关货物的灭失或损毁，承运人的责任限额不得超过由货物件数或者其他货运单位计算的或者按照灭失或毁损的货物毛重计算的总量，该数量由主权国家确定。最终标准以两者中赔偿限额较高的为准。

货物用集装箱、货盘或者类似装运器具集装的，提单中载明装在此类装运器具中的货物件数或者其他货运单位数，视为前款所指的货物件数或者其他货运单位数；未载明的，依前款规定每一装运器具视为一件或者一个单位。

第 L.522–36 条

当托运人在装货前已经声明货物的自然特性和价值，且该声明已经载入提单，则不适用上述限制。除非承运人有相反证据，该声明应当对其具有约束力。

第 L.522–37 条

上述第 L.522–35 条和 L.522–36 条的规定，不得剥夺第 L.312–1 条规定的承运人向船舶经营人主张赔偿责任限额的权利。

第 L.522–38 条

承运人对货物因迟延交付造成经济损失的赔偿限额，为海上货物运输合同规定的所应支付运费的总额。

第 L.522–39 条

经证明，货物的灭失、损坏或者迟延交付是由承运人的故意或者明知可能造成损失而轻率地作为或者不作为造成的，承运人不得援用本法第 L.522–35 条和第 L.522–38 条赔偿责任限额的规定。

该规定同样适用于第 L.522–10 条、第 L.522–15 条和第 L.522–23 条中提到的情形。

第 L.522–40 条

如果某一条款直接或间接涉及下列情形则无效：

1. 免除第 L.522–31 条中规定的承运人的责任。

2. 依据本法，承运人负有的举证责任倒置。

3. 承运人的责任限额低于第 L.522–35 条和第 L.522–38 条规定的限额。

4. 将货物的保险利益转让给承运人。

第 L.522–41 条

排除前款规定，依据前款第 L522–22 条规定，有关责任和赔偿的条款可以适用于活动物运输和舱面货物运输，但集装箱运输除外。

第 L.522–42 条

托运人故意对货物的自然属性或价值作出错误说明的，应当免除承运人对货物毁损或灭失的责任。

第五部分 诉 讼

第 L.522-43 条

尽管有相反规定，如果货物装运或卸载发生在摩纳哥，由货物运输合同所产生的诉讼也能起诉到摩纳哥法院。如果根据普通法律规则，摩纳哥法院能够审理该案件或者诉讼双方已选择摩纳哥法院作为管辖法院，该诉讼也可以起诉到摩纳哥法院。

第 L.522-44 条

在出现货物毁损灭失的情况下，收货人必须在卸货港最迟于交货时间向承运人或其代表发送一个书面差异报告；否则，如果没有相反证明，货物应被视为已按照提单描述交付收货人。

如果货物的毁损灭失并不明显，该通知在交付 3 天内作出即有效。

在承运人收到货物时，其始终有权要求就货物状态作出差异报告。

第 L.522-45 条

因货物的灭失、毁损或迟延交付而对承运人提起的诉讼，适用 1 年时效期的限制。

第 L.522-46 条

对托运人或收货人的诉讼受 1 年时效期的限制。

第 L.522-47 条

对承运人或收货人的诉讼时效期限应从货物交付承运人或提供给收货人之日起计算。在货物完全灭失的情况下，应当自应交货之日起计算。

第 L.522-48 条

赔偿诉讼可以在上面规定的 1 年时效期限内提出，或者在 1 年时效期限结束后，从对保险方提起诉讼之日，或通过协商方式解决赔偿之日起 3 个月内提起诉讼。

第三章 装卸公司

第 L.523-1 条

装卸公司负责装卸货物的所有操作过程，包括操作的初步布局或从操作平台上拆除中转设备。

除前款所述的物理性操作外，装卸公司可能代表船舶、托运人或收货人的利益起到以下作用：

（1）在岸接收货物和在装运前确认将要装载的货物及其存储。

（2）在岸接收货物和确认卸载的货物及其存储和交付。

上述提到的服务应该被提供，除非其已明确被排除。

第 L.523-2 条

如果权利人要求承运人安排并代表其安排一装卸公司来实施上述第 L.523-1 条提到的全部或部分服务，承运人必须通知该装卸公司。

第 L.523-3 条

装卸公司应当代表要求其提供服务的人的利益，并仅对其负责。该人也有权对该装卸公司提起诉讼，该诉讼应当根据第 L.527-7 条规定提交有管辖权的法院。

第 L.523-4 条

无论装卸公司在处理、接收或保存货物时所代表的人身份如何，其责任应当适用于下列的情形和限制：

1. 当其进行第 L.523-1 条第 1 款提到的业务时，应当对其造成的损失负责。

2. 当其进行第 L.523-1 条第 2 款提到的业务时，应当视为宣告已经收到货物。

它应当对货物的损失负责，除非其能证明该损失是由于：

火灾；

不能归咎于装卸公司的外部原因造成的事件；

部分或全面罢工，停工或劳动受到限制；

托运人的过错，尤其是有缺陷的包装材料、货物的包装或标志；

货物固有的缺陷。

然而在所有情况下，索赔申请人可以证明货物的损毁或灭失全部或部分由于装卸公司或其受雇人的过错引起的。

第 L.523-5 条

装卸公司的责任绝不会超过主权命令确定的总额，除非事先已经向其作出价值声明。

第 L.523-6 条

如果某一有关托运人、接收人或其继承人和受让人的条款直接或间接涉及下列情形则无效：

1. 免除上述第 L.523-4 条中规定的装卸公司的责任。

2. 依据上述第 L.523-4 条规定，使装卸公司的举证责任倒置。

3. 限制装卸公司的责任，使其低于第 L.523-5 条规定的数额。

4. 将货物的保险利益转让给装卸公司。

第 L.523-7 条

尽管有相反的规定，如果货物装运或卸载发生在摩纳哥，装卸操作所产生的诉讼可以起诉到摩纳哥法院。如果根据一般法律规则摩纳哥法院能够审理该案件，或者诉讼双方已选择摩纳哥法院作为管辖法院，该诉讼也可以起诉到摩纳哥法院。

第 L.523-8 条

所有对装卸公司提起的诉讼都应当受到 1 年时效期间的限制：该期间应当自货物交付或提供给接收人之日起计算，或者在货物完全灭失的情况下自货物应当交付之日起计算。

第 L.523-9 条

在涉外案件中，本章所提到的操作应当受到装卸公司所属的港口所在地的法律管辖。

第四章　旅客运输

第一部分　一般规则

第 L.524-1 条

本章不适用于国家指定专门为公共服务的船舶。

第 L.524-2 条

本章规定适用于所有海上旅客运输，不论其使用的船舶类型。

本规定也适用于旅客损害赔偿。

第二部分　海上旅客运输合同

第 L.524–3 条

根据旅客运输合同，承运人按照既定路线承担付费旅客的海上运送。双方的义务应当在承运人必须提供给旅客的旅行材料中明示。

第 L.524–4 条

旅行证件应当包含：

运输合同的双方，即承运人和旅客。

航行问题（船舶名称、登船日期和地点、上岸港及必要的计划中途停留港）。

船舱的等级和编号。

费用，第 L.524–12 条第 2 款规定的情形除外。

海上运输受本法规定的约束，任何减轻旅客损害赔偿责任的规定无效。

第 L.524–5 条

登记吨位不足 10 吨的船舶、提供港口服务的船舶、在海事部门划定的区域进行常规服务的船舶应当将旅行证件更换为包含承运人名称和所提供服务的票据。

第 L.524–6 条

除上面第 L.524–5 条提到的运输类型外，未得到承运人的同意，旅客不得将其合同利益转让给第三方。

第 L.524–7 条

旅客登船时的身份信息应当与旅行证件中记载的条件相符合。

如果旅客错过了出发时间或放弃旅行，其仍应当全额付费，除非另有约定。

如果发生不可抗力或旅客死亡事件阻止航行，应当在乘客或其继承人或受让人登船前告知，并取消旅客运输合同。在这种情况下，承运人应当承担票价的四分之一：在他们提出要求的情况下，同样的规定应当适用于本应当陪同其旅行但被阻止或已经死亡的家庭成员。

一旦起航，任何影响旅客的事件不应当影响其债务。

第 L.524-8 条

如果非承运人的原因导致船舶无法航行的，合同应当被取消，承运人不负赔偿责任。

除非承运人能够证明该导致船舶无法航行的事件与自己无关，否则其应当负担票价的二分之一作为赔偿。

第 L.524-9 条

除非承运人已经采取必要的提示注意事项，旅客有权因在航行时间表、航线或计划中途停靠港方面发生的任何重大变化取消或终止合同，并获得适当赔偿。

第 L.524-10 条

承运人不能证明是不可归咎于自身的原因造成航行长期中断的，应当在不造成任何可能损失的情况下负责解除合同，除非承运人提供了用相同标准的船舶将旅客运送到目的地的服务，或者经过旅客的同意，用其他方式实现了运送目的。

第 L.524-11 条

旅客应当遵守船舶纪律。

第 L.524-12 条

旅行合同所产生的诉讼应当提交给依据普通法规则有管辖权的法院审理。

第三部分 承运人的责任

第 L.524-13 条

本标题第三部分的规定不适用于免费运输和偷渡。

规定应当适用于航运公司不支付报酬的运输。

第 L.524-14 条

无论承运人是否是船舶的所有人，在航行开始时及在整个航行期间都应当使船舶处于适航状态和保持适航状态，适当完善设备，在航行之初考虑为航行提供装备和补给，并尽一切所能确保旅客各方面的安全。

第 L.524–15 条

如果能证明由于承运人没有尽到前款规定的义务，或者能够证明由于承运人或其受雇人的过错，在航行期间发生人身伤害，或者在出发港、到达港或中途停靠港登船或下船操作过程中发生人身伤害，承运人应当进行赔偿。

第 L.524–16 条

承运人应当对因沉船、碰撞、搁浅、爆炸、火灾造成的旅客伤亡或其他重大伤亡事故负责，除非其能够证明伤亡不是由其或其受雇人的过失造成的。

第 L.524–17 条

承运人应当对因其未能遵守第 L.524–14 条规定或由于其受雇人的过失造成的延误承担赔偿责任。

第 L.524–18 条

承运人应当在主权命令确定的限额内进行赔偿。

这些限制不适用于承运人或其受雇人因欺诈或不可原谅的过失造成的损害。不可原谅的过失是指已经认识到有危害的风险并毫无合理根据地故意接受该风险的疏忽。

第 L.524–19 条

赔偿诉讼应受两年的时效期间限制。

该期间应当从旅客离船或应当离船之日起计算。

如果旅客离船后死亡，该期间应当从其死亡之日起计算，但从离船之日起不得超过 3 年。

在人身伤害事件中，旅客或其代表人必须在离船后 15 天内提交书面陈述；否则，除非其能证明未能提交书面陈述是不可归责于其的迟延造成的，旅客提交的责任请求不被受理。

第 L.524–20 条

无论什么理由，损害赔偿诉讼只能在本节规定的条件和限度内提出。

损害赔偿诉讼中的成本评估和法院裁决不应当考虑第 L.524–18 条规定的限制赔偿责任的目的。

第四部分　旅客的财产

第 L.524-21 条

委托船长或乘务长保管的旅客车辆、托运的行李和贵重物品应当在承运人签发的收据上载明，承运人应当参照货物运输的规定对其负责。

第 L.524-22 条

承运人应当对托运的行李和旅客车辆，包括车上或车内装运的所有行李，在船舶所有人的最高责任限额内负责。

第 L.524-23 条

如果能够证明个人财物和随身行李的毁损或灭失是由于承运人或其受雇人的过失造成的，则承运人应当对其负责。

承运人对每一旅客的赔偿不得超过责任限额，欺诈或不可原谅的过失情况除外。

第 L.524-24 条

承运人应当对交由船长或乘务长管理的旅客存放的贵重物品在政府规定的最大限度内负责，根据下述第 L.524-25 条的规定，已由共同协议确定了更高的赔偿限额的情形除外。

第 L.524-25 条

承运人与旅客可以书面形式明确约定高于第 L.524-23 条中规定的赔偿限额。

第 L.524-26 条

船长不得因旅客未支付费用而拒绝将旅客随身行李放在船上。在卸载时，船长可以要求留置该行李，直到旅客支付费用为止。

第 L.524-27 条

托运行李和车辆的销售所得应保障承运人依旅行合同享有的权利。

第 L.524-28 条

托运行李所引发的诉讼时效为 1 年，该期间从行李卸载或应当被卸载之日起计算。

利息及法律费用不应当纳入第 L.524-22 条、第 L.524-23 条和 L.524-24 条中提到的赔偿责任限额。

第五部分 海上游轮的经营

第 L.524-29 条

海上旅游经营人必须向旅客或旅行团提供游轮旅行证件，否则旅客因此导致旅行合同无效的应当受到惩罚。

第 L.524-30 条

海上旅行票据应当包含下列信息：

船舶的名称和类型。

游轮经营人的名称和营业地。

承运人的名称和营业地。

旅客或其代表人的名称和居住地。

舱位的等级和舱位号，票价和包含在票价内的费用。

出发港和目的港。

预定的出发和到达的日期和时间。

计划中途停靠港。

向旅客承诺的额外服务。

第 L.524-31 条

除作为旅行合同组成部分的游轮旅行证件以外，每名旅客必须得到一本有关中途停靠港岸上提供服务的优惠券。

游轮旅行证件应当包括游轮船票和一本优惠券。

第 L.524-32 条

游轮经营人未履行游轮旅游证上规定的某一项义务应当承担责任，除非其能证明该问题涉及旅游合同的执行等。

第 L.524-33 条

游轮经营人应当为旅客或其行李的损失承担个人责任。

如果损害来自旅游合同的执行，旅游组织者应当在上述第 L.524-15 条和第 L.524-25 条规定的条件和限额内负责。

第三编　海　　损

第一章　一般规定

第 L.531–1 条

船舶或其运载的货物共同或单独地遭受毁损或灭失以及在航程中为船舶或其货物支付的特殊费用，应当视为海损。海损分为共同海损和单独海损。

除非当事人另有约定外，共同海损应当受下列规定的约束。如果承运人在提单中载明其有权选择适用本章条款或其他条款，则该选择权无效。在这种情况下，应排除其他条款的适用，优先适用本章规定。

单独海损是指除共同海损以外的部分损失。它应当由遭受损害的标的物所有人或费用支出的人承担责任，不损害任何有关赔偿、责任、偿还的诉讼或诉讼引起的补偿。

第二章　共同海损的分类

第 L.532–1 条

为保护海上航程中的共同重要利益所遭受的损失和额外的支出应当认为是共同海损。

第 L.532–2 条

该损失和支出必须是由船长做出的。当其做出必须损失和支出费用的决定时，其应当在航海日志中记录事件发生的日期、时间和地点以及其作出决定的原因和命令采取的措施。

在其到达第一个停靠港的 24 小时内，船长必须在航海日志中就事实做出说明。

第 L.532–3 条

提出共同海损分摊请求的一方应当负举证责任，证明其损失应当列入共同海损。

第 L.532–4 条

当破坏、损失或支出的费用是由船长决定的共同海损行为导致的直接结果时，在航程中财产仅受到物理上的破坏和损失以及为财产所支付的费用，应当被视为共同海损。

第 L.532-5 条

当引起牺牲或费用支出的事件是由于航程中一方当事人的疏忽造成的，应当适用共同海损，对该当事人提起诉讼的情形除外。

第 L.532-6 条

为防止发生共同海损的费用支出或损失而自愿支出的任何额外费用应当在挽救的费用或避免的损失限度内得到补偿。

第三章　共同海损分摊

第 L.533-1 条

共同海损应当由船舶、运费和货物按照下列规则分摊。

第 L.533-2 条

船舶应当按照其在航程结束港口的价值比例分摊，在必要的地方按照其遭受损失的数量扩大分摊比例。

总运费和不可退还的票价应当分摊三分之二。

第 L.533-3 条

被挽救的货物应当按照其真正的市场价值的比例分摊，而损失的货物应当按照其在卸货港推定的价值比例分摊。

第 L.533-4 条

船舶共同海损金额的理算应当根据航程结束时的船舶价值确定。

同样的规定应当适用于海损造成的必要维修费用：包括维修正在进行中的实际费用以及维修尚未进行的估算费用。

第 L.533-5 条

可以作为共同海损的货物毁损灭失的数量应当在卸货港确定。

同样的规定应适用于支出的成本。该成本是在相同的港口以处于完好状态的货物市场价值为基础估算得出的。

第 L.533-6 条

申报价低于其实际价的货物应当按照其实际价值的比例分摊，但其毁损和灭失应当仅按其申报价的比例引起共同海损。

第 L.533-7 条

对于没有提单或船长的收据单已经签发的货物，如果它们遭到损失，不应认作共同海损。然而，如果它们被挽救，则应当分摊共同海损。同样的规定也应当适用于舱面货物。货物装载在适合该种运输并配备适当设备的船舶上的集装箱内的情形除外，在这种情况下，这种货物应被视为装舱货物。

第 L.533-8 条

根据第 L.522-22 条的规定，如果发生将舱面货物非法投海的情形，被投入海中的货物的价值不应当视为普通海损。

第 L.533-9 条

对于没有签发提单或收据的船员和旅客个人财产和行李以及各种邮包，如果获得挽救，其应当免除分摊。然而，如果在第 L.532-1 条和第 L.532-6 条规定的条件下其受到牺牲，则应当分摊。

第 L.533-10 条

共同海损应当按比例分摊。

如果某一分摊人无偿还能力，其份额应当由其他分摊者按各自利益的比例分摊。

每一个利益主体的责任应当限制在其分摊的价值范围内。

第四章　共同海损的分摊额

第 L.534-1 条

在航程中如果发生利益全损，则不应当分摊。

第 L.534-2 条

当事人之间没有共同海损分摊协议的，根据首先提出申请一方的要求，应当由初审法院院长指定一名或多名专业理算师。

第 L.534-3 条

如果有关各方不能友善地接受分摊方案，应根据先提出方的要求提交初审法院批准。

如果批准被拒绝，法院应当指定新的专家。

第 L.534–4 条

共同海损所引起的所有诉讼应当受 5 年时效期的限制，该期间从航程结束之日起计算。

第 L.534–5 条

在尚未支付适当的分摊期间，船长可以拒绝交付货物并且要求将货物托管，货物持有人支付了足够保证金的除外。

第 L.534–6 条

有关因船舶经营人所产生的共同海损，如果货物交付后 15 天内尚未转移给第三方的，船舶经营人应当拥有对货物或其销售收益的担保债权。

第四编　海上保险

第一章　总　　则

第 L.541–1 条

一切旨在投保与航运业务相关风险的保险合同都应适用本法。

第 L.541–2 条

第 L.541–3 条、第 L.542–5 条、第 L.542–6 条、第 L.542–9 条、第 L.542–11 条、第 L.542–12 条（第一段）、第 L.542–16 条（第二段）、第 L.542–20 条、第 L.542–23 条、第 L.542–24 条、第 L.542–25 条、第 L.542–31 条、第 L.542–33 条、第 L.542–36 条及第 L.542–37 条的规定不可由合同当事人撤销。

第 L.541–3 条

任何合法利益，包括预期利润都可投保。

只有在遭受损失的情况下，当事人才可提出保险赔付要求。

第 L.541–3 条

既可以为保单签字人的利益投保，又可以为指定人的利益投保，也可以为其他任何第三人的利益投保。

已经为其他人利益进行投保的声明，既包括对保险签单人的投保，又包括对声明中其他受益人的规定，都是有效的。

第二章　常见各种保险的规定

第一部分　合同的订立

第 L.542-1 条

合同存在的证明必须采用书面形式。

第 L.542-2 条

保险合同应当以保单的形式签发，作为公证的文件或私人协议。

在保单签发或背书前，各方承诺的证据可以是包括保险证书或保单的任何其他文件。

第 L.542-3 条

保险合同应当具有签字日期。

保险合同应当载明：

签字地。

合同双方的名称和营业地以及必要时投保方代表他人投保的说明。

投保的物品或利益。

投保的风险和除外风险。

该风险的时间和地点。

保险金额。

保险费用。

如果已经同意，有关“凭指定”或“不记名”的条款。

第 L.542-4 条

如果风险在双方承诺的两个月期限内或从约定的投保日期开始没有发生，则保险合同无效。

该规定不适用于不定额保险单，有关第一个风险的情形除外。

第 L.542-5 条

被保险人一方的任何疏漏或不准确的陈述都可能大幅减轻保险人的风险评估，无论这种疏漏或不精确的陈述是否导致保险标的的毁损或灭失，如果保险人主张保险合同无效，则该陈述将导致保险合同的无效。

然而，如果被保险人证明其是善意的，保险人应当承担风险，对更有利于被保险人的任何条款无损害，并按比例收取应当收取的保险费，除非保险人证明其不能承保其已经认识到的风险。

如果发生被保险人的欺诈行为，保险人仍对保费享有权利。

第 L.542-6 条

合同期间内有关在签署合同时达成协议的或者有关保险标的的任何变化，如果该变化在被保险人知道后 3 个工作日内未告知保险人而使风险显著增加的，应当解除保险合同，被保险人证明其是善意的除外。在此种情形下应当适用第 L.542-5 条第 2 款的规定。

如果这种风险的增加与被保险人的行为无关，投保应继续有效，保费的增加应当与风险的增加相一致。

如果风险的增加与被保险人的行为有关，保险人可以在知道风险增加后 3 日内终止合同并留存保费，或者要求增加保费，使之与增加的风险相一致。

第 L.542-7 条

事故发生后或被投保的货物或载运货物的船舶到达后投保的，如果该事实是在订立合同之前在签字地或者被保险人或保险人出现的场合被发现的，该合同应当无效。

第 L.542-8 条

如果确定在订立合同之前被保险人本人已经知道伤亡或保险人已经知道投保的物品已经到达，任何“灭失与否”的条款应是无效的。

第 L.542-9 条

如果保险人证明被保险人或其代理人存在欺诈行为，任何已订立合同的保险数额高于被保险物品实际价值的，超过部分应当无效，并且保险人应当留存保险费。

该条款同样适用于双方商定的保险价值。

第 L.542-10 条

在无欺诈的情况下，合同应当在已投保物品的真实价值限度内有效，如果该价值是双方商定的价值，则合同在整个保险金额内有效。

第 L.542-11 条

重复保险的总金额超过已投保物品价值，如果以欺诈为目的故意投保的，保险合同无效。

第 L.542–12 条

重复投保金额超出投保物品价值且没有故意欺诈行为的，只有当被保险人使得其寻求理赔的保险人注意到该重复保险的，合同应当有效。

每个重复投保的保单应当影响其提供的投保金额的比例，并且应当限制在已投保物品的全部价值范围内。

第 L.542–13 条

如果保险金额低于投保物品的实际价值，除了在双方商定价值的情况下，被保险人应为保险人承受该差额。

第二部分　保险人和被保险人的义务

第 L.542–14 条

保险人应当对海上风险或不可抗力事件造成的物质损失负责。

保险人也应当对下列情形负责：

1. 投保货物共同海损的分摊，保险条款规定之外的风险所导致的共同海损除外。

2. 因承保风险所产生的费用，其目的是防止投保货物遭受实质损害或限制该损害。

第 L.542–15 条

全损赔偿条款应当减轻保险人的共同海损或单独海损责任，但导致委付的情形除外。在可产生委付的情况下，被保险人可以选择接受委付或不接受而直接按海损赔偿。

“除……外，免除海损”的条款应当减轻保险人所有的单独海损，在条文中列举出来的事件和导致完全委付的情形除外。

第 L.542–16 条

即使在保险人或其在岸上的受雇人出现过失的情形下，所投保的风险仍应继续投保。保险人证明损害是由于被保险人缺乏对所投保的物品的注意义务，未能保护所投保的物品免受上述风险的情形除外。

保险人不得为保险人的故意或不可原谅的过失负责。

第 L.542–17 条

在相同情况下，如果出现船长或船员的疏忽，风险仍应当被投保，并适用第 L.543–5 条的规定。

第 L.542–18 条

即使航程、航线或船舶被迫改变，或发生了由船长决定但没有征求所有人或被保险人的意见的改变，保险人仍对投保的险别负保险责任。

第 L.542–19 条

保险人不应承担的风险：

1. 国内或国外战争，地雷或其他军械。

2. 海盗行为。

3. 任何政府或其他机构的俘获、扣押或逮捕。

4. 暴动、群众运动、罢工和停工，破坏或恐怖主义行为。

5. 由被保险人造成的其他财产损失或人身伤亡，并适用第 L.543–9 条的规定。

6. 由于爆炸、热通风和来自原子核转变或其他放射性物质的辐射造成的伤亡，以及人工高速粒子辐射影响带来的损害。

第 L.542–20 条

如果不能确定损害是否是由于战争风险或海上遇险造成的，应被视为海上遇险造成的。

第 L.542–21 条

保险人不应对下列情形负责：

1. 由于投保货物固有缺陷引起的实质损害或消耗，应当适用第 L.543–4 条中有关船舶隐含缺陷的规定。

2. 由罚款、没收、扣押、征用、健康消毒措施、违反封锁、走私行为以及禁止的火秘密交易行为引起的物质毁损或灭失。

3. 有关任何扣押或为释放被扣押货物而提交担保所造成的损害赔偿或其他补偿。

4. 非实质损害或灭失，但直接影响投保的货物，如懈怠、延迟、汇率波动或者阻碍被保险人的商业活动。

第 L.542-22 条

被保险人应当：

1. 在约定的时间和地点支付保险费和相关费用。

2. 谨慎处理与船舶或货物有关的一切事宜。

3. 在订立合同时，准确地声明其所知道的可能影响保险人评估其所承保风险的事实。

4. 在其所了解的范围内，向保险人声明在合同期间内风险的恶化。

5. 为了保险人的利益，保留对有义务的第三方的所有权利和救济措施。

第 L.542-23 条

如果未缴纳保险费，保险人可以中止保险合同或要求终止保险合同。

拖欠支付保险金的正式通知送达被保险人之后 8 日内，该中止或终止不得生效。该通知应当以挂号信的方式送达保险人知道的最新地址。

第 L.542-24 条

根据先于合同中止或终止的通知而生效的转让，因未支付保险金造成的保险中止或保险终止不应当影响善意第三方或保险受益人。

在伤亡事件中，保险人可以根据保险文件中明示的条款，从保险受益人处获得保险费用。保险费的比例与保险受益人应当从投保中获得的收益有关。

第 L.542-25 条

如果被保险人的财产被清算或其进入司法接管或宣告破产，保险人可以终止当前的保险合同。如果违约通知没能提示付款，但根据先于事故或先于终止通知的生效转移，该终止应当对善意第三方或保险受益人无效。

如果保险人的正式批准被撤销，或其财产被清算或进入司法接管或被宣告破产，被保险人应当有同样的权利。

第 L.542-26 条

被保险人必须协助保存保险标的物并采取一切临时措施保护其权利，以对抗应负责任的第三人。

被保险人应当对因其疏忽或过失未能履行该义务所造成的损失向保险人负责。

第三部分　赔偿费的支付

第 L.542-27 条

货物的毁损和灭失应当由海损确定，在法律或协议有特别规定或约定的情况下可以选择放弃。

第 L.542-28 条

不得强迫保险人维修或更换保险标的。

第 L.542-29 条

中期或最终的共同海损分摊以及救援打捞的费用应由保险人根据其承保的价值比例进行赔偿，并根据其负责的单独海损适当减少赔偿。

第 L.542-30 条

放弃应以挂号信或非法律程序行为的方式通知保险人。

放弃必须在得知起因事件 3 个月内或被允许的期限内通知保险人。

第 L.542-31 条

在告知放弃时，被保险人必须声明其所投保的或知悉的全部保险。

第 L.542-32 条

不得部分或有条件放弃：

它应具有将被保险人对于保险标的的权利转让给保险人的效力，该转移以保险人支付的整个保险数额为条件，并且效力应当从被保险人将其放弃的意思通知保险人时在当事人之间生效。

保险人可以拒绝放弃，而后其仅应当负责支付整个投保金额。

第 L.542-33 条

被保险人恶意对伤亡作出错误陈述的应当丧失保险利益。

第 L.542-34 条

根据保险单支付赔偿的保险人应当获得被保险人的所有损害赔偿的权利。

第 L.542-35 条

如果数个保险人已经就相同风险承保，则各保险人仅应对其承保总量按比例负责，这也构成其责任的限制。

第 L.542–36 条

保险合同引起的诉讼应当受到两年时效期间的限制。

时效期间应当适用于未成年人和其他具备法律能力的人。

第 L.542–37 条

保险合同引起的诉讼应当有效：

1. 关于支付保险费的诉讼，从其到期之日起计算。

2. 关于涉及船舶的海损索赔，从引起索赔的事件发生之日起计算；涉及货物的海损索赔，从船舶或其他运输方式到达之日起计算，不能正常到达的，从其应当到达之日起计算。如果上述事件发生在到达日之后，应当从事件发生之日起计算。

3. 关于放弃索赔，从引起该权利产生的事件发生之日起计算。如果针对此类诉讼确定了时间限制，应当从该期限届满之日起计算。

4. 由共同海损分摊、救援费用或第三方索赔而产生的被保险人的诉讼，应当从对被保险人提出索赔之日起或从付款之日起计算。

关于根据保险合同进行的有关支付赔偿的诉讼，其时效期应当从提出支付之日起计算。

第三章　各类保险的特殊条款

第一部分　船 舶 保 险

第 L.543–1 条

应当为船舶的一次航行、连续多个航行或某一指定期间投保。

第 L.543–2 条

关于航次合同，投保应当从开始装载货物开始，完成卸载后结束，最长期限为船舶到达目的港后 15 日。

关于压舱航行，投保应当从船舶解开缆绳时开始，到达停泊点后结束。

第 L.543–3 条

关于指定期间的保险，第一天和最后一天的风险应当由保险承担。

根据保险单签发国的时间，一天是指 0：00—24：00 的期间。

第 L.543–4 条

保险人不应当对因船舶固有缺陷导致的毁损或灭失负责，该缺陷是隐蔽的情形除外。

第 L.543–5 条

保险人不应当对由船长蓄意疏忽造成的毁损或灭失负责。

第 L.543–6 条

当所投保的船舶的价值是约定价值时，当事各方应相互同意不接受其他任何估价，应受第 L.542–9 条和第 L.542–29 条的规定约束。

第 L.543–7 条

约定价值应当包括被保险人所拥有的不可分割的船体、发动机和所有配件和框架，也包括日常用品和舱面货物。

无论保险的投保日期，被保险人分别对其所有的设备和框架所投保的任何保险，应当根据其在全损或委付的情况下保险金的数额减少约定价值。

第 L.543–8 条

"安全抵达"险的投保应当和保险人约定，否则无效。

以此种方式投保的，保险金的接收人认可该保险利益。

保险人仅应当在保险单规定的风险内就船舶的全损或委付的情况承担责任。保险人无权主张被遗弃的货物。

第 L.543–9 条

除人身伤害方面外，保险人应当对各种损害支付赔偿金。如果投保的船舶在固定泊位遭到碰撞或遭受移动或漂浮的船舶的影响，根据第三方的主张被保险人应当负责。

第 L.543–10 条

在一次航行或几个连续航行的保险中，保费应当在风险开始时即交付给保险人。

第 L.543–11 条

在定期保险中，如发生保险人承保的全损或委付，投保整个期间的保险费应当支付。如果保险人没有对全损或委付承保，则保险费的支付要参考全损过后时间或者委付的通知。

第 L.543–12 条

在海损清算中，保险人仅应当赔偿恢复船舶适航性而进行的必要的更换和维修费用，排除其他任何因折旧、闲置或其他原因产生的赔偿费用。

第 L.543–13 条

无论在保单有效期间中发生多少事故，被保险人应根据保费的金额对每个事件进行投保，而保险人有权要求在每个事件发生后补偿保费。

保险人提供的投保金额可以在事件发生后保单有效期内通过补充保费重新设置。

第 L.543–14 条

在下列情况下，船舶可能被委付：

1. 全损。

2. 需要消耗四分之三的约定价值完成维修。

3. 无法维修。

4. 超过 3 个月没有消息的，损失应被视为发生在有最新消息之日。

第 L.543–15 条

如果船舶被出售或进行光船租赁，保险船舶新的所有人或租赁人仍然完全有效，条件是船舶新的所有人或承租人在 10 天以内按时通知保险人，并履行了根据合同规定被保险人应向保险人履行的所有义务。

然而，保险人在接到销售或出租的通知后 1 个月内应有权终止该合同。该终止的效力于通知发出 15 天后生效。

卖方或转租人在出售或转租前仍应负担支付保险费的责任。

第 L.543–16 条

共有的船舶其大部分股份出售的，应当仅适用前款规定。

第 L.543–17 条

本节的规定应当适用于有关在港期间、抛锚地或其他指定地点投保的船舶的保险合同，无论船舶是在水上或是在船坞中。

该节条款也适用于在建的船舶。

第二部分 货物保险

第 L.543–18 条

货物保险可以仅就一个航次进行投保，也可以采用浮动保单。

第 L.543–19 条

在保单指定的航程范围内，不考虑货物的位置，货物的投保不能中断。

第 L.543–20 条

当部分航程受到陆地、洋流或气流的影响，海上保险的规则应当适用于整个航程，当事人另有约定的除外。

第 L.543–21 条

不论投保的风险如何，保险人不应当对下列事项负责：

1. 在运输途中的重量减损。

2. 因货物包装不当造成的损害。

第 L.543–22 条

保险价值不能超过确定的最高保险金额：按照购买的价格，否则按照装载货物当时当地的现价加上到达目的地所产生的所有成本以及期待利益；或者按照到达日的到达价值，如果货物未能到达，按照以货物应该到达日计算；如果货物已经由被保险人出售，按照增长的销售价格，在适当的情况下，按照销售合同中规定的额外款项。

第 L.543–23 条

货物损害的程度应当由货物毁损后的价值与在相同时间和地点处于完好状态下的货物价值相比较而确定，并且通过该方式评估的折旧率应当适用于保险价值。

第 L.543–24 条

如果双方约定免税，则该税应当始终独立于运输过程中正常的重量减损。

第 L.543–25 条

下列情形中，货物可以委付：

1. 完全灭失。

2. 损毁灭失达到货物价值的四分之三。

3. 投保的风险造成保险标的物的实质损害，进而引起在途出售的。

第 L.543–26 条

在下列情形中，货物也可以委付：

1. 如果通过某种其他的运输方式发送货物，船舶的委付在 3 个月内尚未生效的。

2. 超过 3 个月无船舶消息的。

第 L.543–27 条

在浮动保单中，被保险人应当承担向保险人申报的义务，而保险人应当承担接受保单中额外风险的义务：

1. 以被保险人的名义进行的所有航行或执行买卖合同，承担对被保险人的投保义务。

2. 以第三方的名义进行的所有航行，当提供保险的责任已经转移给被保险人时，如果被保险人作为经纪人或代理人在航程中具有权益或具备某些其他能力。在保单范围内,被保险人的权益仅包括执行第三方投保的指示，在此政策下不应导致提出索赔的权利。

第 L.543–28 条

下列航行应被投保：前条规定的第一种情形，从完全处于投保的风险中时起，如果有关风险的声明是在合同中规定的时间内向保险人作出的；在第二种情形下，从声明作出时开始。

第 L.543–29 条

如果投保方已经采用了浮动保单，不能适用于上述第 L.543–27 条规定的义务的，在保险人的要求下，该合同可以立即终止。保险人应继续享有与未申报的航程相一致的保费的权利。

如果被保险人恶意行为，保险人可以行使权利收回其在航行中由于被保险人故意不作为造成的伤亡所多支付的保险费。

第三部分　第三方保险

第 L.543–30 条

第三方保险应当给予被保险人获得赔偿（只有被保险的第三方已经获

得赔偿）和确定赔偿范围的权利。根据第 L.321–1 条规定，保险赔偿金被用于设立责任限制基金的情形除外。

第 L.543–31 条

如果设立了责任限制基金，债权人的债权受第 L.321–1 条规定的限制，债权人对保险人无追索权。

第 L.543–32 条

第三方保险是旨在为第三方受到的并依据第 L.543–9 条投保的损害提供赔偿的保险。第三方保险只有在船舶保单中的保险金额不足时才能生效。

第 L.543–33 条

无论在第三方保险期间发生的事件的数量，每个保险人承保的额度应当构成对每一事件义务的限制。

第六卷 海　员

第 一 编

第 L.610–1 条

海员是：

——任何与船舶经营人或其代表人签署协议负责船舶的指挥或操作的人，或者从事与航海无关但对全体船员或乘客有用的业务人员。

——所有为职业目的登上自己船舶的人员。

依据国家规定的条件，海员的服务应当以记录在海员雇用合同条款中的方式加以证明。

第 L.610–2 条

根据国际公约规定的个人豁免，任何悬挂摩纳哥大公国国旗的船舶必须配备拥有摩纳哥国籍或法国国籍的官员或船员，他们在舱面上、机房内或电台服务，或者在一般服务工作中拥有摩纳哥或法国国籍的船员占船舶上职位的四分之三。

前款所列规则不应当适用于悬挂王子旗的船舶，在法国不须登记的船舶，不多于 5 个船员的渔船以及来自第三国但在摩纳哥定居的所有人所有的游船或海上运动船舶。

第 L.610-3 条

用于商业用途或捕鱼的船舶上的任何船员，如果其是法国国籍，必须持有法国政府为该类航行颁发的文凭或证书，而该证书的航行类型正是该船舶所从事的或者该船员在船上所履行的职能。如果其是摩纳哥国籍，则必须持有国家指定的熟练操作证书。

第 L.610-4 条

娱乐或运动用船舶的船员中的每个成员，如果其是摩纳哥或法国国籍，必须持有第 L.610-3 条中规定的文件或证明。

如果船员具有其他国籍，则其必须证明其国籍国或其执行命令所在的国家签发的文件或证明书是真实的。

第 L.610-3 条中规定的这种文件或证明书的等效性应当由海事部门决定，其可以拒绝承认它的效力。

第 L.610-5 条

任何游乐或运动船舶的所有人履行名义上的船长的职责，或者任何通常执行该船舶命令的人员，无论其国籍如何，事实上都必须持有证明书以证明其胜任根据国家规定的条件签发的指挥或者控制。

第 L.610-6 条

所有海员都必须满足国家规定的熟练要求。

第二编 法律地位

第一章 一般规则

第 L.621-1 条

在船舶经营人或其代表人与海员之间就船员在航行途中在船上起到的作用所签署的所有雇用合同受本部分条款的约束。

此类合同必须是书面形式才有效。

第 L.621-2 条

出于本部分规定的目的，任何以个人、公司或公共服务体系的名义提供船舶的可以视为船舶经营人。

第 L.621–3 条

出于本部分规定的目的，当满足第 L.610–1 条、第 L.610–2 条、第 L.610–3 条、第 L.610–4 条和第 L.610–5 条中规定的情形时，任何与船舶经营人或其代表人签署协议约定在航行途中提供服务的人，应当被视为海员。

第 L.621–4 条

海员在船之外的期间，船舶经营人或其代表人与海员之间订立的雇用合同应当受 1963 年 3 月 16 日第 729 号有关雇用合同的法令管辖。然而，该合同以书面形式才有效。

第二章　雇用合同的形式和证明

第 L.622–1 条

海员的雇用应当遵守 1957 年 7 月 17 日第 629 号法令的规定。

然而，这些规定不应当适用于：

——为了满足迫切需要在航行中招募的海员。

——当船舶的正常离港使得其无法在摩纳哥完成法律规定的手续。

但是，船舶经营人或其代表人必须遵守第 L.625–3 条和第 L.625–4 条的规定。

第 L.622–2 条

海事工作事项、签订合同的能力应当受普通法律规则的约束。

任何人不得有效地签署海上事务合同，不受其他海事合同约束的情形除外。

第 L.622–3 条

雇用合同的所有条款和规定必须正式写入或以附录的形式写入船员雇用合同中，否则无效。

第 L.622–4 条

雇用合同必须用明确的语言起草，以便双方当事人明确其权利和义务。

合同必须说明协议是否是为了指定时间内、非指定时间内或一次航行而设立。

如果协议是为一个指定期间而制定，合同中应当载明该期间的长度。

如果协议是为未指定期间而制定，合同中应当载明在一方终止合同时发出通告的时长，该时长不得少于 24 小时。该通告应受第 L.624-5 条规定适用的限制，其对双方当事人具有相同的效力。

如果协议是为一次航行而制定，该合同应当载明航行结束所到达的港口名称，并指明在航程目的港进行的商业和海上作业点。

在所有情况下，合同必须载明航程的最长期限，超过该期限船员可按照本编第四章第四部分的规定要求运输。

第 L.622-5 条

海上雇用合同必须载明海员已经签署的工作和其将要履行的职务，工资和福利的情况或者确定福利的依据。海员登船的地点和日期必须写入海员雇用合同。

第 L.622-6 条

船舶经营人或其代表人必须确保与海员协商确定的一般就业条件。

该就业条件必须被张贴在船员休息室。

调整就业合同的规则或规范文本，必须与合同条件文本一起保留在船上。在船员的要求下，船长必须向其作出解释。

第 L.622-7 条

雇用合同须经海事处处长盖印。

海事处处长不得调整雇用条件。然而，如果合同中包含的条款与本法规定的公共秩序的规定不一致，其有权拒绝盖章。

第 L.622-8 条

海事处免费向海员签发的海员证应当涉及雇用合同；海员证应当归海员所有。

海员证应当包含所提供的没有评估的服务。

第三章　雇用合同的执行

第一部分　船上海员的义务

第 L.623–1 条

海员应当按要求于船舶经营人或其代表人或船长指示的日期和时间出现在其即将工作的船上。

第 L.623–2 条

海员必须根据合同中规定的条件并根据法律、法规和惯例的适用来完成其工作。

第 L.623–3 条

海员不得拒绝履行非招聘目的的职务，而执行船长不得不随时委托给他的任务，或在短时期内合理需要的情形下的委托。

第 L.623–4 条

船长应当决定休班的船员可以上岸的条件。

第 L.623–5 条

船员应当按要求执行其职责时间之外的工作，无偿清理工作平台和相邻区以及床上用品和桌上的餐具。

第 L.623–6 条

海员应当按要求参与船舱及其残骸、漂浮物和货物的救援。

第 L.623–7 条

除非合同中的条款有相关规定，否则船员不得以任何理由在未经船舶经营人或其代表人同意的情况下将任何货物带到船上。

在违反前款规定的情况下，涉及的船员应当被要求按照指定装货地点和时间相同航行的最高额支付运费。对于船员不适当带到船上的同类货物，对其任何损害都应当同等对待，支付费用。

另外：

1. 如果货物可能危害到船舶、船上的人员和货物的安全，船长应有权抛弃不当装载的货物。

2. 尽管该货物保留在船上不涉及上述第 1 款中规定的风险，如果违反海关规定或卫生法规和规则或者制止非法贩运毒品和精神药物的法律，而可能上升为刑事处罚，船长有义务没收不当带上船的货物。

根据上述条款规定采取的措施应当在按照第 L.330–9 条起草的详细报告中得到描述。

第二部分 工作时间和休息期间

第 L.623–8 条

由 1959 年 12 月 2 日第 677 号法律和秩序确立的规范工作时间的规则应当受到根据船上工作条件的需要提出的豁免的限制，但在 12 个月期间工作时间的总量不得超过政府法令所确定的时间。

第 L.623–9 条

前款的适用方式，根据航行的方式和人员类型的不同，应当根据政府命令来决定。特别是该命令应当指明一周内或其他一定时期内的工作量和工作时间安排，并要考虑航行类型的固有限制问题。

第 L.623–10 条

在海上或开放的锚地，甲板和机舱人员应当按时间表工作。

船舶经营人或船长应当根据雇用条件、人员配备安排和船上工作条件，通知即将签署雇用合同的船员和即将列入起草的船员名单中的海员。

第 L.623–11 条

受第 L.623–13 条规定的例外和豁免情形的限制，当海员的海上航行时间持续超过 6 天，其每周应给予一天的休息时间。

第 L.623–12 条

每周休息日是指连续休息 24 小时，该时间从相关海员开始其一天工作的正常时间开始计算。

在休息日进行任何工作的都应当作为工作日，除非该工作是由于偶然的事件引起并不超过两小时。

第 L.623–13 条

因不可抗力或船舶的安全、船上人员或货物处于危险中的情形（该情形仅船长有权判定）使得工作成为必要，辅助操作不应当影响每周休息日的规定，操作应当进行，但船舶经营人不给予任何补偿。

第三部分　报　　酬

第 L.623–14 条

受 1963 年 3 月 16 日的 739 号法令规定的约束，船员应当以固定工资形式或最终利润分成的形式或结合两种薪酬形式获得报酬。

第 L.623–15 条

根据雇用合同，船员的薪酬全部或部分是由收益或运费份额构成的，该合同必须指明从总收入中扣除成本和运费，进而形成净收入。扣除费用不得超出合同中指定的项目而损害海员的利益。

第 L.623–16 条

按航程获得报酬的船员，如航程延长则有权获得与其报酬成正比的额外报酬，如航程延误则有权获得赔偿，除非该延长或延误是由不可抗力造成的。

无论任何原因导致的航程缩短，都不得减少船员的薪水。

第 L.623–17 条

以收益或运费分成的形式获得报酬的船员，在此分成之外，因船舶经营人或船长的行为导致的延误、拖延或航程缩短而使船员受到损害的，其有权获得赔偿。

如果该类事件是由托运人或第三方的行为引起的，其应当按其在收益或运费中的获利比例给予船舶赔偿。

第 L.623–18 条

在为持续航行订立的合同中，因船舶经营人或其代表人的行为导致航程中断，应当向船员支付赔偿金。

如果航程中断发生在船舶起航前，船员应当接收预付款作为赔偿金。如果没有预付款，按照合同的规定，如果按月支付报酬，则船员应当获得一个月的工资，或者如果按照航程支付报酬，则应获得参照原定航程期限计算得出的一定数额的报酬。另外，船员应当就其已经为船舶作出的服务获得报酬。

如果航程的终止发生在航行开始后，按月获得报酬的船员应当得到其服务时间的报酬，并且应当得到按照原定航行期间计算所得报酬的一半作为补偿金，或者如果其按照航程获得报酬，则应当得到按照合同中规定的工资总量的一半作为补偿金。

除了上面规定的工资和补偿金，船舶经营人或其代表人有义务自费将船员遣送回上船港或当事双方约定的地点。

第 L.623–19 条

如果航程的终止是由于船舶经营人或其代表人的行为造成的，在船舶离港前或航程开始后，按照收益或运费的分成获得报酬的船员应有权获得赔偿金，其数量应由共同协议或法院审理确定。

如果航程的终止是由托运人的行为造成的，船员应有权按照其在运费中的份额比例获得给予船舶的赔偿金。

第 L.623–20 条

如果不可抗力导致航行不能开始，航程的终止不得产生任何对船员的赔偿。但是，按照月份或航程获得报酬的船员应当就其在服务船舶中已经工作的天数获得报酬。

第 L.623–21 条

当航行已经开始但因不可抗力不能继续时，按月获得报酬的船员应当就其已经提供服务的时间获得报酬，按航程获得报酬的船员应当获得合同中约定的总的报酬，按收益或运费的份额获得报酬的船员应当获得在已经完成的航程部分赚取的利润或运费中约定的份额。

然而，如果发生扣留、沉船或不适航的声明的情形，按月或按航程获得报酬的船员，其获得报酬的时间仅按其终止提供服务的时间计算。无论其约定的类型如何，船员获得报酬按照其营救沉船、漂浮物或货物所花费的时间计算。

第 L.623–22 条

如果船舶航程的终止是由不可抗力造成的，在预计航程有权获得但未获得全部工资的船员，有权根据第 L.623–21 条第 1 款分享对船舶的任何补偿。

第 L.623–23 条

如果船员在合同期间死亡，如其报酬按月支付，则其报酬计算期间到其死亡之日时止。

如果船员从事定期航行，其获得报酬的方式是一次性支付或者按照收益或运费的份额支付，如果其死亡发生在航行（仅限于海外航行）开始后，其总报酬或份额应当得到支付。如果船员从事往返航行，其死亡发生在海外航行期间或目的港，其应当获得工资或份额的一半。如死亡发生在返航途中，其应当获得全部报酬。

在远距离捕鱼作业的情况下，如果船员死于前往远航的途中，其应获得工资或份额的一半。如其死于远航的途中，则应获得工资或份额的全部。

无论约定的类型如何，为了船舶的安全，其行为超出所要求的职责，对于因保卫船舶或履行义务而被杀害的船员的赔偿金，如果船舶安全到达港口或发生了扣押、沉船或不适航的情形，到全体船员服务终止之日应当完整地得到支付。

第 L.623–24 条

如果船舶失踪，应当支付给船员的受益人 1 个月的额外报酬，除此应得的报酬外，到有最新消息时止，如果船员按月获得报酬或按航程获得报酬，对于船舶在往返航行期间船舶失踪的，应得报酬的一半。

第 L.623–25 条

按照第 L.322–5 条规定的条件，已经对船舶提供援助的船员有权获得给予施救船报酬的份额。

第 L.623–26 条

被要求执行非招聘职责并拥有比自己工资更高的最低工资的船员，应对依据其自己工资和其临时执行职务所获得工资的差别计算得到的工资上调享有权利。

第 L.623–27 条

被雇用的船员，当其本应履行职务时，在其未经允许缺席的，无权对其缺席期间享有报酬。

船员受雇于船舶，但没有经过允许，并且不顾船长根据第 L.623–4 条规定所采取的措施擅自不登船的，在适当情况下，所有人可以对船员给其造成的损害要求损害赔偿。

船员因违反刑法被定罪并被剥夺自由时，丧失获得报酬的权利。

第 L.623–28 条

当船舶到达港口航程结束时，报酬应当整体结算。

根据航行期限或航海模式，双方当事人可以约定按照事先确定的期限计算报酬，在所有的案件中结算不应当迟于船舶合同期届满之时。

任何在航程完成前单独下船的船员，其报酬应当在其下船时计算。

第 L.623-29 条

无论在什么地方计算报酬，支付报酬应当在船员选定的地方进行。

第 L.623-30 条

收益中的份额应当按照通常的惯例和做法支付。

第 L.623-31 条

当雇用合同届满、船员下船时，双方当事人写入合同的涉及支付报酬的反对意见或保留意见，应当通知海事部门。

其他任何支付手段在任何地方都不得代替法定货币使用。如果在国外使用外币支付，其应当在领事机关监督下按照为领事馆业务制定的汇率进行。

第 L.623-32 条

在支付时不在现场或消失的船员的薪酬应当存储在其受益人在储蓄银行的存款或贷款账号中。

第 L.623-33 条

船员可以要求预付或部分支付其报酬。

无论预付款的数额多少，其应当抵消的船员应得薪酬或份额至多不超过 3 个月的报酬。任何超过该限额的预付款应当由船员保存作为任职期间的奖金或不可退还的预付款。

预付款也可以分给另外一个人。

第 L.623-34 条

可以在一次航程中对船员所赚取报酬部分支付。

所有支付必须首先记录在船舶的日志中，并由船员签字。

当要求支付时，在酌情扣除预付款或指定款项后，部分支付不得超出海员在一定时间内所赚取报酬的三分之一。

第 L.623-35 条

在登船时船员可以委托分配其薪酬和收益，但仅能支持指定其在法律上或事实上负有责任的一人接受。但委托分配的总金额不得超过上述薪酬或收益的三分之二。

委托分配的金额、受益人的名称和支付的时间应当记录在航海日志中。

第 L.623–36 条

根据前款规定的条件和限制，在登船时没有利用分配选择权的船员可以在航行期间安排委托分配。

他们的请求应当提交给船长。

该类请求应当由船长无拖延地转交给船舶经营人。它们应当被记入航海日志。

第 L.623–37 条

如果因经营人、船长或承租人的行为而导致雇用合同终止的，预付款和指定预付款不得支付。如果因不可抗力导致雇用合同终止的，同样适用上述规定，除非另有约定。

在因船员的行为导致雇用合同终止的情况下，任何预付款和指定预付款应当支付，即使它们构成服役奖金或不可退还的预付款。

第 L.623–38 条

在清算时发现任何支付的总金额超出船员应得的薪酬或份额总量的应当偿还。

第 L.623–39 条

船员的工资、红利或其他薪酬应当适用于民事诉讼法第四编第一章第二部分所列出的条件下的附件或说明。

第 L.623–40 条

除了由法律宣布根据其附件保障安全的财产、金钱和贵重物品外，无论任何原因，以下物品不得适用附件规定：

1. 船员的任何服装。

2. 船员所有的和在履行期职责中使用的工具和其他物品。

3. 用于船员医疗和医药费用的金钱或合同规定的交通费。

第四部分　实 物 补 助

第 L.623–41 条

船员应当对食物或其被雇用期间的薪酬等价物享有权利。

第 L.623-42 条

在船舶经营人向船员提供饮食的任何船舶上，必须有 1 名适合该职位且年满 18 岁的厨师。如果船员多于 20 名，厨师不得被安排去做其本职工作以外的其他工作。

第 L.623-43 条

所有人不得因向船员提供饮食而向船长或其他任何高级船员一次性索要费用。

第 L.623-44 条

任何人未经船长同意不得携带含酒精饮料登船。

违反前款规定携带任何含酒精饮料登船的，在不损害任何针对违法者的纪律或刑事诉讼的情况下，应当由船长没收。

第 L.623-45 条

船舶经营人禁止从事：

1. 在岸上经营员工商店，直接或间接向其雇用的船员或船员家属出售食品或其他任何物品。

2. 强迫船员在船舶经营人指定的商店花费其全部或部分工资。

第 L.623-46 条

在远洋航行、国际沿海航运和远洋捕捞的船舶上，床上用品应当由船主按照船舶卫生规定提供。

第五部分　债权和担保债权

第 L.623-47 条

根据船舶所有人限制其责任的选择，第 L.312-1 条的规定不得适用于船员根据雇用合同主张的索赔。

第 L.623-48 条

船员根据雇用合同主张的索赔应当根据上述第 L.314-1 条和民法第 1938 条的规定进行担保。

第六部分　带薪假期

第 L.623–49 条

被招募在船上服务的船员应有权获得由船舶经营人支付费用的带薪假期，按照每个工作月 3 天的比率计算。

第四章　雇用合同的终止

第一部分　所有雇用合同的一般规定

第 L.624–1 条

无论雇用合同的类型，下列情况下其应终止：

1. 出现不可抗力事件，尤其是在船员死亡或生病或迫使其不能登船的事故等情况，或出现拍卖、扣押、海难或船舶不适航等情况。

2. 无论是由于船舶经营人或船员或者双方相互约定，根据本章规定的条款，由于船员的雇用合同的取消或终止而导致的船员定期离船的情形。

第二部分　不定期限雇用合同的特殊规定

第 L.624–2 条

不定期雇用合同可以因其中一方的要求而终止。其应当在有效期结束之日终止。

第 L.624–3 条

有效期应当从发货记录挂号信寄出的时间起算。

该信可以由给船员的书面交货通知而非收据所替代，也可以由船员签字的航海日志中的记录所替代。

第 L.624–4 条

有效期的起点必须通过这种方式来设置，即船员乐于在岸上，在距离其居住地最近的港口，在该时期内的支付至少等于四分之一有效期的支付。

无论根据任何规定，船员获得的带薪休假期间都不得计算在有效期内。

第 L.624-5 条

有效期的存在和期限应当由法律、雇用合同、企业内部规则和程序或者集体劳动协议决定，没有前述事项的，应当参照惯例。

除非集体劳动协议，或者在没有集体劳动协议的情况下根据惯例提供一个较长的有效期或一个较短的长期服务的资格，在不存在严重不当行为或不可抗力的情形下，船员应当有权：

1. 如果其与同一个船舶经营人一起不间断地提供服务超过 6 个月，有权获得 1 个月的有效期。

2. 如果其与同一个船舶经营人一起不间断地提供服务超过两年，有权获得两个月的有效期。

雇用合同中的任何条款、内部规则和程序或者集体劳动协议建立了一个与本条规定相比较短的有效期或一个较长的服务资格应当自动失效。

第 L.624-6 条

通过放弃前款规定，如果船员主动终止合同的，由前条第 2 款的适用产生的有效期应当减半。

任何相反的规定应自动失效。

第 L.624-7 条

在有效期间内，船舶经营人和船员必须相互遵守彼此的义务。

如果船舶经营人在有效期间解雇了船员，在有效期终止前，该行为不得减少船员在工作期间应得的任何报酬或利益。

第 L.624-8 条

在任何情况下，海员终止其雇用合同的权利在有效期终止时不得生效：

1. 如果船长在出发港为了航行而着手记录值班表，在其确定的时间之后有效期终止。但不得否认船员对于离开船舶服务的选择权，除非在确定航行时间前的 24 小时内出现不可预见的情形和有正当理由的情形。

2. 如果有效期终止于船长在抵达港终止值班记录确定的时间之前。但不得否认船员对于离开船舶服务的选择权，除非在船舶到达其泊位后的 24 小时内出现不可预见的情形和有正当理由的情形。

第 L.624-9 条

单方面终止不定期雇用合同或不顾通知期限的，过错方应当承担支付对方相当于船员在第 L.624–5 条中规定的尚未注意到的通知期限中应当得到的各种薪酬或利益的赔偿。

但在出现严重不当行为或不可抗力事件中，合同可以单方面终止。

第 L.624–10 条

一方当事人不当终止雇用合同引起损害而有利于对方的，在双方当事人没有协议的情况下，应当由法院决定。法院的决定应当明确提及由违反合同一方提出的理由。

第 L.624–11 条

当事人不得提前放弃其可能负担的第 L.624–9 条和第 L.624–10 条规定的损害赔偿。

第 L.624–12 条

如果雇主的法律地位发生任何变化，特别是发生继承、转让、兼并、股权转换或者合并，所有在变化发生之日有效的雇用合同在新的经营人和其企业志愿之间应继续有效。

第三部分　定期雇用合同的特殊规定

第 L.624–13 条

订立的定期雇用合同通常应在合同期限届满之日终止。

订立的单航次雇用合同应当在航程完成或船员自愿或被迫终止时结束。

第 L.624–14 条

订立的定期雇用合同可以在合同届满之前仅仅因正当理由或出现严重的过失或不可抗力事件，或者在合同中规定的情形或企业内部确定的规则和程序，可以单方终止。

第 L.624–15 条

如果订立的定期雇用合同在航程期间期满，船员的协议应当在到达第一个停靠港时结束。

然而，如果船舶预定在雇用合同期限届满 1 个月内到达摩纳哥公国或邻国港口，船员的协议应当延长至船舶到达该港口之时。

第四部分 履行合同的船员运输

第 L.624–16 条

上岸的船员必须以船舶的成本运送至距离其居住地最近的港口。

第 L.624–17 条

该运输应当包含旅行、餐饮和住宿的费用。

第 L.624–18 条

在由双方共同意愿而终止合同后的航程中，与上岸船员运输相关的费用应当由双方当事人协议解决。

如果船员因惩戒原因上岸的，该费用应当由船员负担。

第五章 社会保险

第一部分 一般规定

第 L.625–1 条

在本章中，“海事部门”是指：

1. 在摩纳哥，海事总署署长。

2. 在法国，摩纳哥的领事；或者海事部门在当地办事处的负责人在其职责范围内作为船员所隶属的基金会的代表人。

3. 在其他国家，摩纳哥总领事。如果在港口或其附近没有领事代表，货船的船长应有权去完成与船舶协议有关的所有行政手续，并且其应当撰写报告描述异常的环境并提交给船舶经营人，经营人应当将该报告传达给海事总署署长。但是，游乐船或运动船的船长不得在未经最近的摩纳哥领事部门或摩纳哥海事总署署长允许的情况下将拥有摩纳哥或法国国籍的船员带上船舶或送到岸上。对于船长来说，在适当的情况下必须以最快的通信方式提出申请。

第 L.625–2 条

根据按照法律或规定可实施的社会保障计划所履行的雇主义务，必须由保险公司或依照 1956 年 4 月 11 号第 609 号法令的第七条的规定批准的担保人在摩纳哥签署的保险合同担保。

第二部分 社 会 保 险

第 L.625-3 条

适用于摩纳哥国籍船员或法国国籍船员的社会保险计划应当由弗朗哥 - 摩纳哥协议条款确定。

第 L.625-4 条

其他非摩纳哥或法国国籍的船员和不具备船员身份的机组人员应当受摩纳哥社会保险立法的约束。

第六章 适用于某些船员的特殊规定

第一部分 适用于船长的特殊规定

第 L.626-1 条

船舶经营人和船长之间就船长作为船舶经营人代表的商业职能可以不求助于海事部门而获得认证。

第 L.626-2 条

第 L.623-8 条至第 L.623-13 条有关工作时间和每周休息的规定不适用于船长。

第 L.626-3 条

当迟延、延长或缩短航程的情形的发生是由船长的行为引起时，第 L.632-16 条和第 L.632-17 条中有关该类情形下计算薪酬的规定不得适用于船长。

第 L623-27 条的规定同样不应适用于船长。

第 L.626-4 条

第 L.623-34 条中有关预付款和部分支付的规定不得适用于船长。

第 L.626-5 条

仅因第 L.623-39 条规定的原因并在其规定的限度内，船长的固定工资应受附件的约束。

除了船长的固定工资，其报酬可以全部被扣除，以使其作为船舶经营人代表在其能力范围内支付其所欠船舶经营人的款项。

第 L.626-6 条

从事航行的船长应被要求去完成它，并对给船舶所有人或承租人造成的损害承担责任。

第 L.626-7 条

船舶经营人可以解雇船长，但应对不正当解雇造成的损害承担责任。

第二部分　适用于未成年船员的特殊规定

第 L.626-8 条

法律上的监护人或机构或者监护官员作出的同意未成年船员从事第一次航行许可，应当给予未成年人执行与其协议相关的行为的能力，尤其是获得报酬的行为的能力。

该许可的撤回不得对抗第三方，除非在合同订立之前已经将撤回告知第三方。

未成年人已经达到 18 岁，该许可也不得撤回。

第 L.626-9 条

受有关入工年龄的 1961 年 12 月 27 日第 719 号法令规定的约束，任何签署协议在甲板上、在机房工作或在一般服务工作的未成年人，如果其未满 16 岁则应当拥有“学徒”的身份,如果其已满 16 岁不满 18 岁则应拥有“新手”的身份。

第 L.626-10 条

在注册吨位超过 250 吨的船舶上，应当禁止学徒从事晚 20 点到次日凌晨 4 点的值夜工作。学徒和青少年不得在机房或货舱工作。

学徒和青少年每天的工作时间不得超过 8 小时，除非当船舶进入和离开港口时。对学徒来说，无论在海上还是在港口，在正常日期中每周必须拥有休息时间，或者在例外情况下延迟不得超过 48 小时。

学徒和未成年人不得被分配到机房值夜班。他们在机舱内或在可能给他们的健康构成威胁的高温环境中的工作时间每天不得超过 4 小时。

第 L.626–11 条

15 岁以下的未成年人不得被带到船上工作。但如果该工作是其兴趣所在，则至少年满 15 岁的未成年人可以由海事部门特别授权从事该工作。该未成年人应当被要求出示由海事部门认可的医生所出具的体力证明。

另外，在学校放假期间，未满 15 岁但超过 13 岁的未成年人偶尔参加沿海渔业船舶的船上活动的，应当受前款提到的诊疗证明内容的约束，并且前提是他们没有收到任何付款。

第 L.626–12 条

船长必须密切监督未成年船员，并确保他们仅在其体力限度内执行与其职责相关的工作。在未成年船员工作中,船长应亲自或委托他人逐步指导。

第 L.626–13 条

第 L.626–10 条规定在注册吨位 250 吨或以下的船舶上适用的条件应当由根据海洋法理事会的意见所发布的政府法令决定。

第七章　船舶经营人和船员之间的纠纷

第 L.627–1 条

船舶经营人或其代表人和船员之间（船长除外）就本法所管辖的雇用合同的纠纷应当提交到劳动法庭。

船舶经营人和船长之间的纠纷应提交给初审法院。

第三编　违法行为和犯罪行为

第一章　基本条款

第 L.631–1 条

所有登船人员，无论何种国籍，无论是船员还是其他人员，无论所登陆的船舶停靠在何地，都应遵守该部分所规定的条款。

涉及船舶或船员的失踪，涉及可以提交给有管辖权政府机关的案件，以及涉及要求船员待遇的其他登船人员，同样适用该部分条款。

第 L.631–2 条

“在船上”包括船舶本身，其小艇和其他运送乘客到岸的固定设备。

“海事部门”是指：

在摩纳哥指海事局局长。

在其他国家指摩纳哥的领事人员。

第 L.631–3 条

对第 L.631–1 条中规定的人员实施的犯罪行为、轻罪行为以及其他罪行的司法管辖权，由普通管辖法院实施。

第 L.631–4 条

公诉案件的追诉时效，刑罚的执行和犯罪损害赔偿诉讼，应当适用普通法。

但是，如果严重违反第 L.632–7 条中所规定的条款，则本追诉时效适用于轻微刑事犯罪的诉讼时效。

前款规定的诉讼时效应当从犯罪人被起诉到有管辖权的司法机关时开始起算。

第 L.631–5 条

为贯彻刑法典第十条之规定，所有依照本章之特别规定被剥夺自由的，应视为已经被羁押。

第 L.631–6 条

刑法典第三百九十二条之规定应适用于该章中所规定的犯罪行为和违法行为。

第 L.631–7 条

根据下面所规定的权利保留条款，刑法典第三百九十三条至第四百零五条中有关判决的中止执行应适用于该法案中规定的有关监禁或罚款的判决。

当在普通法下对重罪行为或轻罪行为判处的刑罚被中止执行，在 5 年内针对本法所规定的一重罪或轻罪另外判处刑罚的，仅在出现第 L.633–20 条、第 L.633–21 条（第 2~5 款）、第 L.633–23 条、第 L.633–24 条、第 L.633–25 条、第 L.633–28 条、第 L.633–33 条、第 L.633–42 条、第 L.633–43 条中规定的重罪或轻罪的情形时，应当剥夺犯罪人中止执行所获得的利益。

先前对本法第L.633–10条至第L.633–12条、第L.633–16条、第L.633–17条、第L.633–22条、第L.633–29条、第L.633–32条、第L.633–34条、第L.633–35条、第L.633–44条、第L.633–46条至第L.633–54条和第L.633–62条至第L.633–65条规定的轻罪判处的刑罚，当根据普通法重罪或轻罪判处犯罪人刑罚时，不得构成一个减轻刑罚的抗辩。

第二章 违法行为

第一部分 基本条款

第L.632–1条

为了船上所有人员的共同利益，在任何情况下和必要的限度内，船长有权维持秩序，确保船舶、船上人员和货物的安全，以及正确引导航行。

为实现这些目的，船长可以采取必要的强制措施，并可以要求船上人员协助其完成。

第L.632–2条

所有远洋海运和沿岸海运的船舶上都应该保存有被称为“法律日志”的专门航海日志。

船长应在法律日志上随时记录在船上进行的违法行为的性质、引发违法行为的条件、所进行调查的结果、目击证人的姓名和证言、犯罪船员的陈述，适用的惩罚和采取的措施。

无论违法行为是发生在船舶开始离港到抵达目的港或中途停靠港，法律日志必须提交海事部门加盖印章。同时，船长还应将有关其所进行的初步调查的文件提交给海事部门。

第L.632–3条

依照海事部门的要求，上述的法律惩罚措施及不当行为的表现应被记录在船员的个人记录中。

第二部分　轻微违法行为

第 L.632-4 条

轻微违法行为是指：

1. 仅不遵守有关船舶操作的指令，但没有在目击者面前对上级作出的正式警告提出反对。

2. 非工作期间在船上醉酒但没有扰乱秩序的行为。

3. 在非工作期间，未经授权擅自离开船舶。

4 争吵和争执但未涉及暴力行为。

5. 通常情况下，在第 L.632-7 条中没有规定的其他不当行为。

第 L.632-5 条

船长获悉有轻微违法行为时，应在 24 小时内与被指控者私下会面。

船长应就所指控的事实询问被指控人，并听取证人正反两方面的证言。根据具体情况，船长可以采用第 L.632-6 条中所规定的制裁措施。

在纪律日志中记录了第 L.632-2 条规定的情节之后，船长应让相关人员阅读该记录并签字；拒绝签字的应记录在案。

第 L.632-6 条

船长可以对轻微违法人员适用以下制裁措施：

1. 批评教育。

2. 若为高级船员、水手长、机组船员，可以进行不超过 4 天的船舶限制。

3. 进行不超过 4 天的公寓限制。

若为高级船员、水手长、机组船员，该制裁措施不得中断其服务或停付其薪水。

任何其他被限制在寓所的人员必须停留在其住所内，未经允许不得离开。

第三部分　严重违法行为

第 L.632-7 条

应当受到第 L.632-8 条规定的惩罚的严重违法行为是指：

1. 在同一次航行中，任何在上个月中已经受到过第 L.632–6 条中所规定的处罚的船上人员，再次进行的轻微违法行为。

2. 任何在履行职务时可能危及船舶安全的不法行为。

3. 在上级发布正式警告的情形而不是第 L.633–34 条中规定的情形下，或者在面对一个乘客由船长一人发布命令的情形下，拒绝服从或抵制任何有关船舶操作的命令的行为。

4. 受第 L.633–34 条规定约束的在船上醉酒的行为，并有扰乱秩序的行为。

5. 在船上对上级的不尊敬行为，或对下属的侮辱行为。

6. 未经授权而使用船舶小艇的行为，但没有丢失、毁坏或抛弃的情况。

7. 未经授权在值班时擅自离开船舶的行为。

8. 受害者尚未投诉的小偷或欺诈行为。

9. 不遵守船舶禁闭或寓所禁闭令的行为。

第 L.632–8 条

根据第 L.633–35 条的规定，船长可采取下列惩罚措施。

当违法者为高级船员、水手长和机组船员时，采用：

1. 不超过 8 天的船舶禁闭。

2. 不超过 15 天的寓所禁闭，但不停发薪酬不中断其工作。

当违法者为乘客时，采用：

不超过 15 天寓所禁闭。

第 L.632–9 条

当船长获悉发生严重违法行为时，应立即进行调查。

船长应就所指控的事实质询该违法行为人，并应当听取目击者的正面证言和反面证言。

调查结果应记录在备忘录中，包括上述违法行为的性质、目击者的姓名和陈述以及相关人员的解释等细节，并由目击者签字。该违法者应立即阅读该备忘录并应按要求签字；拒绝签字的应记录在案。

船长可以采取第 L.632–8 条中所规定的处罚措施。

调查的细节及随后采取的惩罚措施，如果可能的话都应被记录在违纪日志中。

第四部分 证书和文凭特权的取消

第 L.632–10 条

对于任何注册船员，因为在执行职务期间的不当行为、严重违法行为或本编第三章或第 L.421–2 条第 1 款规定的犯罪行为，并且当该犯罪行为的实施违反了保护海上人类生命的规范时，国务大臣可以命令暂时全部或部分地撤销船员持有的证书所赋予的权利和特权，并且最多不超过 3 年期限。

但是，在下列情况下，可以宣布永久撤销。

强制执行痛苦或耻辱性的判决。

船舶的全损。

强制执行本条第 1 款所规定的处罚。

该撤销行为必须在纪律委员会作出一个有正当理由的决定之后实施，国务大臣不得采取较纪律委员会所决定的更严厉的处罚措施。

本条适用的情形由政府法令决定。

第三章 刑事犯罪

第一部分 管辖与程序

第 L.633–1 条

对于在船舶上实施的重罪行为、轻罪行为及其他违法行为的调查，应当在控诉后，或在揭发后进行调查，或者根据他们的协议进行调查：

1. 由刑事侦查警察进行。
2. 在国外，由摩纳哥领事人员进行。
3. 由违法行为发生的船舶船长进行。

第 L.633–2 条

揭发报告应根据刑事诉讼法典的规定书写，并且应遵守该法典的规则。

第 L.633–3 条

一旦船长获悉在船上发生了重罪行为、轻罪行为或其他犯罪行为，其应当根据《刑事诉讼法典》第四目第一编的规定进行初步调查。包含在初步调查结果中的犯罪情况和犯罪陈述应当记入法律日志。

必要时船长可以命令先予逮捕犯罪人。

在行使该项权力时，船长可以采取任何合理的强制措施，并可以要求船上人员协助其进行。

不满 18 周岁的未成年人应与其他被羁押人员分开羁押。

如果船舶的设备不适宜于执行羁押，船长可将被羁押人员移交给其他具有羁押设备的摩纳哥籍船舶的船长，或是移交给最近的摩纳哥领事。领事应立即将被羁押人员遣送回国。在任何情况下，必须尽快将被羁押人员移交给摩纳哥司法机关处理。

羁押候审应遵守国家法律。

羁押候审的决议应根据刑法典第十条的规定进行签发。

第 L.633–4 条

船长应将初步调查文件移交给检察长，并将该诉讼通知海事部门。经检察长的要求，海事部门应就如何处理该事件给出意见并就意见作出解释。

第 L.633–5 条

如果船长一人或与他人共谋犯罪的，第 L.633–3 条规定的初步调查应由海事警察局长负责进行。其应按照第 L.633–2 条到第 L.633–4 条的规定进行。

第 L.633–6 条

检察长应按照刑事诉讼法典第一卷第二章之规定进行。但是，如果犯罪行为是在第 L.633–17 条、第 L.633–20 条、第 L.633–22 条、第 L.633–33 条、第 L.633–38 条至第 L.633–40 条、第 L.633–42 条、第 L.633–44 条、第 L.633–56 条至第 L.633–61 条和第 L.633–66 条中规定的情形，则检察长应先咨询海事局局长后方可进行诉讼。如果要求海事局局长出庭，则其应当出庭。

第 L.633–7 条

对不满 18 周岁的未成年人的起诉和判决应根据适用于未成年人的法律规定进行。

第 L.633–8 条

犯罪受害人可以根据《刑事诉讼法典》的规定提起刑事赔偿诉讼。

但是，受害人不能依《刑事诉讼法典》第三百六十八条之规定，直接在刑事法庭对被告人提起诉讼，而应当先将案件提交地方预审法官审理。

第 L.633–9 条

如果在第 L.633–36 条和第 L.633–46 条至第 L.633–49 条中所规定的犯罪行为是由外国船舶人员中的一人或几人所为，则检察长或地方预审法官可以命令船舶暂时停航。

该决定的制定者可以随时无条件解除停航命令，也可以在收到安全保证金后解除停航命令，但其应当确定保证金支付的数量和方式。

保证金的使用和返还应当按照《刑事诉讼法典》第一百九十三条至第二百条之规定执行。

第二部分　擅自缺勤和擅离职守

第 L.633–10 条

任何被船舶雇用且被委以监督或安全职责的高级船员、水手长或机组成员，一旦被发现有未经允许擅自离岗的行为，应当被判处为期 6 天至 6 个月的监禁，且对擅自缺席承担不利后果。

第 L.633–11 条

除非在不可抗力的情况下，任何船长有违反合同并在尚未找到其他代替船舶时将其船舶遗弃的行为，如果船舶安全泊岸，则应判处其为期 1 个月至 1 年的监禁，而如果船舶停泊在开放泊地或海上，则判处的时间为 1~2 年。

第 L.633–12 条

任何船长在未履行第 L.330–6 条中所规定的职责时，应按照刑法典第二十六条第一款之规定判处罚款。

第三部分　影响维持船上秩序的犯罪行为

第 L.633–13 条

任何船长、高级船员或水手长本人滥用职权，或其命令、批准或容忍对船员、乘客或其他船上人员滥用职权行为的，根据刑法典第二十六条第 1 款之规定，应当判处为期 6 天至 6 个月的监禁并处罚款，或者单处监禁或罚款。

任何船长、高级船员或水手长有以语言、动作或威胁行为侮辱船员、乘客或其他船上人员的行为，应受到同样的处罚。

任何船长使因雇用合同期限届满而可以自由地离开船舶的船员不得离职的，应当受到同样的处罚。

除第 L.633–3 条第 2 款中所规定的法定情形外，任何船长、高级船员或水手长使用暴力、导致暴力在职务活动中或与职务相关的活动中得到使用的，根据刑法典第一百二十六条和第一百二十七条之规定予以处罚。

在本条所规定的情形中，如果受害方为未成年人，则应双倍处罚违法者。

第 L.633–14 条

针对以下列举的犯罪行为，如果船长没有令法理由，因疏忽或拒绝作出下列任一行为的，根据刑法典第二十九条第 3 款之规定予以罚款：

1. 对在船上发生的重罪行为、轻罪行为或其他犯罪行为进行必要的调查。

2. 草拟民法典第五十条、第六十五条、第八百五十一条、第八百五十二条、第八百五十四条所规定的公民身份文件、失踪记录或遗嘱记录。

3. 按规定记录船舶航海日志，包括违纪日志和其他的正式记录。

第 L.633–15 条

任何在船舶文件中欺骗的记录歪曲或虚假事实的船长、高级船员或水手长，应判处 10~20 年的监禁。

第 L.633–16 条

除非在不可抗力的情况下，任何放弃船舶指挥权的船长，根据刑法典第二十六条第 1 款之规定，应判处 1 个月至 1 年的有期徒刑，并判处罚款。

任何不适当地行使船舶指挥权的人员以及作为其同谋的船舶经营人，同样适用该处罚。

第 L.633–17 条

任何船上人员，在同经营人预谋或经营人毫不知情的情况下实行可以追究经营人刑事责任的诈骗或走私行为的，应当被判处 6 天至 3 个月的监禁。

如果船长是有罪一方当事人，则应予以双倍处罚。

第 L.633–18 条

任何将自己的利益转移给自己拥有指挥权的船舶或以犯罪故意选取错误的航线或破坏船上的全部或部分货物、粮食或其他财产的船长，应当被判处为期 5~10 年的监禁。

第 L.633–19 条

如果船长以欺诈为目的,有以下行为之一的,应予以判处 5~10 年的监禁。

1. 出售船舶。

2. 卸载任何货物。

3. 损害船舶所有人的利益，转移或浪费资金或有关船体上的动产，船舶的新补给品或设备，或维修赔偿金。

第 L.633–20 条

任何船长、高级船员、水手长或船员任意损毁货物的，按照刑法典第二十六条第 3 款之规定，应判处 2~5 年的监禁，并判处罚款。

第 L.633–21 条

船上任何人员，有在食物、饮料或其他消费品中掺假行为的，按照刑法典第二十六条第 3 款之规定，应判处 3 个月至 1 年监禁，并判处罚款，或者单处监禁或罚款。

如果掺杂的物质对人身健康有害或有毒，监禁期限应为 6 个月至 3 年，罚款金额数依刑法典第二十六条第 3 款之规定执行。

如果摄入的掺杂物质引发疾病，或导致丧失工作能力长达 20 天以上的，按照刑法典第二十六条第 4 款之规定，应判处 1~5 年的监禁，并判处罚款。

如果摄入的掺杂物质导致永久性的严重残疾，则监禁期限应为 5~10 年。

如果摄入的掺杂物质导致死亡的，则监禁的期限应为 10~20 年。

第 L.633–22 条

任何船上人员，以欺诈方式转移、擅自毁坏或销售用于维持船舶航行、驾驶或安全的物品的，或者销售装载于船上并供船上使用的食物的，按照刑法典第二十六条第 4 款之规定，应判处 1~5 年的监禁，并判处罚款。

如果这些转移、破坏、销售行为危及船舶的安全或船上人员的安全，则刑罚应为 5~10 年的监禁。

第 L.633–23 条

船上人员，单独地或共同地有以下行为之一的，应判处 10~20 年的监禁：

1. 犯罪行为危及船舶安全或船上的人员人身安全或财产安全的。

2. 使用暴力或以暴力相威胁占领或控制船舶的。

第 L.633–24 条

船上人员联合起来反抗船长的权威，并且在正式警告后仍拒绝配合的，应判处 10~20 年的监禁。

如果船上人员两人或两人以上共谋实行前款规定的 1 个或多个行为的，应当判处同样的刑罚。

第 L.633–25 条

故意实施下列行为之一的，应判处终身监禁：

1. 以暴力行为对抗船上人员，并且该行为可能危及船舶安全、船上的人员人身安全或财产安全的。

2. 使用任何方式全部或部分毁坏船舶的。

3. 实施海盗行为的。

以下人员应被视为海盗：

1. 任何船上人员，以自己的私利为目的，对公海上的其他船舶或船上人员或船上财产实施非法的暴力行为、破坏行为或掠夺行为的。

2. 任何人员具有故意加入利用船舶进行上述第 1 项中规定的行为的。

3. 任何人员具有鼓励他人实施或提供方法支持实施上述第 1 项中所规定行为的。

4. 任何人员参加并指挥了船上的暴动事件，又实施了上述第 1 项中所规定的行为的。

第 L.633–26 条

在第 L.633–23 条、第 L.633–24 条和第 L.633–25 条所规定的情形中，由船长自身实施的或由其他人协助实施的反抗行为，应被视为合法的自卫行为。

第 L.633–27 条

在可能危及船舶安全的环境中，任何人员实施了传递明知为虚假的信息，或者避免传递正确信息的，根据刑法典第二十六条第 4 款之规定，应当判处为期 1~5 年的监禁，并判处罚款。

第 L.633–28 条

在船上发生的盗窃犯罪行为应当按照刑法典的规定处罚。

这些规定不得影响第 L.632–7 条第 8 款之规定的实施。

第 L.633–29 条

任何已经收到其工资或股份预付款的船员，在没有合法根据的情况下未能履行其船上职责并且不能退换其收到的预付款的，根据刑法典第三百三十七条第 1 款之规定，应判处刑罚。

第 L.633–30 条

任何船上人员，在未经船长明确许可的条件下，有过错携带酒精饮料或烈性酒水上船，或帮助他人携带酒精饮料或烈性酒水上船的，应被判处为期 6 天至 1 个月的监禁。

船长或船舶所有人为满足船员消费需求，自身携带酒精饮料或烈性酒水上船，或使他人携带酒精饮料或烈性酒水上船，且酒精饮料或烈性酒水的数量超过规定所允许的数量的，或船长或船舶所有人擅自批准他们携带酒精饮料或烈性酒水上船的，应当加倍判处刑罚。

第 L.633–31 条

船长在其船舶上被发现处于醉酒状态的，以及高级船员、水手长或机组船员经常性地处于醉酒状态或者在其值班时被发现处于醉酒状态的，应当被判处为期 6 天至 6 个月的监禁。

在不违背第 L.632–10 条中所规定的纪律措施的情况下，经常处于醉酒状态的船长应予以加倍处罚。

第 L.633–32 条

任何高级船员、水手长或机组船员，被发现通过言语、手势或威胁行为侮辱上级的，根据刑法典第二十六条第 2 款之规定，应判处为期 1~6 个月的监禁，并判处罚款。

第 L.633–33 条

任何船上人员，被发现对船长有使用暴力或对其有人身伤害行为的，根据刑法典第二十六条第 3 款之规定，应当被判处为期 6 个月至 3 年的监禁，并判处罚款。

如果该暴力行为或其他人身伤害行为造成受害人丧失工作能力超过 20 天的，根据刑法典第二十六条第 4 款之规定，应被判处 3~5 年的监禁，并判处罚款。

如果该暴力行为或其他人身伤害行为导致受害人肢体残疾、截肢或使肢体丧失适用功能、失明、丧失一只眼睛或其他严重的永久性残疾的，应判处为期 5~10 年的监禁。

如果该暴力行为或其他人身伤害行为没有致人死亡的本意，但客观上造成了死亡结果的，应判处为期 10~20 年的监禁。

第 L.633–34 条

在船长发出正式警告或高级船员尤其是船长指定的高级船员发出该警告后，任何机组船员拒绝遵守或反抗有关船舶操作命令的，应当被判处为期 6 天至 6 个月的监禁。

如果该拒绝遵守或反抗行为可能导致有害后果，应判处为期 6 个月至 1 年的监禁。

如果该有罪船员是高级船员或水手长，则应按照前两款规定的刑罚加重处罚。

第 L.633–35 条

在同一次航行中，第三次严重违法行为以及以后的严重违法行为，应被视为轻罪，判处为期 6 天至 6 个月的监禁。

但是，如果该犯罪行为的性质和其发生的环境明显是情有可原的，则检察长在征得海事局局长的同意后，可以将该犯罪行为作为违法行为处理。

未成年人所触犯的根据第 L.632–7 条第 1 款之规定应被视为严重违法的行为，不得作为轻罪处理。

第四部分　违反航运规则

第 L.633–36 条

在不违背本条第 2 款和第 3 款规定的情况下，包括外国人在内的所有登上摩纳哥或外国船舶的人，在摩纳哥内水或领海范围内未能遵守法律法规或海事部门有关海域和泊船处规则或航运规则的命令，根据刑法典第二十六条第 1 款规定，应被判处为期 6 天到 6 个月的监禁，并判处罚款。

任何摩纳哥或外国船舶的船长在摩纳哥内水或领水上违背根据 1972 年 10 月 20 日有关交通分离的伦敦避免海上碰撞国际公约制定的海上交通法规，或者根据有关沿着摩纳哥海岸的最小距离航道制定的规则，应当被判处 1 个月至两年的监禁，并处刑法第二十六条第四款的规定的罚款。任何摩纳哥船舶的船长在摩纳哥领水或内水外犯有前款规定罪行的，应当受到同样的惩罚。

但是，如果该罪行是由承运石油货物或其他主权命令定义下的危险物质的船长所犯之罪，罚款的数量应当是刑法第二十六条第 4 款规定的罚款数量的 10 倍。

第 L.633–37 条

承运由主权命令确定的油料货物或其他危险性物质货物的任何摩纳哥船舶或他国船舶的船长，在未就进入摩纳哥领水或内水的日期、时间和位置、目的港、船舶的航线和航速、货物的属性和体积以及在必要时就其遭受的在 1969 年 11 月 29 日《布鲁塞尔公约》框架下的任何海上事故等事项向海事部门通报的情况下进入摩纳哥的领水和内水，根据刑法第二十六条第 4 款规定，船长应当被判处为期 1 个月至两年的监禁，并判处其货物金额 50 倍的罚款。

第 L.633–38 条

任何在摩纳哥船舶上实习的人员，在没有经过海事部门的允许以及除非出现不可抗力事件的情况下，任一命令或其他任何船舶功能没有满足第 L.610–3 条、第 L.610–4 条和第 L.610–5 条列出的条件，根据刑法第二十六条第 2 款规定应当被判处为期 6 天至 1 年的监禁，并处以罚款。

第 L.633–39 条

任何从事海上航行的人员在不拥有任何第四编第一目第一章指定的航海证书或在主管机关第一次要求时其拒绝给出该证书的，按照刑法第二十六条第 2 款规定应当处以罚款。

第 L.633–40 条

任何未能遵守第 L.413–5 条有关船舶外部标志的规定的船长，或其抹除、更改、覆盖或遮掩该标志的船长，按照刑法第二十六条第 1 款的规定应当处以罚款。

第 L.633–41 条

任何未能遵守摩纳哥警方关于船舶的命令的船长，或其强迫该船舶适用武力，则其应当被判处 6 个月至两年的监禁。

第 L.633–42 条

任何以登船旅行的目的欺骗性地登上船舶的人员，根据刑法第二十六条第 1 款的规定应被判处为期 6 天至 6 个月的监禁，并判处罚款。

如果多次违反规定，根据刑法第二十六条第 2 款规定应当被判处为期 6 个月至两年的监禁，并判处罚款。

第 L.633–43 条

任何在船上或岸上的人员为偷渡者登船或上岸提供方便或向其提供隐藏措施或提供食物的，根据刑法第二十六条第 2 款规定应当被判处为期 6 天至 6 个月的监禁，并判处罚款。

根据前款规定的最高刑罚应当适用于为偷渡者登船提供便利的人员。

如果多次出现违法行为，按照刑法第二十六条第 2 款规定应当被判处为期 6 个月至两年的监禁，并处以罚款。

依据本条第 2 款判处的最高刑罚应当是原处罚的两倍。

第 L.633–44 条

在船长不知情的情况下，任何以将未在清单中列出的货物带进船舱为目的登船的人员，按照刑法第二十六条第 1 款规定应当被判处为期 6 天至 6 个月的监禁，并处以罚款。同时，根据第 L623–7 条规定，不得损害船长抛弃不适当装载上船的货物的权利。

第五部分　故意破坏或毁损船舶，碰撞、搁浅和其他海难

第 L.633–45 条

依据案件情况，任何人以任何方式故意搁浅、毁损或破坏任何船舶都应当根据刑法第三百六十九条、第三百七十条、第三百七十三条和第三百七十四条的规定处罚。

如果违法者对操作船舶负有任何责任，其都应当受到最高处罚。

第 L.633–46 条

任何船长或值班人员被发现对违反有关夜间亮灯、雾中发射信号或者在与它船相遇时航向操作和策略执行等航运法规有过错的，应当根据刑法第二十六条第 1 款规定被判处为期 6 天至 3 个月的监禁。

任何被发现违反船舶操作规定的领航员应受到同样的惩罚。

第 L.633–47 条

如果前条规定的犯罪行为之一或其他过失行为可归因于船长、值班员或领航员而导致碰撞、搁浅、或导致受一个可见的或可知的障碍物的影响的，或者对船舶或船上货物造成严重的损害，根据刑法第二十六条第 2 款的规定，过错方应当被判处期限为 6 天至 6 个月的监禁，并应判处罚款。

如果犯罪或过失行为造成船舶的毁损或不适航、货物的毁损，根据刑法第二十六条第 2 款的规定，过错方应当被判处为期 3 个月至 1 年的监禁，并判处罚款。

如果犯罪或过失行为导致人员受伤或死亡，根据刑法第二十六条第 3 款的规定过错方应当被判处为期 6 个月至 3 年的监禁并判处罚款。

第 L.633–48 条

除船长、值班员或领航员外，任何船员被发现在对不可宽恕的过失行为负有责任而导致碰撞、搁浅或受可见的或知道的障碍物的影响，或者对船舶或船上的货物造成严重的损坏的，应当根据刑法第二十六条第 1 款之规定，判处为期 6 天至 4 个月的监禁，并判处罚款。

如果过失行为造成船舶的损坏、不适航或者货物的毁损，过错方应当被判处为期 1~6 个月的监禁，并应根据刑法第二十六条第 2 款的规定判处罚款。

如果过失行为造成受伤或死亡，根据刑法典第二十六条第 3 款的规定，过错方应当被判处为期 6 个月至 3 年的监禁并判处罚款。

第 L.633–49 条

在发生碰撞后，任何船长在其能力范围内本不会给船舶造成危险，由于忽略适用一切可能适用的手段去援救其他船舶及其船员和乘客脱离碰撞带来的危险，则依据刑法典第二十六条第 3 款的规定应当判处船长为期 6 个月至 3 年的监禁，并判处罚款。

除非发生不可抗力事件，相同的判决同样适用于在没有验证继续救援不在有助于其他船舶或其船员和乘客，或其他船舶已经沉没时尚未尽力营救幸存者的情况下就擅自驶离事故发生地的船长。

如果因未履行本条规定的义务而造成一人或多人死亡，刑罚可以是原刑罚的两倍。

第 L.633–50 条

碰撞船舶的船长没能就其船舶的名称和船籍港通知其他船舶的船长，根据刑法典第二十六条第 1 款的规定，应当被判处为期 6 天至 3 个月的监禁，并判处罚金。

第 L.633–51 条

在发生被迫弃船的事件后，任何未能采取行动营救船上人员和船舶文件的船长,应当根据刑法典第二十六条第二款的规定判处为期 1~2 年的监禁，并判处罚金。

第 L.633–52 条

如果被迫放弃船，任何不是最后离开的船长应当被判处前条规定的刑罚。

第 L.633–53 条

在能够向在海上被发现的和面临死亡危险的人员提供救援又不会对其自身的船舶、船员或乘客造成危险的情况下，任何未能提供救援的船长，应当根据刑法典第二十六条第 3 款的规定判处为期 6 个月至 3 年的监禁，并判处罚金。

第 L.633–54 条

如果犯罪行为发生在摩纳哥的内水或领水区域内，第 L.633–46 条至第 L.633–50 条的规定应当适用于任何在外国船舶上的人员，也包括外国人。

第 L.633–55 条

如果在 L.633–46 条、第 L.633–47 条、第 L.633–49 条和第 L.633–50 条中规定的犯罪行为是在第 L.633–38 条中规定的不合法的状况下执行针对船舶的指令而进行的，则应当加倍处罚。

第六部分 侵犯船员地位的各种规定

第 L.633–56 条

违反第 L.623–49 条规定者，根据刑法典第二十九条第 3 款的规定应当被判处罚金。

如果一年内多次犯罪，罚金应当按照刑法典第二十六条第 1 款的规定处罚。

所判处刑罚的数量应当与违法行为的数量相一致。

第 L.633-57 条

违反第 L.623-14 条至第 L.623-18 条、第 L.623-19 条第 2 款、第 L.623-20 条至第 L.623-26 条、第 L.623-28 条、第 L.623-41 条、第 L.623-43 条和第 L.623-46 条规定的，根据刑法典第二十六条第 2 款的规定应当判处罚金。

如果重复犯罪，则罚金应当加倍。

所判处刑罚的数量应当与违法行为的数量相一致。

这些惩罚应当排除法院判定的任何补偿或损害赔偿。

第 L.633-58 条

违反第 L.623-29 条、第 L.623-31 条、第 L.623-35 条第 2 款以及第 L.623-36 条第 3 款规定的，根据刑法典第二十六条第 2 款的规定应当被判处罚金。

如果重复犯罪，则罚金应当加倍。

所判处刑罚的数量应当与违法行为的数量相一致。

这些惩罚应当排除法院判定的任何补偿或损害赔偿。

第 L.633-59 条

违反第 L.623-8 条和第 L.623-9 条规定或违反政府为适用该规定而颁布的相关命令的，根据刑法典第二十六条第 1 款的规定应当被判处罚金。

如果一年中多次犯罪，惩罚应当加倍。

如果重复犯罪，则罚金应当加倍。

所判处刑罚的数量应当与违法行为的数量相一致。

第 L.633-60 条

违反第 L.626-9 条至第 L.626-12 条和第 L.626-13 条的规定或违反政府为适用该规定而颁布的相关命令的，根据刑法典第二十六条第 1 款的规定应当判处罚金。

重复犯罪的，应当根据上述第二十六条第 2 款规定的罚金进行处罚。并且根据刑法典第三十条的规定，法院可以命令出版或公开展示该判决。

所判处刑罚的数量应当与违法行为的数量相一致。

第 L.633-61 条

违反第 L.623-11 条、第 L.623-12 条和第 L.623-13 条规定的，根据刑法典第二十六条第 1 款的规定应当判处罚金。

如果多次犯罪，应当判处上述刑法典第二十六条第 2 款规定的罚金。

所判处刑罚的数量应当与违法行为的数量相一致。

第七部分 其他各种犯罪

第 L.633–62 条

当海事部门要求船长限制被起诉人登船时，在没有合法根据的情况下，任何拒绝限制被起诉人登船的船长，根据刑法典第二十六条第 1 款的规定应当被判处罚金。

第 L.633–63 条

在没有合法根据的情况下，任何不将委托其照管的被起诉人送交司法机关的船长，根据刑法典第二十六条第 3 款的规定应当被判处为期 6 个月至 3 年的监禁，并应判处罚金。

刑法典第一百七十四条到一百八十二条的规定应当适用于逃跑或协助逃跑的情形。

第 L.633–64 条

在没有合法根据的情况下，任何拒绝遵守海事部门关于遣返摩纳哥公民要求的船长，根据刑法典第二十六条第 1 款的规定应当被判处罚金。

第 L.633–65 条

船长将生病或受伤的船员遗留在摩纳哥没有管辖权的港口岸上，没有为其提供安全的对待和遣返回国的方式，则根据刑法典第二十六条第 2 款的规定应当判处 6 天至 6 个月的监禁，并判处罚金。

在船舶到达目的港之前将生病或受伤的乘客遗留在岸上，并且船长没有将该行为向下船乘客的国籍国的领事机关通报，或在没有领事机关的情况下没有向当地机关通报，则船长应当受到同样的惩罚。

第 L.633–66 条

任何船舶经营人违反第 L.623–45 条规定的，应当根据刑法典第二十六条第 1 款规定判处罚金。

第七卷　领土和内水的管理

第一编　沉　　船

第一章　沉船的发现和打捞

第 L.711–1 条

任何人发现了沉船必须在 24 小时之内向海事部门报告。

此外，任何人从事沉船打捞工作必须向海事部门报告。应该立即给这个人发放海事收据以宣布沉船的发现和打捞。收据应提及申请者的姓名、发现或打捞的沉船日期和地点及沉船的主要特征。

第 L.711–2 条

沉船的所有人或其代理人可以自沉船事故宣布之日起 1 年内向海事部门主张其权利。

但财产管理局（国有资产部门）可以根据第 L.711–5 条的具体规定立即出售易腐变质的沉船残骸主体。出售所得应该根据第 L.711–5 条由第三方代管。

沉船只有在其所有人或代理人证明其权利的条件下才能完全地返还给沉船所有人。

根据本法第 L.711–4 条第 3 款的规定，在归还沉船之前，船主或其代理人应当偿还由国家财政部门或在适当的情形下由海难救助者所垫付的所有费用。

根据民法典第 1939–9 条的规定，财政部门和适当情形下海难救助者要求偿还其所垫付的费用权利应该得到保障。

第 L.711–3 条

一旦申报程序完成，关于打捞沉船的通知应张贴在海洋事务部的处所，并在报刊上发表，且表明索赔时限。

第 L.711–4 条

根据第 L.712–3 条和第 L.712–4 条之规定，救助和交付残骸的海事行政主管部门应当向救助方支付等于三分之一价值的沉船的价款。具体的价款可根据双方的友好协议、据专家意见或出售沉船的总价款。

此项费用应由沉船的船主或其代理人或者在沉船出售的情况下由财政部门负担。

但救助方有权要求其承担打捞工作和返还沉船的费用的酬金（而非付款）。在此情况下，报酬和费用总数不能超过出售的净收益。

第 L.711–5 条

在本法第 L.711–2 条第 1 款的规定的期限届满后，沉船如果没有返还到所有人或者继承人和受让人，则应当由政府财政管理局根据情况和估值后经双方协议或公开拍卖的方式出售。

扣除财政部门的各类费用所得的实际收益应当由财务大臣交存信托局。保存期限为自存放之日起 3 年。期限届满后，收益无人主张则上缴国库。

第 L.711–6 条

沉船构成航行或捕鱼障碍，对海洋环境的威胁或是残骸恢复涉及公共利益且属于紧急事项，国务大臣应当致函船主。船主若知悉事故，则正式的告知函应要求船主清理拆除沉船。在告知函中，国务大臣应指定生效、执行和完成工程的时间期限。

船主是未知的，或船主拒绝或未能遵守前款所指的正式请求，国务大臣可以船主的费用和风险立即清理沉船。

国务大臣认为沉船构成迫在眉睫的危险和阻碍海上作业，他可以业主的费用在业主的地方采取行动以撤销或毁坏残骸。

国库承担的费用索赔应按照民法典第 1939–9 条的规定执行。

第二章　沉船的历史或艺术价值和考古遗址

第 L.712–1 条

具有考古学、历史学或艺术价值的沉船或作为一个考古遗址的地位，应由国务大臣根据其任命的专家报告确定。

第 L.712–2 条

在不影响申报和宣传形式或前款规定的索赔时间限制的情况下，如果无法找到沉船船主或其继承人和受让人，沉船的考古、历史或艺术价值应属于国家所有。

第 L.712–3 条

如果发现一艘具有历史、艺术价值的沉船或沉船由于其重要性而成为考古遗址，国务大臣可直接或通过合同使其复原。如果发现者能够证明其能力并提供担保，则其具有订立复原沉船遗址合同优先权，否则，其他能够满足该条件的企业具有优先权。

在对沉船残骸估价的基础上，发现者所执行的复原沉船的合同的报酬可以通过友好协议或者按照专家的意见确定。

第 L.712–4 条

具有考古、历史、艺术价值的沉船的救助者或者历史遗址的发现者，若没有获得复原沉船的权限，则有权根据友好协议获得报酬，否则根据一审法院对财政部门意见的判决确定。此种报酬尤其应当考虑沉船的价值、发现者工作的价值、发现者的支出及其使用的技巧和所经历的风险。

然而，在前款规定界定的单独沉船的所有权可以由财政部门根据国务大臣在第 L.712-1 条规定的专家意见基础上的授权而授予救助者所有。

第三章 刑事条款

第 L.713–1 条

任何人如未能作出第 L.711–1 条规定的声明，应被判处刑法典第二十九条第 3 款规定的罚款。

重复的过错行为可处以 5 天的监禁刑罚。任何救助者违反第 L.711–1 条第 2 款的规定应当处以同样的处罚。

第 L.713–2 条

故意诈骗的罪犯应当根据刑法第三百二十五条规定被判处刑罚。

第 L.713–3 条

在所有的有罪判决的案件中，法院应当下令没收有罪一方的救助报酬。还应当责令将沉船残骸归还其所有人，在无法找到其所有人的前提下应将沉船交付国家。

第二编　处于不适航或被遗弃状态的船舶和漂浮设备

第 L.720–1 条

任何处于不适航状态或被遗弃在港口水域的船舶或设备或沉到水底而未被打捞出来的船舶或设备，应当根据第 L.720–2 条、第 L.720–3 条、第 L.720–4 条、第 L.720–5 条、第 L.720–7 条规定的程序出售或销毁。

该处理程序同样适用于位于码头或国家其他区域的处于不适航状态或被遗弃状态的船舶或漂浮设备。

在本节中,船舶经营人应被视为船主,其享有船舶真正主人所享有的权利。

第 L.720–2 条

海事主管认为船舶或漂浮设备处于不适航状态时，其应被视为处于不适航状态。在有相反意见时，海事部门应当根据船主聘请的专家给出的专家报告作出最终决定。专家报告的形式由主权命令作出规定。

海事主管的决定应当以交付记录挂号信或返还收据的形式通知船主。

下列船舶或漂浮物应当被视为遗弃状态：

1. 为了使相关人员得到确认，根据主权法令确立的程序在摩纳哥报上进行公示且两个月期满后，如果海事部门没有认定船主或确定船主住所地的。

2. 在以法庭职权外行为的方式进行的正式通知的两个月期间内，如果船主未能移走船舶或漂浮物或没有支付其全部费用的。

第 L.720–3 条

此外，在上述条款中提到的通知应当包括期满的时间为两个月，船舶或海上移动式装置以及在其间即将被出售或损毁之外的任何货物，船主再次拥有的船舶或浮动设备以及已经支付的其所欠财政部的所有费用和支出。

必要时，通知应当送达所有抵押权人和抵押人。

第 L.720–4 条

在第 L.720–2 条第 1 款或第 L.720–3 条中规定的两个月期限届满之日，由国家总理授权的专家评估了市场价值的船舶或海上移动式装置，其价值低于依主权法令所定价值的，应当将其提交给土地管理局通过协议或公开拍卖进行出售。

专家报告的形式应由主权法令确定。

在扣除财政部各种费用和开支后，销售收益应交由信托局托管。

如果一艘船舶或可移动式设备被专家宣布为处于不适航状态，其应当在行政当局的命令下立即被销毁。该规定同样适用于找不到买家的情形。

第 L.720-5 条

发现船舶或其他移动式设备处于不同于上述条款中规定的不适航或被遗弃状态的，应当以法院命令出售。

根据土地管理局的要求，针对这些命令的申请应提交给初审法院。

适当的情况下，法院可以决定在完成命令要求的公开程序后依协议拍卖或者按照扣押或拍卖船舶的情形继续拍卖。

如果没有购买者或出价人，船舶或其他海上移动式装置应当销毁。

第 L.720-6 条

根据第 720-2 条规定，任何被认为已经离开处于不适航状态或被遗弃状态的船舶或可移动装置的人员，应当按照刑法典第二十九条第 3 款规定判处罚金。

法院可以命令征收或销毁该船舶或可移动装置。

第 L.720-7 条

如果船舶或可移动装置对航行、渔业或环境、人员或财产具有致命并不可避免的危险，在及时通知船主后，海事局主任可立即对该船舶或可移动装置采取维修、转移或销毁措施，或采取其他措施消除该沉船或其部件造成的危险。

第 L.720-8 条

在所有这些情形下采取的措施，其费用和风险由船主负责。

在由其干涉所产生的理赔方面，国库应享有民法典第 1939-9 条明确规定的担保地位。

第三编　安　　全

第 L.730-1 条

人员和财产应受到防范各种事件的特殊法律的保护，尤其是在防范火灾、爆炸、窒息和溺水方面的法律。

这些法律应当由主权命令决定。

第 L.730-2 条

任何自然人或法人在以娱乐或运动为目的的船舶或可移动装置给第三方人身或物质上造成损害负有民事责任的，必须在主权命令规定的条件下对该责任进行投保。

该命令应当详细表明保险合同必须规定的内容，保险所适用的地理范围和必须用来向当局证明已经履行保险义务的详细文件，尤其对于在船舶或可移动装置没有悬挂摩纳哥国旗时。

即使有任何相反规定，自本法生效之日起，根据本条第 1 款规定，订立的保险合同应当被认为至少与主权命令确定的数额相一致。

第 L.730-3 条

本保险责任不适用于国家。政府命令可以给予能够证明有充足财政保障的企业或组织全部或部分豁免。

第 L.730-4 条

保险合同必须由依照 1956 年 4 月 11 日第 609 号法令第七条规定核准的保险公司或保险商承保。

第 L.730-5 条

如果肇事者不能证明其已经履行了第 L.750-2 条规定的保险义务，受害人有权援用民事诉讼法第七百五十九条规定的临时保护措施进行救济。

第四编　海洋环境的保护

第 L.740-1 条

在不违反第二卷第二编第二、三、四章规定的情况下，任何利用摩纳哥领水或内水、港口、码头以及港口设施的人员，必须遵守防治污染的法律以及约束其他可能破坏海洋环境的行为的法律。

第五编　海洋浴场和水上运动

第 L.750-1 条

海洋浴场、海上运动以及航海事件应当由保障参与活动人员安全和健康的单行法规管辖。

相关单行法规应当由主权命令决定。

第六编 费 用

第 L.760-1 条

依据国际公约，船舶或移动装置的经营人或所有人必须支付一项或多项以下费用：

1. 入籍费。
2. 系泊或停留在港费。
3. 引航费。
4. 船舶港口设施占用费。
5. 货物港口设施占用费。
6. 未经协商命令对物件、船舶、移动装置、货物或设备拆除或移动的一次性收费。

第 L.760-2 条

估价、支付和收费方式、关税应当由主权命令确定。

第 L.760-3 条

第 L.311-8 条规定的入籍费应取代之前的注册费、结算费、认证费、入籍费、申请费和担保费、登船检查费。

第七编 刑事条款

第 L.770-1 条

如果违反规范下列行为的主权命令或政府命令，则应判处 1~5 天的监禁，并根据刑法典第二十九条第 2 款规定判处罚金或单处其中一项刑罚：

1. 航海。
2. 船舶的驶入、驶出和移动。
3. 停泊和下锚。
4. 码头及港口其他设施的使用。

5. 海洋浴场和水上运动。

如果在一年中实施多次违法行为，根据刑法典第二十六条第 1 款的规定应判处 6 天至 1 个月的监禁，并判处罚金或单处其中一项刑罚。

第 L.770–2 条

任何违反第三编关于“安全”或第四编关于“保护海洋环境”的主权命令或政府命令的人员，根据刑法典第二十六条第 1 款的规定应当判处 6 天至 1 个月的监禁，并判处罚金或者单处其中一项刑罚。

在有罪判决中，法院可以下令没收或销毁其已扣押的任何船舶、可移动装置或设备。

第 L.770–3 条

如果船主、船舶经营人、船长或其他任何对船舶负责的人员被指控违反第 L.770–1 条、第 L.770–2 条规定的主权命令或政府命令，在其缴纳相当于可能受到的最大罚款数额的保证金后方可离开港口。

该规定同样适用于此种船舶，即由船主、经营人、船长或其他任何对船舶负责的人员对船舶造成损失并已经承担责任的；保证金应当包含这些损失。

第 L.770–4 条

如果船主、船舶经营人、船长或其他任何对船舶负责的人员被指控违反第 770–2 条规定的主权命令或政府命令，在其纠正违法行为或缴纳相当于可能受到的最大罚款数额两倍的保证金后方可离开港口。

第 L.770–5 条

任何故意违反第 L.750–2 条第 1 款规定的人员，根据刑法典第二十六条第 4 款规定应判处 10 天至 6 个月的监禁，并处罚金。

第 L.770–6 条

民事法院审理有关保险存在或其有效性的诉讼时，其应当依据前条规定进行裁判，但可以推迟到作出最终判决时进行裁判。

第 L.770–7 条

任何负有第 L.750–2 条规定的保险义务的人员不能提出正式文件确认其已经履行该义务或确认第 L.750–3 条规定是可以适用的，则应根据刑法典第二十九条第 1 款规定判处罚金。

在无此正式文件时，可以以其他方式向司法机关提出证据。

保险人必须在收到提供证明文件的要求后 15 天以内予以公示。否则必须按照刑法典第二十九条第 1 款规定承担罚金责任。

本条中的证明文件不适用于保险人一方的保险义务。

…………

于本法相冲突的所有规定应当予以废止，具体如下：

商法典第二卷。

1891 年 1 月 22 日关于船上规则的法令。

1908 年 7 月 2 日关于商船服务和海事警察的法令。

1915 年 10 月 15 日关于船舶入籍摩纳哥的法令。

1915 年 10 月 16 日关于海运抵押的法令。

1915 年 10 月 16 日关于海上航行安全和船上工作安全的法令。

1917 年 3 月 7 日关于船舶经纪人的法令。

1927 年 5 月 9 日关于海洋和健康委员会的法令。

1948 年 7 月 17 日关于商船服务关税的第 478 号法令。

1954 年 6 月 21 日关于在摩纳哥港口船舶的移动和停泊的第 592 号法令。

1967 年 1 月 24 日关于沉船的第 814 号法令。

1974 年 4 月 19 日关于防治水污染和空气污染措施的第 954 号法令的第一条。

1975 年 6 月 10 日关于处于不适航状态或废弃状态的船舶或其他漂浮式设备的第 973 号法令。

1978 年 12 月 29 日关于海事警察条例的第 1018 号法令。

1980 年 7 月 1 日关于防治船舶漏油造成海洋污染的法令。

但是，在必要时只要依据前款废止的法律所发布的主权法令和行政法令条款与新的立法不相冲突，在颁布授权立法前其应继续有效。

本法将作为国家法颁布和执行。

1998 年 3 月 27 日于摩纳哥王宫制定。

荷　兰
Netherlands

荷兰领海（划界）法案
（1985 年 1 月 9 日）

第一节

1. 荷兰领海应延伸至一条其每一点同沿岸低潮线最近点向海一面距离为 12 海里（22 224 米）的直线。附加条件是：如果在高潮时没入水中但在低潮时四面环水并高于水面的自然形成的高地位于低潮线到上述距离之内的位置，领海应当从距离该高地低潮线最近的点起测量。

2. 低潮线指的是在国防部发布的荷兰大比例尺海图中指示的零米等高线。

第二节

1. 荷兰的内水和领海的分界线由以下两部分共同组成：沿海岸测量的低潮线以及以下第 2 条和第 4 条所涉及的基线。如果后者不在向海一面，则以前者为准。

2. 基线应以下列基点之间的大圆弧所代表的最短路线为起讫点：

a. 西斯海尔德河河口：

点 A，即荷兰、比利时陆地分界线和低潮线的交叉点，为本法之目的，坐标为 51°22′25.0″N，3°21′52.5″E。

点 B，位于瓦尔赫伦岛海岸的 Molenhoofd 灯塔，51°31′38.1″N，3°26′07.9″E。

b. 在登海尔德和特克赛尔岛之间：

点 C，登海尔德的 Kijkduin 灯塔，52°57′22.5″N，4°43′39.8″E。从此至

点 D，位于诺德哈克斯岛，52°58′24.0″N，4°39′30.0″E。从此至

点 E，特克赛尔岛的 Loodsmansduin（参见方向表），53°01′21.2″N，4°43′45.6″E。

c. 在特克赛尔岛和弗里兰岛之间：

点 F，特克赛尔岛上的 Eierland 灯塔，53°10′58.4″N，4°51′23.7″E。

点 G，弗里兰岛上的避难所，53°13′27.6″N，4°53′12.3″E。

d. 在弗里兰岛和泰尔斯海灵岛之间：

点 H，弗里兰岛上的 Vuurduin 灯塔，53°17′47.7″N，5°03′34.3″E。

点 J，泰尔斯海灵岛上的 Brandaris 灯塔，53°21′39.8″N，5°12′55.9″E。

e. 在泰尔斯海灵岛和阿默兰岛之间：

点 K，泰尔斯海灵岛上的 Noordkaap 信号浮标，53°26′40.6″N，5°32′47.1″E。

点 L，阿默兰岛上的灯塔，53°26′59.9″N，5°37′37.2″E。

f. 在阿默兰岛和斯希蒙尼克岛之间：

点 M，阿默兰岛东点的海岬，53°27′50.0″N，5°55′49.4″E。

点 N，斯希蒙尼克岛灯塔，53°29′15.3″N，6°08′52.1″E。

g. 在斯希蒙尼克岛和罗蒂默岛之间：

点 O，斯希蒙尼克岛东南点的海岬，53°29′50.5″N，6°17′56.1″E。从此至

点 P，Boschplaat 信号浮标，53°31′48.9″N，6°27′42.4″E。从此至

点 Q，罗蒂默岛大海岬，53°32′39.1″N，6°34′39.0″E。

3. 第 2 条中点 A 至 Q 的位置由欧洲坐标的经纬度表示（1950 年第一次修订）。

4. 在马斯河的河口，斯海弗宁恩和艾默伊登的港口，基线为码头信号灯（灯塔）之间的直线连线。

第三节

1. 领海的单边界线，应由领海与荷兰邻接的国家同荷兰达成的协议决定。

2. 根据荷兰法律规定，埃姆斯河的河口的内水与领海之分界线，应为位于 53°32′39.1″N，6°34′39.0″E 的罗蒂默岛大海岬与位于 53°35′22.2″N，6°39′48.3″E 的博尔库姆岛大灯塔之间的直线连线。但是，该直线连线进入荷兰的领土内的，则不适用此规定。

第四节

《侵扰法案》（1981 年《法案、行政命令和法令公告》，第 410 号）的第 38 节第 4 小节，最后一个句号变为分号，且在其后应当插入以下语句：“c. 为获取许可而设立下属机构的公司机构，应遵循《大陆架采矿法案》第 2 节之规定（1965 年《法案、行政命令和法令公告》，第 428 号）。”

第五节

1919 年《工厂法》（《法案、行政命令和法令公告》，第 624 号）第 1 节第 1 小节，最后一个句号变为分号，且在其后插入以下语句：“《大陆架采矿法案》（1965 年《法案、行政命令和法令公告》，第 428 号）第 26 节第 1 小节 b 分小节所称的由人执行的工作。”

第六节

1934 年《工业安全法》（《法案、行政命令和法令公告》，第 352 号）第 38 节第 1 小节，最后一个句号变为分号，且在其后插入以下语句：“f.《大陆架采矿法案》（1965 年《法案、行政命令和法令公告》，第 428 号）第 26 节第 1 小节 b 分小节所称的由人执行的工作。”

第七节

《劳动条件法》(1980《法案、行政命令和法令公告》,第 664 号)第 2 节第 6 小节,b 分小节变更为 c 分小节,且在 a 分小节后插入以下语句:"b.《大陆架采矿法案》(1965 年《法案、行政命令和法令公告》,第 428 号)第 26 节第 1 小节 b 分小节所称的由人执行的工作。"

第八节

本法案生效 1 年后,《土地迁移法》(1965《法案、行政命令和法令公告》,第 509 号)将不再适用于本法案所涉及的领海区域。

第九节

1. 自载有本法案的《法案、行政命令和法令公告》发布之日起 3 个月后的第一天,本法案生效。

2. 本法案可作为《荷兰领海法(划界)》被适用。

我们要求并命令本法案在《法案、行政命令和法令公告》中发表,且要求本法案所涉及的内阁部门、当局、个人和行政人员勤勉执行本法案。

荷属安的列斯群岛领海(延伸)法案
(1985 年 1 月 9 日)

第一节

根据普通行政命令确立的规则,荷属安的列斯群岛领海应当延伸至 12 海里。

第二节

1. 本法案生效的日期待定。

2. 本法案称为《荷属安的列斯群岛领海(延伸)法案》。

关于《荷属安的列斯群岛领海（延伸）法案》第一节的实施管理的法令

（1985 年 10 月 23 日）

第一条

1. 荷属安的列斯群岛领海延伸到距离每个基准点 12 海里的连线区域，也即距基准点 22 224 米的连线区域。距离基准点的长度的测量，以下列方式为准：从距海岸线的低潮线之最近点向海测量；或者从基线向海测量；或者依本法案第三条和第四条所规定的封闭线向海测量。本法案第三条和第四条的附带内容规定：如果当满潮时能够被海水包围的自然形成的低潮高地包括在这段距离中时，则领海的测量以距上述低潮高地的低潮线的最近点为准。

2. 低潮线应当是零米等高线。如果没有零米等高线，则以海岸线或者在荷兰大比例尺海图中所标明的礁石低潮线边缘代替。

第二条

沿海岸低潮线，以及本法案第三条和第四条所涉及的包括在向海低潮线之内的基线，共同组成荷属安的列斯群岛内水与领海之分界线。

第三条

1. 直线基线应当按照大圆弧的弧线进行绘制，即连接阿鲁巴岛南海岸下列点的最短距离：

	位　置	点　序	北　纬	西　经
a	起点	A1	12°32′30″	70°03′41″
	经由	A2	12°31′30″	70°02′55″
	终点	A3	12°30′30″	70°01′59″
b	起点	A4	12°29′08″,5	70°00′28″,5
	终点	A5	12°28′58″	70°00′10″,5
c	起点	A6	12°27′00″	69°57′02″,5
	终点	A7	12°26′54″,5	69°56′57″,5

续 表

	位　　置	点　　序	北　　纬	西　　经
d	起点	A8	12°26′25″,5	69°56′01″,5
	经由	A9	12°26′03″,5	69°55′10″
	终点	A10	12°25′56″	69°54′50″
e	起点	A11	12°25′34″,5	69°54′10″,5
	经由	A12	12°25′04″	69°53′39″
	终点	A13	12°25′02″	69°52′59″

2. 点 A1 至 A13 的地理位置由南美坐标的经纬度表示（1956 年南美临时基准）。

第四条

1. 封闭线按照下列海湾天然入口划定：

（注：考虑到地名译成汉语之后，很难再翻译成对应的英文，为方便读者，保留了英文原文。）

a. 位于阿鲁巴岛上的位置：

位　　置	点　　序	北　　纬	西　　经
（i）Boca di Pos	1	12°34′39″,5	70°00′01″,4
di Noord	2	12°34′37″,0	69°59′58″,0
（ii）Boca Mahos	1	12°33′22″,9	69°58′21″,1
	2	12°33′21″,4	69°58′17″,3
（iii）未命名海湾，距（ii）东南 0.3 海里	1	12°33′18″,5	69°58′09″,2
	2	12°33′14″,5	69°58′05″,0
（iiia）海湾，Andicuri 最南端	1	2°32′27″,3	69°56′34″,7
	2	12°32′24″,7	69°56′30″,7
（iv）Daimari	1	12°32′05″,4	69°56′12″,7

续　表

位　　置	点　　序	北　　纬	西　　经
	2	12°32′01″,9	69°56′09″,0
（v）Dos Playa	1	12°30′38″,2	69°54′57″,5
	2	23°30′31″,8	69°54′52″,2
（vi）Boca Druif	1	12°30′13″,6	69°54′22″,8
	2	12°30′10″,9	69°54′18″,4
（vii）Boca Pries	1	12°30′09″,0	69°54′17″,1
	2	12°30′03″,1	69°54′11″,9
（viii）Boca Grandi	1	12°26′41″,7	69°52′07″,9
	2	12°26′27″,2	69°52′08″,6
（ix）Klein Lagoen	1	12°24′56″,1	69°52′41″,1
	2	12°24′54″,3	69°52′50″,3

b. 位于博奈尔岛和小博奈尔岛上的位置：

位　　置		北　　纬	西　　经
（i）Boca Onima	1	12°59′29″,1	68°18′31″,8
	2	12°15′27″,5	68°18′27″,9
（ii）Lagun	1	12°11′09″,7	68°12′27″,9
	2	12°11′01″,3	68°12′27″,0
（iii）Boca Washi Kemba	1	12°10′38″,6	68°12′20″,9
	2	12°10′35″,4	68°12′20″,4
（iv）Lac	1	12°06′22″,3	68°13′10″,7
	2	12°06′14″,5	68°13′18″,9

c. 位于库拉索岛上的位置：

位　　置		北　　纬	西　　经
（i）Bartolbaai	1	12°20′11″,7	69°03′31″,9
	2	12°20′07″,2	69°03′30″,0
（ii）Playa Grandi	1	12°19′07″,6	69°03′05″,1
	2	12′18′56″,7	69°03′05″,6
（iii）Boca Ascension	1	12°16′45″,5	69°02′52″,7
	2	12°16′37″,4	69°02′50″,2
（iv）Boca Playa Canoa	1	12°10′45″,0	68°51′56″,0
	2	12°10′45″,4	68°51′47″,4
（v）Bay near Landhuis	1	12°09′39″,9	68°49′39″,4
Santa Catarina	2	12°09′39″,5	68°49′38″,1
（vi）St.Jorisbaai	1	12°08′00″,7	68°48′14″,8
	2	12°07′51″,5	68°48′10″,6
（vii）Awa Di oostpunt	1	12°02′46″,3	68°44′07″,9
	2	12°02′44″,0	68°44′13″,8
（viii）Fujkbaai	1	12°03′07″,1	68°49′44″,5
	2	12°03′09″,6	68°49′49″,2
（ix）Spaanse Haven	1	12°03′58″,9	68°50′55″,0
	2	12°03′59″,2	68°51′08″,0
（x）Caracasbaai	1	12°04′13″,0	68°51′34″,9
	2	12°04′26″,0	68°52′16″,5
（xi）St.Annabaai	1	12°06′25″,3	68°56′01″,5
	2	12°06′28″,5	68°56′11″,5
（xii）Piscaderabaai	1	12°07′24″,0	68°58′05″,7
	2	12°07′33″,2	68°58′08″,3

续　表

位　　置		北　　纬	西　　经
（xiii）Boca Grandi	1	12°15′03″,3	69°06′21″,8
San Juan Baai	2	12°15′12″,3	69°06′27″,9
（xiv）Boca Sta.Maria	1	12°16′16″,2	69°07′36″,5
	2	12°16′17″,4	69°07′37″,7

d. 位于萨巴岛上的位置：

位　　置		北　　纬	西　　经
（i）Cove Baai	1	17°38′34″,3	63°13′07″,1
Spring Baai	2	17°38′13″,5	63°13′02″,8
（ii）Core Gut Baai	1	17°37′50″,7	63°13′00″,8
	2	17°37′43″,6	63°13′06″,0
（iii）Fort Baai	1	17°36′53″,8	63°15′08″,3
	2	17°36′56″,7	63°15′11″,4

e. 位于圣马丁岛上的位置：

位　　置		北　　纬	西　　经
（i）Groot Baai	1	18°00′16″,2	63°02′39″,8
	2	18°00′43″,0	63°03′38″,2
（ii）Klein Baai	1	18°00′44″,9	63°03′41″,3
	2	18°00′57″,1	63°04′12″,8
（iii）Simson Baai	1	18°01′36″,9	63°05′50″,8
	2	18°01′53″,8	63°06′57″,1

2. 上述第 1 款中 a、b、c 项下的各点位置由南美坐标表示（1956 年南美临时基准），d、e 项下的各点位置由 1927 年南美基准表示。

第五条

1. 如果两国达成协议的边界位于距离测算领海的基线 12 海里以内，该边界应标志领海的外部边界线。

2. 如果两国未就边界达成共识，领海的边界线应为一条其每一点都同测算两国中每一国领海宽度的基线上最近各点距离相等的中间线。

第六条

本行政命令自其在《法案、行政命令和法令公告》上公布后的次月第一日起生效。

建立荷属安的列斯群岛以及阿鲁巴岛渔业区的法令
（关于荷属安的列斯群岛以及阿鲁巴岛渔业区的法令）

（1993 年 7 月 6 日）

第一条

1. 荷属安的列斯群岛以及阿鲁巴岛沿海，领海外部边界线之外的水域为荷属安的列斯群岛以及阿鲁巴岛的渔业区。

2. 渔业区外部之分界线由荷兰与其他国家协商确立。渔业区的外部分界线包括同其他国家协商的分界线。

3. 如果荷兰与别国未达成关于渔业区之分界线的协议，则渔业区的外部分界线为一条其每一点都同测算两国中每一国领海宽度的基线上最近各点距离相等的中间线。

4. 荷属安的列斯群岛以及阿鲁巴岛渔业区的分界线为 1985 年 12 月 12 日的《王国法案》（1985 年王国官方公告，第 664 号）所确立的荷属安的列斯群岛与阿鲁巴岛之海洋疆界。

第二条

在第一条中所称区域内的渔业事务，荷兰具有唯一合法控制权。国际法对该渔业事务所设立的各项限制对荷兰适用。

第三条

本法自在王国官方公告发布后第二个月的第一天起生效。

第四条

本法令为关于荷属安的列斯群岛以及阿鲁巴岛渔业区的法令。

建立王国专属经济区的王国法案（专属经济区建立法案）[1]
（1999 年 5 月 27 日）

荷兰女王贝娅特丽克丝受上帝的恩典，以拿骚王室之公主及其他高贵身份的名义，同所有人一起，向查阅或倾听以下内容的人们表示感谢！

众所周知：鉴于对海洋环境的保护和维护，我们急需扩大荷兰的管辖权，并以保护和维护海洋环境为目标，建立专属经济区。

因此，我们听取了荷兰国务院的报告，结合荷兰宪章的规定，同荷兰议会一起在此批准并颁布本法案。

第一节

1. 王国应当拥有专属经济区。

2. 王国的专属经济区在领海之外且与领海毗连，其宽度不超过领海基线外 200 海里。

第二节

专属经济区的外部界限，分别由荷兰地方议会和荷属安的列斯群岛以及阿鲁巴岛的议会决定。

第三节

根据国际法之规定，荷兰在专属经济区内享有如下主权权利：

1. 以勘探和开发、养护和管理海床上覆水域和海床及其底土的自然资源

（不论为生物或非生物资源）为目的的主权权利，以及关于在该区内从事经济性开发和勘探，如利用海水、海流和风力生产能源等其他活动的主权权利；

2. 对人工岛屿、设施和结构的建造和使用，海洋科学研究，海洋环境的保护和保全事项的管辖权。

第四节

王国内各个国家可以根据各自情况，通过皇家法令决定本法案生效的日期。

第五节

本法案可以作为《专属经济区（机构）法案》被适用。

我们要求本法案于《法案与法令公告》以及《荷属安的列斯岛以及阿鲁巴岛官方公告》中发表，且要求本法案所涉及的内阁部门、当局、个人和行政人员勤勉执行本法案。

1999 年 5 月 27 日于海牙通过

贝娅特丽克丝女王

外交部长：J.J.van Aartsen

国家交通、公共建设、用水管理大臣：J.M.de Vries

1999 年 7 月 13 日颁布

司法部长：A.H.Korthals

尾注

1.《荷兰王国法案与法令公告》，1999 年第 281 号。荷兰政府译。

决定荷兰专属经济区外部界限以及启动建立专属经济区王国法案的法令（荷兰专属经济区外部界限法令）[1]

（2000 年 3 月 13 日）

经 1999 年 10 月 25 日外交部提议并由国家交通、公共建设、用水管理大臣支持，考虑到王国关于建立专属经济区的法案之第二节和第四节，听取了国务院报告（1999 年 12 月 21 日第 W02.99.0535/II 项报告），查阅了由国家交通、公共建设、用水管理大臣支持的外交部长的进一步报告（2000 年 3 月 2 日，第 DJZ/BR/0278-00）；

荷兰女王贝娅特丽克丝在上帝的恩典下，以拿骚王室之公主及其他高贵身份的名义，在此批准并颁布如下法令：

第一条

荷兰专属经济区的外部界限应符合下列内容的要求：

1.《荷兰领海（划界）法案》第一节，第一条所规定的荷兰领海外部界限之相关内容；以及

2. 荷兰大陆架区域外部界限的相关内容。

第二条

1. 自本法令生效之日起，《专属经济区（建立）法案》生效。

2. 本法令在《法案与法令公告》发表之日起的第二天生效。

第三条

本法案可以作为《专属经济区外部界限法令》被适用。

我们要求本法令及其法律解释备忘录由《法案与法令公告》发表。

2000 年 3 月 13 日于海牙通过

贝娅特丽克丝女王

外交部长：J.J.van Aartsen

国家交通、公共建设、用水管理大臣：J.M.de Vries

2000 年 4 月 27 日颁布

司法部长：A.H.Korthals

尾注

1.《荷兰王国法案与法令公告》，1999 年第 167 号。荷兰政府译。

确定加勒比海地区荷兰王国专属经济区外部界限的决议
（加勒比海地区荷兰王国专属经济区外部界限的决议）
（2010 年 6 月 10 日）

2010 年《法案和法令公告》，第 277 号

经 2010 年 4 月 9 日外交部提议，考虑到王国关于《建立专属经济区的法案》之第二节和第四节，听取了国务院报告（2006 年 5 月 12 日第 W02.10.0140/II/K 号咨询建议），查阅了外交部长的进一步报告（2010 年 5 月 21 日，第 DJZ-IR2010-113 号），并考虑了荷兰王国宪章之规定；

荷兰女王贝娅特丽克丝在上帝的恩典下，以拿骚王室之公主及其他高贵身份的名义，在此批准并颁布如下法令：

第一条

阿鲁巴岛和荷属安的列斯群岛的专属经济区的外部分界线由距领海基线向海 200 海里，即 379 400 米的各点组成。特殊情况依本法令第二条之规定。

第二条

1. 如果与别国就两国边界达成协议，且该国界完全或部分处于第一条所规定的外部分界线的向陆一侧，则应以两国国界作为荷兰专属经济区的外部分界线。

2. 如果未与别国就国界达成一致意见，且第一条所规定的专属经济区外部分界线超过了一条其每一点都同测算两国中每一国领海宽度的基线上最近各点距离相等的中间线以外，则荷兰专属经济区的外部分界线为该中间线。

第三条

如果 2009 年 11 月 11 日由皇家咨文发布的，改变荷属安的列斯群岛领

海之宪法规定的王国宪章修正案（关于荷属安的列斯群岛解体的修正案）〔议会文件Ⅱ 2009/10 32213（R1902），nos.1-3〕的第一节和第二节生效，则本法令第一条中“阿鲁巴岛和荷属安的列斯群岛”的表述改为“阿鲁巴岛、库拉索岛、圣马丁岛和博奈尔岛共同体，圣尤斯特歇斯岛和萨巴”。

第四条

1. 自本法令生效之日起，《阿鲁巴岛和荷属安的列斯群岛的建立专属经济区的法案》随之生效。

2. 自包含本法令的《法案与法令公告》公布之日后的第二个月之第一天起，本法令生效。

第五条

本法可作为《加勒比海地区荷兰王国专属经济区外部界限的决议》被适用。

我们要求本法令及其法律解释备忘录在荷属安的列斯群岛和阿鲁巴官方公告——《法案与法令公告》中公布。

2010 年 6 月 10 日于海牙通过

贝娅特丽克丝女王

外交部长：M.J.M Verhagen

2010 年 7 月 13 日公布

司法部长：E.M.H Hirsch Ballin

挪　威
Norway

（英文文本截止于 2011 年 12 月 23 日）

皇家法令
（1812 年 2 月 22 日）

这是一个既定规则。在所有情况下，我们陛下海上的领土边界的确定应该根据从未没入海水的岛屿外缘按照惯常海里数计算。

关于《海关法》（1928 年 7 月 22 日）的皇家决议
（1932 年 10 月 28 日）

…………

II. 根据上述法令第三条规定，关于船舶海关检查、从外国船舶装卸货物以及在境内运送货物的法定条文应适用于从未被海水冲刷的岛屿最外部向外量起 10 海里边界内。

皇家法令
（1935 年 7 月 12 日）

有关位于北纬 66°28′8″ 以北的挪威渔场基线，在古代就已经在国家权利的基础上建立。

由于挪威海岸地理条件的独占性，为了保护国家北部居民赖以生存的权利，并根据 1889 年 9 月 9 日、1881 年 1 月 5 日、1869 年 10 月 16 日、1812 年 2 月 22 日颁布的皇家法规，确立朝向位于北纬 66°28′8″ 以北的挪威的一部分的挪威渔场的公海基线。

这条确定的基线应该与在大陆岛屿或岩石的固定点两端之间所划的直线基线平行。始于在 Varanger 峡湾最北部的王国边界线的终点并尽可能向位于诺德兰德 Traena 延伸。

绘制基线的固定点应该按进度详细标注在本法令的附录中。

附录

皇家法令附录

编号	点的名称	点的位置	
		北纬	东经
1	挪威边界线上的最后一点，同《1925 年挪威和芬兰边界划分议定书的附加议定书》确定的点位相同。		
2	位于 Kiberneset 最早期、最外部的点	70°17′3	31°4′3
3	位于 Hornoy 东部最外部的点	70°23′3	31°10′5
4	Straurneset on Hornoy	70°23′4	31°10′2
5	Kalneset on Reiony	70°23′9	31°9′3
6	Korsneset	70°40′5	30°13′4
7	Molvikskjeret	70°42′3	30°6′3
8	Kjolneset	70°51′2	29°14′8

续 表

编 号	点的名称	点的位置	
		北 纬	东 经
9	在 Torrbanne 灯塔上朝东的一块带铁柱的岩礁	71°6′	28°12′3
10	位于 Torrbaane 灯塔上外侧的一块岩礁	71°8′1	28°11′
11	在 Avloysa 上、靠近 Nordkyn 最外侧的点	71°8′	27°39′9
12	Knivskjerodden	71°11′1	25°40′9
13	Avloysinga 靠近点 Hjelmsoy 西北方	71°6′9	24°43′7
14	Slabben，朝向 Ingoy 北端，带铁柱的岩礁	71°6′1	24°4′1
15	Skagholmen 最北端	71°5′8	23°59′
16	干燥的岩礁	71°5′8	23°58′8
17	干燥的岩礁	71°5′7	23°58′6
18	Skagholmen 最西端	71°5′7	23°58′4
19	Rundskjeret (Rondoyskjeret)	70°51′5	22°48′7
20	Darupskjeret, 靠近 Soroy (Fuglen) 西北方的点	70°40′5	21°59′1
21	Vesterfallet in Gasan	70°25′2	19°54′9
22	Sannifallet	70°18′3	19°5′3
23	Fiskebaen 外部	70°13′5	18°39′
24	Jubaen	70°6′2	18°23′6
25	Saltbaen	69°52′8	17°56′4
26	Kjolva 西北方的点	69°36′	17°29′4
27	Tokkebaen	69°29′5	16°57′3
28	Glimmen 的干燥岩礁 N.N.E.	N.N.E.69°21′4	16°11′4
29	Svebaan 的最北端	69°20′3	16°2′8

续　表

编　　号	点的名称	点的位置	
		北　　纬	东　　经
30	Skreingan 的最西端	69°15′6	15°48′
31	Flesan 的最北端，langeneset 的北方	69°6′1	15°10′1
32	在 Floholmen 上，Flesa 北方的点，Skogsoy 的外部	68°53′4	14°41′1
33	在 Flohalmen 最北端，Asanfjordrn 外部北方的点	68°44′7	14°19′5
34	Utflesskjeret	68°39′4	14°13′3
35	Kverna	68°19′5	13°41′
36	靠近 Skarvholmen 最北端的干燥岩礁	68°11′	13°9′9
37	Skarvholmen 最西端朝西的点	68°10′8	13°9′3
38	Strandflesa 西部的点	68°8′7	13°4′2
39	Nordboen	67°56′5	12°47′4
40	Flesa,Vaeroy 的西北部	67°42′2	12°35′4
41	Homboen, 靠近 Rost，在 Skarvholmen 的北侧	67°32′3	12°1′5
42	Torrboen	67°31′5	11°59′1
43	Skjortbaken 的北部	67°29′1	11°52′2
44	Havboen	67°25′9	11°49′8
45	Flesjan	67°24′1	11°51′1
46	靠近 Mykjen, Breholmen 最西侧朝西的点	66°46′3	12°26′8
47	Froholmen 最西部西侧的点	66°35′5	12°2′3
48	Bovarden 西部界限	66°28′8	11°56′6

皇家法令
（1952 年 7 月 18 日）

有关位于北纬 66°28′8″ 以南的挪威渔场基线，在 Traena 南部（北纬 66 度 28 分 8 秒）的渔业限制应该制定于下列各点之间的直线基线外或与之平行：

编　　号	点的名称	点的位置	
		北　　纬	东　　经
49	Lundboen	66°07′5	11°33′6
50	Svinglebaen	65°38′5	11°16′2
51	Hogbraken 的西部界限	65°23′7	11°01′7
52	Hummelvaer-Svartflesa 的西部界限	64°58′9	10°36′7
53	Fraholmenes-Svartflesa 的西部界限	64°54′9	10°31′8
54	Ertenbraken 的西部界限	64°46′9	10°27′0
55	Utgrunnskjaer	64°12′9	9°16′5
56	Middle Springeren	63°54′7	8°27′7
57	Hilbaen by Andholmsleden	63°53′5	8°25′5
58	Dreitflu 的最西北端	63°50′0	8°20′0
59	Flesa 的西北界限	63°32′2	7°49′7
60	Outer Smoksbaen	63°28′2	7°44′1
61	Outer Skatbaen	63°26′4	7°42′0
62	Fogna	63°07′1	7°09′8
63	Kjeldskjaer 的最外侧	62°48′9	6°15′9
64	Skreia	62°41′1	5°59′3
65	Skjaerkalven 北部、靠近 Svinoy 的干燥岩石（非永久位于水下）	62°20′2	5°16′2
66	Bukketyvene 的最西侧	62°11′2	5°03′7
67	Steinen	62°01′7	4°54′3

续　表

编　号	点的名称	点的位置	
		北　纬	东　经
68	Vetrungene 的最南侧	61°56′3	4°49′4
69	Senningene 的最西侧	61°39′1	4°34′3
70	Nordholmene 附近、最外侧非受潮汐影响的岩礁	61°04′4	4°30′6
71	Steinoy 西北部的点	61°02′1	4°30′3
72	Mulen 的西部界限	61°01′7	4°30′3
73	Gangvarskjaer 西部的点	60°38′3	4°43′3
74	Herboskjaeret	60°18′8	4°53′5
75	Hufteskjaer 的最西部	60°15′7	4°55′1
76	Fugloy 西部的点	60°00′7	5°00′6
77	Terneskjaer	59°48′0	5°03′0
78	Boaskjaer	59°38′5	5°04′8
79	Utsira 最西部的点	59°18′4	4°51′5
80	Spannholmen 最西部北方的点	59°17′0	4°50′9
81	Spannholmen 最西部东南方的点	59°16′9	4°50′9
82	Lausingen	59°16′3	4°51′1
83	Sveljeskjaer	59°08′5	5°10′8
84	Imsen 附近最西部的干燥岩礁（非永久位于水下的岩礁）	59°00′5	5°22′1
85	Outer Faksen by Kjor	58°52′6	5°25′6
86	Jaerens Rev	58°45′0	5°29′6
87	Oyresteinen	58°40′1	5°32′6
88	Obrestadodden	58°39′4	5°33′3
89	Herodden	58°33′6	5°39′5
90	Orenodden	58°32′9	5°40′3
91	Jaer Rauna	58°31′6	5°42′5

续 表

编 号	点的名称	点的位置	
		北 纬	东 经
92	Ekeroy lighthouse 南部最外侧的岩礁	58°25′6	5°52′3
93	Rosholme 最西部	58°25′3	5°52′8
94	Svetlingen 南部	58°23′7	5°58′4
95	Flatskjaer by Svaholmene	58°22′3	6°02′9
96	Springeren by the western Knappene	58°17′1	6°19′0
97	The outermost rock by Skarveodden at Lista	58°06′7	6°33′6
98	位于 Lista、Skarveoddo 附近的最西南端	58°05′6	6°35′3
99	Grahaugen 南部的点	58°05′1	6°36′3
100	Lille Dosen 最外侧的岩礁	58°04′1	6°38′0
101	Dosen 附近最外侧岩礁	58°03′8	6°38′8
102	Kattestein 的西部	58°04′1	6°38′0
103	Rauna 附近最外侧的岩礁	58°03′3	6°40′7
104	Bispen	57°59′0	7°00′6
105	Utvare 附近的 Gjeslingene 最南部的岩礁	57°57′6	7°12′5
106	Odden 外部附近最南侧的岩礁	57°57′4	7°34′2
107	Ytreskjaer	57°57′6	7°37′2
108	Gasskjaer 的最东南端	57°57′9	7°39′1
109	Ballastskjaer 的西部	57°58′4	7°41′3
110	Little Svarten	58°02′8	8°01′5
111	Meholmskjaer	58°05′5	8°11′9
112	Langbaen 非永久在水下的岩礁	58°06′4	8°15′4
113	The outermost rock of Gjeslingene by Gasen (light)	58°13′0	8°29′0
114	Hesnesbregen	58°18′4	8°39′9
115	Gasen 附近的 Gjesting 最外侧的岩礁	58°21′3	8°44′6
116	Brenningene 灯塔	58°28′5	8°56′3

续 表

编 号	点的名称	点的位置	
		北 纬	东 经
117	Mala	58°31′2	9°00′5
118	Store Sildskjaer（灯塔）	58°39′7	9°12′7
119	Jomfruland 南部点东方最外侧的岩礁或石头	58°50′0	9°33′4
120	Tvisteinen lighthouse 南部的岩礁	58°56′1	9°56′5
121	位于 Rauer 的 Eroholmen 南部点附近的岩礁	58°58′6	10°14′1
122	Middle Heiaflu	58°56′8	10°53′4
123	边界点 XX (G.B.2,bUuoy)	58°56′5	10°55′4

王储法令
（1955 年 6 月 30 日）

III. 挪威扬马延岛附近的渔业区的外部界限应该绘制 4 海里以外并且同以下各点间绘制的直线基线平行：

编 号	点的名称	点的位置	
		北 纬	东 经
1	北部海角，东侧岩礁	71°09′6	7°57′2
2	Austkapp	71°08′8	7°56′1
3	Soraustkapp	71°01′2	7°59′8
4	Soraustkapp 东南的点	71°00′9	8°00′8
5	Kapp Wohlgemuth	71°00′4	8°03′0
6	灯塔	70°51′6	8°49′3

续 表

编 号	点的名称	点的位置	
		北 纬	东 经
7	The cones	70°50′0	8°57′0
8	Sorkapp	70°49′6	9°00′0
9	Sjuskjera,the southernmost rock	70°49′8	9°03′5
10	位于 Hoybergodden 的岩礁	70°52′0	9°05′5
11	Richterkrateret 东部的舌状陆地	70°52′5	9°04′4
12	Richterkrateret 东北的末端岩礁	70°52′7	9°03′9
13	Fuglesoyla 的外部岩礁	70°54′9	8°57′0
14	Vakta	71°07′4	8°17′5
15	Koksneset	71°09′6	8°04′5
16	北部海角，北侧的干燥岩礁	71°09′7	7°58′3
17	北部海角，东北部岩礁	71°09′7	7°57′5

关于挪威海岸以外海床以及底土主权的皇家法令
（1963 年 5 月 31 日）

只要上覆水域的深度具备开发自然资源的条件，海上边界以内及以外其他方面条件合适（但不得超出与相邻他国边界的中间线），挪威王国外海岸海底区域海床和底土自然资源的开发和勘探行为受挪威主权管辖。

关于海底自然资勘探开发的法案
（1963 年 6 月 21 日）

1. 本法适用于在海床或底土自然资源的勘探和开发，只要上覆水域的深度具备开发自然资源的条件，海上边界以内及以外其他方面条件合适（但不得超出与相邻他国边界的中间线）。

2. 开发海底自然资源的权利属于国家。

国王可以授予挪威人或外国人，包括机构、公司和其他协会勘探和开发自然资源的权利。同时，可以规定这种许可的具体条件。

3. 国王可以颁布勘探和开发海底自然资源的相关法律。

4. 现行法例不应妨碍本法第 2 条和第 3 条的法律规定的问题。

5. 航行和捕鱼的权利不得影响本法。

关于挪威大陆架海床和底土中石油储量勘探开发的皇家法令
（1965 年 4 月 9 日）

第一章　初 级 规 定

第一条

这些规定应适用于在挪威内水、挪威领海和挪威国家管辖范围内的大陆架的部分海床和底土上勘探和开发石油资源，但不能在私有制地区适用。

第二条

“石油储量”是指在底土中发现的矿物油、相关碳氢化合物和燃气及其他物质，这些物质的开采和萃取与这些存储物的开发相关，包括二氧化硫。

第三条

以下许可证可由工业部根据该项法令授予，并应当遵守在许可证中记载的附件条件的规定。

1. 规定在海上或海底或者在有限区域内从事石油资源开发，由此导致在特定时期内未向许可证持有者授予专有权的许可证（开发许可证）。

2. 授予专有权，在划定界限区域内于一定期限在规定时期内从事石油资源开发和勘探的许可证（开采和冶炼许可证）。

第二章 勘探许可

第 4 条

勘探许可授予挪威人或者外国人、公司、机构和团体。

…………

建立挪威大陆架自然资源等科学研究规则的皇家法令

（1969 年 1 月 31 日）

根据 1963 年 6 月 21 日法案的第三条关于在海床及其底土勘探和开发自然资源的规定：

第一条

本法令适用于挪威内水、领海和在挪威主权范围内的大陆架部分的海床和底土自然资源的科学开发，但不包括私人所有的区域。

第二条

本法令所指的自然资源包括海床和底土的矿物和其他非生物资源以及属于定居种的生物。换言之，在可捕捞阶段海床上或海床下不能移动或其躯体须与海床或底土保持接触才能移动的生物。

第三条

皇家工业和手工部可以在海床及其底土以及同样的限制地区为科学调查活动授予许可证。该许可证应当在特定时期有效，否则应当在本法中协议规定。为保证本法的实施，皇家工业和手工部可以另行规定，还可以在每一个单独的许可证上作补充规定。

第四条

科学调查的执照可以发放给挪威或外国的科学机构，科学家和其他有科学调查需求的机构。

…………

第六条

科学研究许可证通常授予某个特定的调查研究活动。除非有特别规定，该许可证应当免税。

第七条

除非有其他规定，许可证持有人有权进行以下操作：

1. 磁场勘测。

2. 重力勘测。

3. 地震勘测。

4. 导热系数测量。

5. 磁极测量。

6. 尽管不涉及钻井，但在海床及其底土上收集样本。

该部还可以对其他勘探活动颁发许可证。

…………

第九条

皇家工业和手工部可以在许可证中规定：皇家工业和手工部或任何其授权的组织或人员应有权参与或被代表参与该研究活动。

第十条

科学调查许可证不能给予在许可证涵盖范围内从事的调查任何专有权利，或开发有可能存在的自然资源的权利或优先权。

按照第四条中有关许可人的规定，相关部门不可以在任何时间对任何人颁发开发许可执照而不承担任何责任。

第十一条

科学调查许可证的持有者应该在调查活动结束后立即向管理部门递交一份有关调查范围和执行情况的报告。该部门可以在调查许可证中规定，可以在调查进程中上交报告。

科学调查许可证的持有者应该在一个合理的时限内向该部上交一份调

查结果的详细报告。

该部门可以要求额外的信息和材料补充第 1 款和第 2 款中提到的报告。

该部门可以决定在公认的科学出版物上或以另一种该部可以接受的方式发布调查结果。应向该部门呈交合理数量的相关期刊副本。

第十二条

科学研究必须以安全的方式进行，不得对其他活动进行任何程度的干涉。必须特别关注渔业、航运、海运和航空，避免不当的阻碍或损害，避免对海洋生物、海底或底土中的自然资源以及海底电缆或其他水下设施造成损坏或产生损坏的危险，也应避免对海床及其底土、海洋和大气造成污染或产生污染的危险。

关于建立挪威大陆架中石油以外海底自然资源开发的暂行条例的皇家法令

（1970 年 6 月 21 日）

根据 1963 年 6 月 21 日颁发的第二十号法令第三条关于海底自然资源的勘探与开发的规定，制定以下规则：

第一条

这些规定应适用于对挪威内水、领水和挪威主权所拥有的大陆架的海床及其底土内除石油之外（详见 1965 年 4 月 9 日的皇家法令第二条关于石油的定义）的某些海底自然资源的勘探，但不包括私人财产权管辖区域的自然资源勘探。

任何在挪威内水和挪威领海的勘探应遵守 1968 年 2 月 9 号皇家法令关于“禁海区”和“外国非军舰在和平时期进入挪威领海任何部分”的相关规定。

第二条

以本法为目的，海底自然资源是指矿产资源而不是石油、无机物资源或在海床或其底土的煤矿资源。

第三条

工业部可以对在海床或其底土上的某些海底自然资源的勘探颁发许可

证（勘探许可证）。许可证通常有效期为两年。

第四条

勘探许可证可以颁发给挪威公民、公司、基金会或其他机构，该许可证不可转让。

…………

第七条

除非另有许可证提供，持证人有权进行以下操作：

1. 以勘测地基上层为目的的地质和地球物理调查。

2. 不超过地下 25 米的海床及其底土的钻井取样。

经特别申请说明理由后，皇家工业和手工部可能会允许其他勘探方法。

…………

第九条

勘察许可证不能给予在勘察许可范围内勘察的任何排他性权利或者给予开采可能存在的自然资源的任何优先权。

经特别申请并陈述合理理由后，相关部门可以颁发在特定时期开采自然资源专属权利的许可证。许可证的颁发对每个专属案件均规定了条件。

相关部门可以在任何时间向勘查许可证覆盖地区颁发其他生产许可证，不用对任何勘察许可证负任何责任。

…………

第十二条

勘探活动应以合适且安全的方式进行且必须尽可能不干扰其他活动。以勘探为目的必须特别注意：尽可能避免造成任何航行、航运或渔业障碍；避免任何对海洋动植物、海床及其底土的自然资源包括石油资源、海底电缆和其他潜艇设施的伤害或危害；避免海床和其底土以及海洋和其上空的污染或污染危险。

持证人必须遵守有关海上和港口当局发出的安全措施的说明。这些措施的成本由被许可人支付。

第十三条

勘探任何时候应该遵循为了勘探和开采海底石油资源而订立的法规，除非另有规定，比如 1967 年 4 月 25 日皇家法规中关于安全的规定等。

…………

第十八条

如果造成伤害或不便可以适用挪威侵权法。过错方的雇主和勘察许可证持有人承担连带责任。

事实上，对信息产业部已经批准或允许的、但造成了伤害或不便的行为或设备不能免责。

关于斯瓦尔巴群岛部分领海的界定
（1970年9月25日）

挪威在斯瓦尔巴群岛附近海域领海的边界（从Verlegenhuken到Halvmaneoya以及Bjornoya和Nopen附近海域）将被界定在平行于以下坐标范围内基准线之外4海里处（基于1812年2月22号的皇家法令）。

编　　号	点的名称	北　　纬	东　　经
1	Keilhauoya	74°20′5″	19°04′4″
2	Kapp Ruth	74°24′8″	18°53′2″
3	Kapp Hanna	74°26′2″	18°49′8″
4	Utstein	74°28′6″	18°45′6″
5	Drangane	74°29′3″	18°46′8″
6	Snyta	74°30′0″	18°48′4″
7	Flisa	74°30′2″	18°49′4″
8	Emmaholmane	74°30′9″	18°56′4″
9	Nordkapp	74°31′3″	19°06′5″
10	Havhestholmen	74°31′2″	19°08′4″
11	Hakestauren	74°30′9″	19°10′2″
12	Framnes	74°28′3″	19°17′3″
13	Kapp Nordenskjöld	74°28′0″	19°17′4″
14	Kapp Levin	74°27′1″	19°16′9″

续　表

编　号	点的名称	北　纬	东　经
15	Brettingdalen headland	74°26′4″	19°16′5″
16	Makeholmen	74°21′9″	19°12′0″
17	Kapp Kolthoff	74°20′9″	19°07′4″
18	Kapp Thor	76°27′2″	24°55′5″
19	Vestorodden	76°27′7″	24°53′5″
20	Askheimodden	76°30′0″	24°56′5″
21	N.W. of Killerfjellet	76°34′0″	25°06′8″
22	W. of Flatsalen	76°42′0″	25°25′8″
23	Bersaren	76°43′0″	25°29′8″
24	The easternmost point	76°42′8″	25°30′0″
25	Skumskjera	76°27′4″	24°59′5″
26	Verlegenhuken	80°03′7″	16°15′6″
27	Moffen	80°02′4″	14°30′8″
28	Velkomstpynten	79°52′8″	13°46′3″
29	Biskayerhuken	79°50′6″	12°24′8″
30	K°bbeskjera, N.	79°54′5″	11°39′9″
31	Orneoya	79°52′3″	11°16′7″
32	Ytterholmane, N.	79°46′2″	10°35′0″
33	Rock off Hamburgerbukta	79°32′0″	10°40′3″
34	Rock off Tredjebreen	79°20′6″	10°51′7″
35	Kapp Mitra, the outermost rock	79°06′7″	11°09′8″
36	Fuglehuken, Western rock	78°53′6″	10°28′6″
37	Kapp Sietoe, Northern headland	78°47′2″	10°30′7″
38	Fidrasteinen	78°42′5″	10°37′5″
39	Kvervodden, rock	78°27′3″	11°04′5″
40	Plankeholmane, S	78°12′5″	11°57′8″
41	Salskjera, S	78°12′1″	12°06′8″
42	SW Agskjera (Daudmannsodden)	78°11′9″	12°59′8″
43	Kapp Linmé, Revleodden	78°03′0″	13°35′5″
44	Islet NW of St. Hansholmane	77°53′4″	13°32′8″

续 表

编 号	点的名称	北 纬	东 经
45	Lagneset, W	77°45′2″	13°43′8″
46	Dunderholmane	77°29′3″	13°54′1″
47	Middagsskjera	77°25′1″	13°53′2″
48	Rock SW of olsholmane	77°12′7″	14°14′2″
49	Svartsteinane (SW of Kroghryggen)	77°07′0″	14°36′0″
50	Dunoyane	77°03′3″	14°57′8″
51	Utskjeret (S of Suffolkpynten)	76°51′3″	15°30′3″
52	Brimingen	76°43′1″	15°54′5″
53	Svartskjeret	76°32′3″	16°19′2″
54	Brattholmen	76°28′2″	16°31′2″
55	Sorkappfallet	76°26′5″	16°38′1″
56	Flakskjeret, S	76°28′0″	16°49′0″
57	Tristeinane, SE	76°32′9″	17°03′8″
58	Dumskolten	76°42′4″	17°10′0″
59	Davislaguna (near Hedgehogfjellet)	76°58′6″	17°19′5″
60	Headland between Markhambreen-Crollbreen	77°10′9″	17°26′0″
61	Kvalvagen, SW	77°25′0″	17°36′7″
62	Kvalgaven, E	77°29′5″	18°13′2″
63	Kvalhovden	77°31′5″	18°16′2″
64	Thomsonbreen, headland to the south	77°37′5″	18°20′2″
65	Beresnikovbreen, headland to the south	77°48′2″	18°26′5″
66	Kapp Dufferin	77°57′2″	18°29′0″
67	SE of Agardhfjellet	78°03′2″	18°56′7″
68	E of Agardhfjellet	78°05′9″	19°02′2″
69	Kapp Johannesen	78°13′5″	19°04′0″
70	Jakimovitsoyane, SW	78°12′0″	20°24′2″
71	Kapp Lee, W	78°04′8″	20°46′8″
72	Blankeodden	77°58′8″	21°12′5″

续　表

编　号	点的名称	北　纬	东　经
73	Kapp Spörer	77°49′5″	21°23′7″
74	Rock W of Russebukta	77°35′1″	20°47′4″
75	W islet in the fjord	77°31′7″	20°02′2″
76	Kvalpynten	77°26′6″	20°51′0″
77	Kong Ludvigoyane, W	77°16′7″	21°12′5″
78	Utsira (between 77 and 79)	77°06′0″	21°16′0″
79	Haoyane, W	76°56′1″	21°16′8″
80	Haoyane, S	76°55′2″	21°20′5″
81	Braekholmholmane, SE (between 80 and 82)	77°03′1″	22°12′0″
82	Menkeoyane, SE	77°08′9″	22°50′4″
83	Halvmaneoya, E	77°16′4″	23°18′0″

关于建立挪威经济区的皇家法令
（1976 年 12 月 17 日）

根据 1976 年 12 月 17 日颁布的相关法案的规定，挪威国土之外的海洋将划定为专属经济区，该项法案将于 1977 年 1 月 1 日起生效。专属经济区宽度不超过挪威领海基线 200 海里。与他国毗邻处的专属经济区范围将根据两国协议而定。

根据 1976 年 12 月 17 日颁布的关于挪威专属经济区的法案第 4 款 B 项的规定，从 1977 年 1 月 1 日起，进入挪威专属经济区进行渔猎，但未进入挪威领海基线 12 海里范围内的渔民，如果其所属国与挪威就该类海洋渔猎问题达成协议，或者为达成该协议而正同挪威进行协商，则按协议进行处理。

根据上述法案第 4 款的规定，政府渔业部门有权制定和发布专属经济区渔猎规章条例，包括配额以及捕捞限制等事项，对上文第二条所规定的外国渔业公司同样适用。同样的，针对该法案第三部分第一段第二句话所陈述的例外情况，政府渔业部门有权依据法案第六部分的相关规定来制定相应的条例。

从 1977 年 1 月 1 日起，在挪威专属经济区从事渔猎的外国船舶，须依照上述第二段和第三段的规定，在渔猎业务开始以及结束时向卑尔根市的渔业理事会报告，按周上报所捕获的鱼类种类以及所在渔猎区。此条款意在防止 1977 年的配额尚未确定前，已经消耗掉的捕鱼量将被作为后期配额而被提前扣除。

前文的规定并不与 1975 年 1 月 31 日发布的关于明令禁止拖网作业区域的皇家法令相冲突，这一法令是针对 1975 年 1 月 17 日颁布的禁止拖网作业区域的法案的解释。

关于挪威专属经济区的第 91 号法令
（1976 年 12 月 17 日）

第一条

专属经济区应该建立在与挪威王国海岸毗邻的海上。专属经济区划定的日期和适用的水域应由国王决定。

专属经济区的外部界限应从适用的基线起绘制 200 海里的距离，但是不能超过与相邻国家的中线的距离。

专属经济区的建立不应改变有关挪威领海的相关规定。

第二条

专属经济区的建立不能影响在该水域中穿行或上空飞越的航行和航海权力，也不能影响在海下敷设电缆和管道的权利。

专属经济区的建立不能影响 1963 年 7 月 21 日第十二条关于水下自然资源勘探与开采的法令的内容或其他相关的法律法规。

第三条

非挪威国民或按照 1966 年 7 月 17 日关于挪威渔业限制和禁止捕鱼等的法令在渔业限制内的外国人可能不受挪威专属经济区的捕鱼限制的规定。本法所说的规定与专属经济区的规定相同。

除非在本法第四条或第六条有其他规定，否则应该适应第一条的规定。

第四条

国王可以颁发在专属经济区猎鱼的法规，这些法规包括：

1. 关于全捕鱼类，单一种群和特殊种群的最大允许捕捞量和最大捕捞成果。

2. 外国驶入的渔船分得的允许捕捞量和这种捕捞的条件和期限。

3. 确定捕鱼活动的行为合理前适当的措施，包括船舶尺寸和数量、渔具的使用和限制、休渔的时间、拖捞船的自由区和其他区域限制。

4. 其他生物资源、贝类和鱼群的繁殖，保存和保护的其他措施。

第五条

在第一条提及的区域中，在挪威专属经济区的规定生效前，国王可以颁布保护鱼群的、规定外国渔业捕捞的限制和捕捞活动的合理和适当的行为的暂时性规定。

第六条

在从基线起 12~200 海里之间的专属经济区区域，必要时通过与其他国家或需要特殊考虑的地区的协议，国王可以对第三条、第四条、第五条的规定颁布豁免权。关于 1966 年 7 月 17 日颁布的法律的第十九条挪威渔业限制和捕捞禁令等的规定，对限渔区的外国船舶无效，这样的豁免权在 12 海里内的范围同样适用。

第七条

根据国际法的规定，国王可以根据区域法的规定颁发特别法规，包括如下规定：

1. 环境的保护。

2. 科研。

3. 永久和暂时的人工岛、设施，包括人工港口设施和其他建筑物。

4. 电缆和管道。

5. 为了其他经济目的在专属经济区勘探和开发，包括能源的生产。

第八条

任何故意或过失违反本法或其他现行法规的规定，或帮助、教唆他人违反的，应当被处以罚金。有违法意图的，应同样受到处罚。

在违反本法或其他现行法规的任何情况下，应扣押船舶、船上的设备、船上的捕获物和工具，而不论其所有权。按照刑法第三十七条C款的相关规定，来自罪犯或代表罪犯采取行动的其他人或雇主自己的留置物的价值可能会被全部或部分没收。扣押财产中的任何抵押物、不动产或留置物应该全部或者部分没收。

在一个临时阶段，或者根据与其他国家的约定，国王可以全部或部分限制第一条和第二条法律的适用。

第九条

本法应立即生效。

挪威斯瓦尔巴群岛地区领海边界条例
（2001年6月1日皇家法令）

本边界由2001年6月1日皇家法令加以确认，本法令依据1814年5月17日实行的挪威王国宪法以及1812年2月22日实行的皇家法令（1812年2月25日政府法令重制）制定，由外交部递交。

第一条

挪威斯瓦尔巴群岛地区领海边界线为平行于下表中用坐标标出的地点之间的直线外4海里处（1812年2月22日皇家法令）。在下表中单独标出的岛屿之间没有边界。

编　号	北　纬	东　经	名　称
希望岛			
SV001	76°27′04″.90	24°59′17″.10	Skumskjer
SV002	76°26′35″.59	24°56′05″.19	Kapp Thor 1
SV003	76°26′35″.73	24°55′57″.47	Kapp Thor 2
SV004	76°26′37″.33	24°55′33″.14	Kapp Thor 3
SV005	76°26′49″.71	24°54′17″.76	Vesterodden 1

续　表

编　号	北　纬	东　经	名　称
SV006	76°26′56″.14	24°53′43″.35	Vesterodden 2
SV007	76°27′00″.55	24°53′33″.82	Vesterodden 3
SV008	76°27′09″.28	24°53′36″.20	Vesterodden 4
SV009	76°27′31″.48	24°53′49″.22	Kvasstoppen SW
SV010	76°30′07″.54	24°56′20″.46	Askheimodden
SV011	76°31′30″.71	24°59′02″.53	Headland Bjornstranda N
SV012	76°33′03″.09	25°02′10″.36	Namnløysa
SV013	76°41′28″.83	25°23′23″.42	Lyngfjellet W
SV014	76°42′19″.85	25°26′05″.78	W of Flatsalen 1
SV015	76°42′21″.46	25°26′13″.73	W of Flatsalen 2
SV016	76°42′36″.29	25°27′40″.58	W of Nordstefjellet
SV017	76°42′53″.60	25°29′26″.17	Beisaren 1
SV018	76°42′54″.51	25°29′40″.98	Beisaren 2
SV019	76°42′50″.45	25°29′51″.02	Beisaren 3
SV020	76°42′44″.32	25°29′56″.09	E of Nordstefjellet 1
SV021	76°42′29″.24	25°29′58″.93	E of Nordstefjellet 2
SV022	76°42′22″.72	25°29′52″.18	Easternmost point
Bjørnøya			
SV023	74°27′57″.14	19°16′10″.80	Framnes S
SV024	74°27′31″.47	19°16′16″.81	Kapp Nordenskiold
SV025	74°26′59″.67	19°16′06″.18	Kapp Levin
SV026	74°26′01″.24	19°15′22″.93	Brettingsdalen SE
SV027	74°21′30″.57	19°10′48″.95	Kapp Roalkvam
SV028	74°20′30″.73	19°06′12″.73	Kapp Kolthoff
SV029	74°20′04″.37	19°03′17″.54	Keilhauøua E

续 表

编 号	北 纬	东 经	名 称
SV030	74°20′06″.26	19º03′09″.29	Keilhauøua W
SV031	74°25′37″.28	18º48′47″.40	Kapp Hanna
SV032	74°28′10″.35	18º44′21″.11	Utstein
SV033	74°28′50″.90	18º45′33″.60	Dragane
SV034	74°29′34″.44	18º47′06″.18	Snyta
SV035	74°29′46″.15	18º48′08″.08	Flisa
SV036	74°29′59″.91	18º50′10″.49	Taggen
SV037	74°30′31″.77	18º55′11″.41	Emmaholmane N
SV038	74°30′55″.76	19º05′11″.70	Nordkapp
SV039	74°30′50″.54	19º06′36″.02	Kapp olsen W
SV040	74°30′47″.02	19º07′13″.36	Kapp olsen E/Havhestholmen
SV041	74°30′29″.80	19º09′02″.28	Måkestauren
SV042	74°30′21″.12	19º09′33″.24	Kapp Forsberg
SV043	74°27′57″.73	19º16′10″.24	Framnes N
Kong Karls Land			
SV044	78°42′44″.06	27º03′55″.75	Kapp Weissenfels
SV045	78°40′19″.14	26º58′40″.41	Kükenthalfjellet 1
SV046	78°39′40″.25	26º56′29″.33	Kükenthalfjellet 2
SV047	78°38′20″.12	26″44′53″.05	Kapp Hammerfest 1
SV048	78°38′18″.39	26º44′33″.24	Kapp Hammerfest 2
SV049	78°38′18″.23	26º44′19″.06	Kapp Hammerfest 3
SV050	78°38′19″.67	26º44′05″.29	Kapp Hammerfest 4
SV051	78°40′06″.17	26º37′52″.49	Antarcticøya
SV052	78°43′11″.33	26º29′16″.33	Kapp Walter
SV053	78°47′11″.16	26º22′11″.06	Malmgrenodden 1

续 表

编　号	北　纬	东　经	名　称
SV054	78°47′48″.47	26°21′38″.93	Malmgrenodden 2
SV055	78°48′20″.49	26°21′35″.59	Malmgrenodden 3
SV056	78°48′32″.05	26°21′56″.80	Malmgrenodden 4
SV057	78°48′38″.69	26°22′24″.21	Malmgrenodden 5
SV058	78°50′15″.73	26°30′42″.76	Arncscnoddcn 1
SV059	78°50′17″.73	26°31′12″.06	Arnesenodden 2
SV060	78°50′18″.77	26°31′29″.69	Arnesenodden 3
SV061	78°52′31″.25	27°49′45″.55	Kennedyneset
SV062	78°57′57″.28	28″22′09″.44	Nordneset
SV063	78°58′03″.18	28°23′27″.18	Teistpynten
SV064	79°01′14″.40	30°22′12″.43	Kapp Brühl
SV065	79°00′48″.45	30°24′35″.24	Lågtunga 1
SV066	79°00′46″.94	30°24′41 “41	Lågtunga 2
SV067	79°00′20″.33	30°25′10″.48	Headland S of Lågtunga 1
SV068	79°00′17″.29	30°25′08″.08	Headland S of Lågtunga 2
SV069	78°58′08″.06	30°14′50″.17	Berrøya
SV070	78°53′34″.26	29°38′09″.78	Bremodden
SV071	78°43′26″.37	28°39′49″.94	Rock S of Tirpitzøya
SV072	78°48′07″.54	28°03′54″.92	Rock S of Kapp Altmann
Kvitøya			
SV073	80°07′03″.81	31°28′24″.59	Satellitthøgda N
SV074	80°08′40″.36	31°29′39″.61	Kvitøya NW 1
SV075	80°10′07″.36	31°33′42″.13	Kvitøya NW 2
SV076	80°11′04″.01	31°38′10″.28	Kvitøya NW 3
SV077	80°12′59″.71	31°52′49″.77	Kvitøya NW 4

续　表

编　　号	北　　纬	东　　经	名　　称
SV078	80°13′10″.50	31°54′34″.20	Kvitøya NW 5
SV079	80°15′23″.34	32°04′55″.93	Kvitøya NW 6 (on the glacier)
SV080	80°16′56″.68	32°18′32″.65	Kvitøya NW 7 (on the glacier)
SV081	80°19′00″.00	32°51′25″.14	Kvitøya N (on the glacier)
SV082	80°17′55″.79	33°07′40″.98	Kvitøya NE I (on the glacier)
SV083	80°14′29″.44	33°26′56″.37	Kvitøya NE 2 (on the glacier)
SV084	80°13′45″.28	33°30′58″.74	Kraemerpynten
SV085	80°11′07″.81	33°28′56″.89	Kvitøya SE 1
SV086	80°10′26″.80	33°27′31″.33	Kvitøya SE 2
SV087	80°08′33″.45	33°23′05″.41	Homodden 1
SV088	80°08′28″.89	33°22′48″.88	Homodden 2
SV089	80°01′49″.44	31°40′00″.05	Lundquistskjera
SV090	80°03′17″.03	31°30′45″.07	W of Vindrabbane
SV091	80°04′50″.89	31°25′26″.61	NW Kvalross-stranda
SV092	80°05′02″.36	31°25′20″.31	Andréeneset S
SV093	80°05′30″.73	31°25′26″.22	Andréeneset N
SV094	80°06′34″.21	31°26′13″.13	Satellitthøgda W
SV095	80°06′59″.14	31°27′27″.13	Satellitthøgda NW
Spitsbergen			
/Nordaustlandet			
/Edgeøya, etc.			
SV096	76°26′31″.25	16°36′52″.36	Sørkappfallet
SV097	76°28′08″.57	16°29′36″.13	Brattholmen
SV098	76°32′21″.52	16°18′16″.08	Svartskjeret
SV099	76°43′04″.82	15°53′31″.34	Brimingen

续　表

编　　号	北　　纬	东　　经	名　　称
SV100	76°52′58″.55	15°21′02″.76	Utskjeret (S of Suffolkpynten)
SV101	77°03′25″.94	14°53′48″.24	Dunøyane
SV102	77°06′54″.92	14°35′01″.32	Svartesteinane (SW of Krohgryggen)
SV103	77°12′35″.22	14°13′13″.56	Rock SW of olsholmen
SV104	77°24′59″.44	13°51′57″.61	Middagsskjera
SV105	77°28′59″.19	13°51′06″.53	Dunderholmane
SV106	77°44′11″.87	13°42′55″.97	Lågneset W
SV107	77°53′21″.92	13°31′11″.87	Holme NW of St. Hansholmane
SV108	78°03′04″.06	13°33′03″.52	Kapp Linnè, Revleodden
SV109	78°1 1′50″.38	12°58′44″.67	Agskjera SW (Daudmannsodden)
SV110	78°12′03″.62	12°05′35″.20	Salskjera S
SV111	78°12′12″.75	11°57′13″.63	Plankeholmane S
SV112	78°13′35″.36	11°50′44″.50	Rock W of Gibsonpynten
SV113	78°27′02″.72	11°02′51″.90	Rock off Kverodden
SV114	78°42′23″.52	10°36′13″.54	Fidrasteinen
SV115	78°46′43″.61	10°29′54″.69	N of headland Kapp Sietoe
SV116	78°47′07″.67	10°29′26″.95	Niggbukta S
SV117	78°53′37″.31	10°27′14″.33	Rock W of Fuglehuken 2
SV118	78°53′48″.29	10°27′40″.17	Rock W of Fuglehuken 1
SV119	79°06′41″.33	11°08′00″.13	Mitraskjeret
SV120	79°20′36″.28	10°50′21″.70	Rock W of Tredjebreen
SV121	79°31′58″.91	10°39′00″.99	Rock W of Hamburgbukta 2
SV122	79°32′44″.85	10°38′38″.64	Rock W of Hamburgbukta 1
SV123	79°46′05″.38	10°33′48″.74	Ytterholmane N

续 表

编 号	北 纬	东 经	名 称
SV124	79°52′18″.48	11°15′37″.02	Ørnenøya
SV125	79°54′28″.15	11°38′47″.11	Kobbeskj era N
SV126	79°50′30″.59	12°23′28″.64	Biskayarhuken
SV127	79°52′50″.07	13°46′14″.14	Velkomstpynten
SV128	80°02′08″.97	14°28′28″.91	Moffen 5
SV129	80°02′11″.05	14°28′40″.49	Moffen 4
SV130	80°02′14″.96	14°29′09″.33	Moffen 3
SV131	80°02′17″.61	14°29′50″.47	Moffen 2
SV132	80°02′18″.90	14°30′40″.00	Moffen 1
SV133	80°03′44″.93	16°14′23″.64	Verlegenhuken
SV134	80°07′43″.40	17°42′43″.93	Langgrunnodden 2
SV135	80°09′33″.79	17°47′07″.19	Langgrunnodden 1
SV136	80°18′24″.54	18°00′16″.08	Rock W of Parryfjellet
SV137	80°20′57″.75	18°08′17″.10	Rock W of Puchaneset
SV138	80°37′42″.14	19°44′37″.86	Waldenøya
SV139	80°49′42″.96	20°20′12″.96	Rossøya 4
SV140	80°49′44″.41	20°20′32″.29	Rossøya 3 (northernmost point of Norway)
SV141	80°49′44″.37	20°21′01″.29	Rossøya 2
SV142	80°49′43″.69	20°21′08″.14	Rossøya 1
SV143	80°42′08″.60	21°18′02″.86	Posseneset, Martensøya
SV144	80°30′28″.61	22°49′31″.29	Rock off Kapp Platen
SV145	80°39′46″.52	24°59′53″.08	Karl XII-øya 3
SV146	80°39′47″.09	25°00′03″.09	Karl XII-øya 2
SV147	80°39′47″.17	25°00′23″.40	Karl XII-øya 1
SV148	80°27′31″.19	26°11′46″.73	Foynøya

续 表

编　　号	北　　纬	东　　经	名　　称
SV149	80°12′39″.83	26°27′16″.55	Austholmen
SV150	80°08′41″.08	27°58′44″.45	Norvargodden
SV151	80°08′22″.64	28°02′24″.17	Polarstarodden
SV152	80°07′01″.12	28°13′05″.15	Storøya SE 3
SV153	80°06′39″.64	28°14′58″.72	Storøya SE 2
SV154	80°06′32″.50	28°15′29″.65	Storøya SE 1
SV155	80°04′47″.81	28°17′29″.21	Diorittodden
SV156	79°55′12″.12	27°34′59″.49	Håkjerringa
SV157	79°47′26″.54	27°09′54″.82	Einstøingen
SV158	79°42′00″.10	26°41′08″.23	Isispynten
SV159	79°27′33″.90	25°46′49″.25	Bråsvellbreen 7 (on the glacier)
SV160	79°22′06″.21	25°22′57″.61	Bråsvellbreen 6 (on the glacier)
SV161	79°12′00″.35	24°00′05″.89	Bråsvellbreen 5 (on the glacier)
SV162	78°58′39″.58	21°48′32″.80	Kiepertøya 1
SV163	78°56′23″.12	21°44′33″.40	Tobiesenøya
SV164	78°50′00″.50	21°29′41″.96	Kapp Payer
SV165	78°34′46″.40	21°56′31″.64	Kapp Ziehen
SV166	78°12′40″.55	23°06′04″.66	Kapp Brehm 2
SV167	78°12′31″.75	23°06′27″.08	Kapp Brehm 1
SV168	78°09′49″.71	23°10′15″.00	Kapp Pechuel Løsche
SV169	77°56′40″.36	24°15′43″.16	Stonebreen (on the glacier)
SV170	77°49′23″.68	25°09′26″.47	Ryke Yseøyane 5
SV171	77°48′36″.27	25°09′20″.02	Ryke Yseøyane 4
SV172	77°47′33″.32	25°08′49″.62	Ryke Yseøyane 3
SV173	77°47′24″.40	25°08′41″.36	Ryke Yseøyane 2

续 表

编号	北纬	东经	名称
SV174	77°47′08″.67	25°07′39″.64	Ryke Yseøyane 1
SV175	77°34′37″.42	23°50′01″.70	Boulder S of Kong Johans Bre
SV176	77°17′24″.15	23°15′53″.42	Halvmåneøya
SV177	77°15′09″.26	23°10′47″.64	Tennholmane E
SV178	77°09′17″.85	22°55′10″.78	Rock S of Teisten
SV179	77°02′28″.88	22°32′41″.05	Vindholmen
SV180	76°52′04″.57	21°47′19″.36	Håøyane 4
SV181	76°51′58″.02	21°39′54″.80	Håøyane 3
SV182	76°52′03″.37	21°39′08″.05	Håøyane 2
SV183	76°52′13″.14	21°38′17″.33	Håøyane 1
SV184	77°08′56″.80	21°27′08″.73	Utsira
SV185	77°17′14″.65	21°16′17″.47	Kong Ludvigøyane W
SV186	77°26′32″.89	20°51′43″.53	Kvalpynten
SV187	77°28′31″.50	20°39′30″.44	Skjer NW of Kvalpynten
SV188	77°35′40″.78	19°56′03″.81	Storfloskjeret
SV189	77°29′50″.61	18°13′35″.94	Sporodden
SV190	77°22′07″.27	17°33′50″.98	Schønrockfjellet
SV191	77°10′49″.62	17°24′30″.74	Stepanovfjellet
SV192	76°58′06″11	17°17′18″.34	Davislaguna
SV193	76°42′22″.97	17°08′45″.86	Skolthuken
SV194	76°32′51″.61	17°02′39″.35	Tristeinane SE
SV195	76°27′57″.94	16°47′37″.76	Flakskjeret
SV196	76°27′51″.20	16°47′08″.67	Flakskjeret S

在列表中所给出的坐标参考大地基准 EUREF89。直线是指两点之间最短的距离（大地线）。

第二条

这些条例将于 2001 年 7 月 1 日生效。同时，1970 年 9 月 25 日的挪威斯瓦尔巴群岛领海边界皇家法令将废止。

法案由挪威常驻联合国代表递送。

2001 年 7 月 1 日生效。

挪威扬马延岛领海边界条例

本边界由 2002 年 8 月 30 日皇家法令加以确认，本法令依据 1814 年 5 月 17 日实行的挪威王国宪法以及 1812 年 2 月 22 日实行的皇家法令（1812 年 2 月 25 日政府法令重制）制定，由外交部递交。

第一条

扬马延岛领海边界由以下地点加以确定。

第二条

领海边界被界定在 JM4 和 JM5、JM11 和 JM12 以及从 JM26 到 JM29 之间地点的低水位线外并平行于低水位线。

并且，领海边界线将画在 JM1 至 JM4、JM5 至 JM11、JM12 至 JM26、JM29 至 JM41 以及 JM41 和 JM1 这些地点之间的直线外并平行于这些直线。

领海边界线也将从 JM42 点处测量。

直线指两点之间最短的距离（大地线）。

第三条

条例将于 2002 年 1 月 1 日起生效，同时，在 1955 年 6 月 30 日由皇储公布的已经生效的某些特定的法案以及涉及挪威扬马延岛水产管区边界问题的法案将废止。

关于挪威领海以及毗连区的第 57 号法案
（2003 年 6 月 27 日，见海洋法公报第 54 号第 97 页）

1. 领海和基线

挪威的领水由领海和内水构成。基线形成了内水的外部界限并且作为一个测量领海宽度和超出按照国际法规定的管辖区的标准。

国王通过法律规定基线。如果基线不是通过法律规定的，它需要遵循沿海岸的内水线。

2. 领海

领海包括从直线基线起 12 海里的海域。领海的外部基线是从基线最近点起 12 海里距离的各点连接而成的。挪威与其他国家相邻的领海的界限由国家间生效的国际协定决定。

外国船舶穿过领海时享有无害通过权，目前为止包括停泊和抛锚的权利；可能因为不可抗力或危难的必要或者以为遇难的人、船舶和飞行器提供帮助为目的。无害通过权意为以穿过或继续从挪威水域通过为目的，从挪威领海航行通过的权利。

国王可以就外国船舶进入或通过挪威领海颁布进一步规定。

3. 内水

内水包括基线向陆地一侧的所有水域。

国王可以颁布关于外国船舶进入挪威领海的规定。

4. 毗连区

毗连区应当建立在领海以外。国王确定关于毗连区建立和其海域范围生效的具体日期。

在毗连区内，可以实行控制，以保护或惩罚侵犯海关、财政、移民和卫生的法律和法规的行为。毗连区与领海毗邻，其外部基线是由从基线最近点起 24 海里距离的每一点连接而成的。

关于取消申请领海考古或历史性质的对象的立法也适用于毗连区。

挪威毗连区的界限与另一个国家的管辖区域由与国家间签订的协定确定。在此类协议中，分界线将遵循该国的中间线。

国王可以就毗连区内实行控制颁布进一步法规。

毗连区的建立并不意味着任何专属经济区或大陆架的规则变化。

5. 该法案的地理范围

该法还适用于斯瓦尔巴群岛、扬马延岛、布维岛、彼得一世岛和莫德王后的土地。

6. 公布

按照国际法，国王将正式公布领海和毗连区的限制。

7. 生效

本法的生效由国王决定。

国王以后可以决定本法案对布维岛、彼得一世岛和莫德王后土地生效。

8. 其他法律的修改

已废除的 1812 年 2 月 22 日的皇家法案，载于 1812 年 2 月的政府法令。

下列行为已作出相应调整：

1966 年 6 月 17 日法律第十九条，关于挪威渔业限制和禁止外国在限制捕鱼的期限内捕鱼的规定。

1976 年 12 月 17 日法律的第九十一条，关于挪威经济区的规定。

1996 年 6 月 13 日的法律第四十二条，关于挪威沿海保卫的规定。

关于决定挪威大陆周围领海范围基线的规定
（2002 年 6 月 14 日皇家法令）

由 2002 年 6 月 14 日的皇家法令决定，由 2003 年 10 月 10 日的王储摄政法令修正（见海洋法公报第 54 号第 88 页）；根据 1814 年 5 月 17 日的法令与挪威王国宪法和 1812 年 2 月 22 日的皇家法令由外事局上交。

1. 挪威大陆领海周围的界限与以下两点间的所画直线基线外部平行。

（详见坐标系）

（NM: 挪威大陆）

坐标点编码	北　　纬	东　　经	名　　称
NM01	69°47′41.42″	30°49′03.55″	挪威和俄罗斯的边界线，边界标识 415
NM02	70°17′20.96″	31°03′51.55″	Kibergneset
NM03	70°23′12.64″	31°10′06.94″	Hornøya E-1
NM04	70°23′15.35″	31°10′06.48″	Hornøya E-2
NM05	70°23′26.34″	31°09′49.28″	Hornøya N
NM06	70°23′53.36″	31°08′50.45″	Kalneset on Reinøya
NM07	70°40′34.37″	30°12′48.39″	Korsnes
NM08	70°42′24.96″	30°05′43.19″	Molvikskjeret
NM09	70°51′14.49″	29°14′34.16″	Kjølneset
NM10	71°06′00.46″	28°11′50.55″	Rock E of Tørrbåbåken
NM11	71°06′05.24″	28°10′46.13″	Rock N of Tørrbåbåken
NM12	71°08′02.56″	27°39′27.58″	Rock off Avløysiga,Kinnarodden
NM13	71°11′08.57″	25°40′30.80″	Rock Knivskjelodden
NM14	71°06′58.73″	24°43′09.21″	Avløysinga N of Hjelmsøya
NM15	71°06′07.74″	24°03′38.97″	Stabben
NM16	71°05′51.61″	23°58′34.49″	Northernmost point on Skagholmen
NM17	71°05′46.73″	23°58′04.53″	Dry rock off Skagholmen
NM18	70°51′34.01″	22°48′20.76″	Rundskjeret
NM19	70°40′27.34″	21°58′47.04″	Darupskjeret
NM20	70°24′59.34″	19°54′41.18″	Vesterfallet in Gåsan
NM21	70°18′14.02″	19°04′45.82″	Sannifallet
NM22	70°13′27.95″	18°38′33.48″	Ytre Fiskebåen
NM23	70°06′05.67″	18°22′56.83″	Jubåen
NM24	69°52′51.42″	17°55′53.81″	Saltbåen
NM25	69°36′03.49″	17°28′55.00″	Headland NW of Kjølva
NM26	69°29′27.18″	16°56′41.96″	Tokkebåen
NM27	69°20′19.42″	16°02′19.38″	Northernmost point of Svebåan

续　表

坐标点编码	北　纬	东　经	名　称
NM28	69°06′06.43″	15°09′31.14″	Northernmost point of Flesan
NM29	68°44′42.11″	14°18′53.59″	Northwesternmost point of Floholman
NM30	68°39′22.41″	14°12′44.20″	Utflesa
NM31	68°19′35.91″	13°40′20.82″	Kverna
NM32	68°11′10.11″	13°09′06.56″	Rock N of Skarvholman
NM33	68°08′40.11″	13°03′37.71″	Rock W of Strandflesa
NM34	67°56′27.08″	12°46′44.77″	Westernmost rock off Nordbåen
NM35	67°42′10.99″	12°34′53.34″	Ytreflesa
NM36	67°32′19.44″	12°01′00.80″	Hombåen
NM37	67°31′29.56″	11°58′32.17″	Tørrbåen
NM38	67°29′04.72″	11°51′40.59″	Northwesternmost rock on Nordkjortbaken
NM39	67°25′50.82″	11°49′18.63″	Havbåen NW
NM40	67°25′49.85″	11°49′18.10″	Havbåen SW
NM41	67°24′05.44″	11°50′34.96″	Flesjan S
NM42	66°46′18.21″	12°26′16.36″	Brimholman W
NM43	66°35′29.84″	12°01′47.41″	Floholman SW
NM44	66°07′30.21″	11°32′59.92″	Lundbåen
NM45	65°38′28.83″	11°15′37.91″	Svinglebåen WNW
NM46	65°23′40.11″	11°01′16.21″	Høgbraken
NM47	65°54′50.99″	10°31′17.70″	Svartflesa
NM48	64°49′54.30″	10°27′24.54″	Rock 2.5 km NW of Skringen
NM49	64°46′51.32″	10°26′22.25″	Rock SW of Ertenbraken
NM50	64°12′54.81″	09°15′47.63″	Utgrunnskjer
NM51	63°54′56.97″	08°27′44.73″	Springaran
NM52	63°54′41.03″	08°27′10.87″	Springaran S
NM53	63°32′15.45″	07°49′22.37″	Flesa

续 表

坐标点编码	北 纬	东 经	名 称
NM54	63°28′10.64″	07°43′45.44″	Smoksbåen
NM55	63°07′03.55″	07°09′22.18″	Fogna
NM56	62°48′54.41″	06°15′34.54″	Kjellskjera W
NM57	62°41′11.69″	05°58′52.57″	Skreia
NM58	62°20′09.74″	05°15′49.14″	Rock N of Skjerkalven
NM59	62°11′13.18″	05°03′17.76″	Bukketjuvane W
NM60	62°01′45.50″	04°53′54.98″	Steinen
NM61	61°56′13.60″	04°48′59.45″	Vetrungane S
NM62	61°39′03.97″	04°33′59.36″	Sendingane W
NM63	61°04′24.07″	04°29′57.02″	Holmebåen
NM64	61°02′03.43″	04°29′59.37″	Steinsøyna NW
NM65	61°01′42.79″	04°30′01.60″	Mulen W
NM66	60°18′47.38″	04°53′16.06″	Hærbåeskjeret
NM67	59°48′00.14″	05°02′30.80″	Terneskjer
NM68	59°38′34.77″	05°04′21.76″	Båaskjeret
NM69	59°18′25.92″	04°51′17.56″	Utsira V
NM70	59°17′04.35″	04°50′38.94″	Rock NW of Spannholmane
NM71	59°16′18.34″	04°50′49.77″	Lausingen
NM72	59°16′13.81″	04°50′55.43″	Lausingen S
NM73	59°08′29.32″	05°10°29.75″	Svelgjeskjer
NM74	59°00′28.96″	05°21′51.81″	Rock SW of Imsen
NM75	58°52′38.06″	05°25′19.66″	Ytre Faksen
NM76	58°45′01.14″	05°29′02.23″	Jæren Reef
NM77	58°40′08.20″	05°32′18.06″	Øyresteinen
NM78	58°39′26.21″	05°32′56.40″	Rock W of Obrestadadodden
NM79	58°33′12.95″	05°39′35.60″	Rock W of Horrodden

续 表

坐标点编码	北 纬	东 经	名 称
NM80	58°31′34.28″	05°42′06.04″	Rock SW of Raunen
NM81	58°25′46.19″	05°51′45.76″	Rock S of Eigerøy fyr
NM82	58°25′24.78″	05°52′25.19″	Nordra Råsholmane
NM83	58°05′02.81″	06°35′42.85″	Rock SW of Tjørveneset
NM84	58°04′10.86″	06°37′36.80″	Outermost rock off Lille Døsen
NM85	58°03′31.04″	06°39′42.08″	Rock SW of Listerauna
NM86	58°03′23.90″	06°40′14.36″	Rock S of Listerauna
NM87	57°59′02.00″	07°00′14.90″	Bispen
NM88	57°57′41.97″	07°12′08.97″	Southernmost rock in Gjesslingane
NM89	57°57′30.64″	07°33′52.30″	Pysen
NM90	57°57′41.20″	07°36′51.98″	Ytsteskjer
NM91	57°57′59.83″	07°38′44.53″	Southeasternmost point of Gåseskjera
NM92	57°58′30.24″	07°41′06.57″	Ballastskjera E
NM93	58°02′55.46″	08°01′01.82″	Lille Svarten
NM94	58°05′34.06″	08°11′31.23″	Meholmskjer
NM95	58°06′28.24″	08°15′04.35″	Langbåen
NM96	58°13′03.51″	08°28′37.16″	Outermost rock in Gjeslingen
NM97	58°18′27.10″	08°39′29.68″	Hesnesbregen
NM98	58°49′58.87″	09°33′01.19″	Outermost rock E of the southern tip of Jomfruland
NM99	58°56′07.26″	09°56′08.90″	Steinbrotta
NM100	58°57′55.16″	10°09′17.77″	Rock S of Bidevindsholmen
NM101	58°58′36.67″	10°13′51.44″	Rock S of Ertholmen
NM102	58°56′53.04″	10°53′04.51″	Heifluene S
NM103	58°56′32.18″	10°55′04.47″	挪威和瑞典的边界线 边界点 XX (G.B.2. buoy)

列表中的坐标参考大地基准 EUREF89。直线意味着两点（大地线）之间的最短距离。

2. 本规定于 2002 年 7 月 1 日生效。生效之日起，1935 年 7 月 12 日颁布的皇家法案关于特赖纳群岛北部渔业限制的规定以及 1952 年 7 月 18 日颁布的皇家法案关于赖纳群岛南部渔业限制的规定废除。

确定挪威大陆领海外部界限的坐标点列表
（2003 年 12 月 1 日按照《联合国海洋法公约》规定由挪威与联合国秘书长确立，见海洋法公报第 54 号第 29 页）

列表中的坐标参考 EUREF89 大地基准。为了秩序良好，右列是指相应的基准点。

北　纬	东　经	挪威 / 瑞典的边界交点	
58°45′39.8596″	10°35′35.2818″		
58°46′30.0949″	10°16′15.3115″	POINT	NM101
58°46′25.9869″	10°15′48.2712″	POINT	NM100
58°46′20.4045″	10°15′9.4582″	POINT	NM100
58°44′52.5094″	10°4′25.8000″	POINT	NM99
58°40′20.2034″	9°47′18.0893″	POINT	NM98
58°18′32.9286″	8°56′32.8966″	POINT	NM97
58°10′9.1824″	8°55′51.4030″	CIRCLE AROUND	NM97
58°9′46.4424″	8°55′7.9453″	CIRCLE AROUND	NM97
58°9′42.3746″	8°54′59.7484″	POINT	NM97
58°4′20.0994″	8°44′7.5559″	POINT	NM96
58°4′13.1888″	8°43′53.4276″	POINT	NM96
57°57′39.5352″	8°30′21.1565″	POINT	NM95
57°57′18.2399″	8°29′35.4175″	CIRCLE AROUND	NM95

续　表

北　纬	东　经	挪威 / 瑞典的边界交点	
57°56′58.0550″	8°28′47.3977″	CIRCLE AROUND	NM95
57°56′39.0208″	8°27′58.8126″	CIRCLE AROUND	NM95
57°56′21.1751″	8°27′8.1411″	CIRCLE AROUND	NM95
57°56′4.5538″	8°26′16.0250″	CIRCLE AROUND	NM95
57°55′49.1899″	8°25′22.5687	CIRCLE AROUND	NM95
57°55′40.1838″	8°24′48.3051″	POINT	NM95
57°54′46.2739″	8°21′16.0094″	POINT	NM94
57°54′44.5800″	8°21′9.3006″	POINT	NM94
57°52′6.7710″	8°10′42.3404″	POINT	NM93
57°51′53.5795″	8°9′46.9725″	CIRCLE AROUND	NM93
57°51′51.7392″	8°9′38.6837″	POINT	NM93
57°47′27.8672″	7°49′48.4853″	POINT	NM92
57°47′23.5890″	7°49′28.9120″	POINT	NM92
57°46′53.3341″	7°47′7.4835″	POINT	NM91
57°46′41.9826″	7°46′10.8340″	CIRCLE AROUND	NM91
57°46′33.7524″	7°45′24.0764″	POINT	NM91
57°46′15.2202″	7°43′32.0633″	POINT	NM90
57°46′6.3458″	7°42′33.9012″	CIRCLE AROUND	NM90
57°45′58.8707″	7°41′35.0580″	CIRCLE AROUND	NM90
57°45′52.8100″	7°40′35.6510″	CIRCLE AROUND	NM90
57°45′48.1755″	7°39′35.7985″	CIRCLE AROUND	NM90
57°45′47.1485″	7°39′19.2095″	POINT	NM90
57°45′36.6461″	7°36′20.5041″	POINT	NM89
57°45′33.8213″	7°35′20.2652″	CIRCLE AROUND	NM89
57°45′32.4396″	7°34′19.8511″	CIRCLE AROUND	NM89
57°45′32.4189″	7°33′26.7231″	POINT	NM89
57°45′43.6866″	7°11′50.5892″	POINT	NM88
57°45′44.8491″	7°10′50.1539″	CIRCLE AROUND	NM88

续 表

北 纬	东 经	挪威/瑞典的边界交点	
57°45′47.4553″	7°9′49.8754″	CIRCLE AROUND	NM88
57°45′51.5001″	7°8′49.8739″	CIRCLE AROUND	NM88
57°45′56.9754″	7°7′50.2689″	CIRCLE AROUND	NM88
57°45′59.2196″	7°7′29.5952″	POINT	NM88
57°47′18.8192″	6°55′39.2172″	POINT	NM87
57°47′26.1141″	6°54′40.2588″	CIRCLE AROUND	NM87
57°47′34.8105″	6°53′41.9670″	CIRCLE AROUND	NM87
57°47′44.8909″	6°52′44.4580″	CIRCLE AROUND	NM87
57°47′56.3354″	6°51′47.8467″	CIRCLE AROUND	NM87
57°47′57.9967″	6°51′40.2202″	POINT	NM87
57°52′18.5619″	6°31′44.8033″	POINT	NM86
57°52′20.6878″	6°31′35.0796″	POINT	NM86
57°52′27.7914″	6°31′2.9364″	POINT	NM85
57°52′40.8376″	6°30′7.4328″	CIRCLE AROUND	NM85
57°52′55.1941″	6°29′13.0751″	CIRCLE AROUND	NM85
57°52′10.8324″	6°28′19.9719″	CIRCLE AROUND	NM85
57°53′14.5708″	6°28′8.0618″	POINT	NM85
57°53′54.2021″	6°26′3.1660″	POINT	NM84
57°54′11.3570″	6°25′11.7163″	CIRCLE AROUND	NM84
57°54′29.7211″	6°24′21.7541″	CIRCLE AROUND	NM84
57°54′49.2578″	6°23′33.3796″	CIRCLE AROUND	NM84
57°55′5.6392″	6°22′56.0339″	POINT	NM84
57°55′57.3711″	6°21′2.2120″	POINT	NM83
57°56′8.5232″	6°20′38.2333″	POINT	NM83
58°16′25.4095″	5°37′22.8676″	POINT	NM82
58°16′47.2470″	5°36′37.6426″	CIRCLE AROUND	NM82
58°17′4.7074″	5°36′4.2339″	POINT	NM82
58°17′26.0338″	5°35′24.7944″	POINT	NM81

续　表

北　纬	东　经	挪威 / 瑞典的边界交点	
58°17′49.6839″	5°34′42.9630″	CIRCLE AROUND	NM81
58°17′53.5044″	5°34′36.5481″	POINT	NM81
58°23′40.3052″	5°24′56.1772″	POINT	NM80
58°24′5.0157″	5°24′16.5028″	CIRCLE AROUND	NM80
58°24′5.4655″	5°24′15.8134″	POINT	NM80
58°25′43.7879″	5°21′45.0760″	POINT	NM79
58°26′9.4104″	5°21′7.5232″	CIRCLE AROUND	NM79
58°26′35.8902″	5°20′32.1910″	CIRCLE AROUND	NM79
58°27′3.1740″	5°19′59.1518″	CIRCLE AROUND	NM79
58°27′21.8460″	5°19′38.3652″	POINT	NM79
58°33′34.0722″	5°12′56.7465″	POINT	NM78
58°34′2.5493″	5°12′27.5060″	CIRCLE AROUND	NM78
58°34′16.0332″	5°12′14.7329″	POINT	NM78
58°34′57.9203″	5°11′36.0746″	POINT	NM77
58°35′27.3378″	5°11′10.4535″	CIRCLE AROUND	NM77
58°35′57.3261″	5°10′47.3812″	CIRCLE AROUND	NM77
58°36′10.6810″	5°10′38.0531″	POINT	NM77
58°41′3.0689″	5°7′19.5685″	POINT	NM76
58°41′33.7639″	5°7′0.1559″	CIRCLE AROUND	NM76
58°42′3.5651″	5°6′44.0567″	POINT	NM76
58°49′39.8371″	5°2′56.9189″	POINT	NM75
58°49′56.6593″	5°2′48.9280″	POINT	NM75
58°55′23.3386″	5°0′21.3636″	POINT	NM74
59°0′2.3099″	4°53′42.5850″	POINT	NM73
59°6′43.2561″	4°36′45.2448″	POINT	NM72
59°7′3.4079″	4°35′56.1215″	CIRCLE AROUND	NM72
59°7′24.6707″	4°35′8.7944″	CIRCLE AROUND	NM72
59°7′47.0020″	4°34′23.3591″	CIRCLE AROUND	NM72

续 表

北 纬	东 经	挪威/瑞典的边界交点	
59°8′10.3571″	4°33′39.9073″	CIRCLE AROUND	NM72
59°8′34.6893″	4°32′58.5272″	CIRCLE AROUND	NM72
59°8′59.9499″	4°32′19.3028″	CIRCLE AROUND	NM72
59°9′26.0884″	4°31′42.3140″	CIRCLE AROUND	NM72
59°9′45.3736″	4°31′17.1702″	POINT	NM72
59°9′49.8894″	4°31′11.4849″	POINT	NM71
59°10′17.4125″	4°30′38.5087″	CIRCLE AROUND	NM71
59°10′45.6672″	4°30′7.9630″	CIRCLE AROUND	NM71
59°11′14.5968″	4°29′39.9107″	CIRCLE AROUND	NM71
59°11′44.1432″	4°29′14.4100″	CIRCLE AROUND	NM71
59°12′14.2470″	4°28′51.5140″	CIRCLE AROUND	NM71
59°12′44.8476″	4°28′31.2706″	CIRCLE AROUND	NM71
59°13′15.8835″	4°28′13.7226″	CIRCLE AROUND	NM71
59°13′47.2921″	4°27′58.9074″	CIRCLE AROUND	NM71
59°14′19.0101″	4°27′46.8569″	CIRCLE AROUND	NM71
59°14′50.3940″	4°27′37.7401″	POINT	NM71
59°15′36.3710″	4°27′26.3969″	POINT	NM70
59°16′8.5123″	4°27′19.8933″	CIRCLE AROUND	NM70
59°16′40.7708″	4°27′16.2180″	CIRCLE AROUND	NM70
59°17′13.0812″	4°27′15.3804″	CIRCLE AROUND	NM70
59°17′45.3781″	4°27′17.3846″	CIRCLE AROUND	NM70
59°18′17.5962″	4°27′22.2287″	CIRCLE AROUND	NM70
59°18′49.6700″	4°27′29.9052″	CIRCLE AROUND	NM70
59°19′21.5346″	4°27′40.4006″	CIRCLE AROUND	NM70
59°19′51.3469″	4°27′52.8697″	POINT	NM70
59°21′13.0271″	4°28′30.6316″	POINT	NM69
59°21′44.2990″	4°28′46.5660″	CIRCLE AROUND	NM69
59°22′8.0034″	4°29′ .6424″	POINT	NM69

续　表

北　纬	东　经	挪威 / 瑞典的边界交点	
59°39′53.8517″	4°40′19.4609″	POINT	NM68
59°46′29.5719″	4°38′57.0668″	POINT	NM67
60°16′19.9820″	4°29′38.1599″	POINT	NM66
60°58′34.3051″	4°6′14.6926″	POINT	NM65
60°59′5.6360″	4°5′58.4890″	CIRCLE AROUND	NM65
60°59′37.2888″	4°5′45.1947″	CIRCLE AROUND	NM65
61°0′9.1998″	4°5′34.8388″	CIRCLE AROUND	NM65
61°0′41.3045″	4°5′27.4447″	CIRCLE AROUND	NM65
61°1′2.9673″	4°5′24.1472″	POINT	NM65
61°1′23.6001″	4°5′21.6515″	POINT	NM64
61°1′55.3643″	4°5′19.2604″	POINT	NM64
61°4′15.9936″	4°5′15.0879″	POINT	NM63
61°4′48.2969″	4°5′15.6285″	CIRCLE AROUND	NM63
61°5′1.5428″	4°5′16.7187″	POINT	NM63
61°39′42.1244″	4°8′51.5771″	POINT	NM62
61°40′14.3413″	4°8′56.4970″	CIRCLE AROUND	NM62
61°40′46.4202″	4°9′4.4648″	CIRCLE AROUND	NM62
61°41′18.2961″	4°9′15.4670″	CIRCLE AROUND	NM62
61°41′49.9042″	4°9′29.4838″	CIRCLE AROUND	NM62
61°42′21.1803″	4°9′46.4893″	CIRCLE AROUND	NM62
61°42′52.0608″	4°10′6.4514″	CIRCLE AROUND	NM62
61°43′22.4828″	4°10′29.3319″	CIRCLE AROUND	NM62
61°43′35.2171″	4°10′39.8942″	POINT	NM62
60°0′47.3691″	4°25′09.0896″	POINT	NM61
62°0′48.5467″	4°25′30.1170″	POINT	NM61
62°6′21.2748″	4°30′22.1091″	POINT	NM60
62°6′45.1741″	4°30′44.2484″	POINT	NM60
62°16′14.4087″	4°40′1.3079″	POINT	NM59

续 表

北 纬	东 经	挪威/瑞典的边界交点	
62°16′43.4556″	4°40′31.6226″	CIRCLE AROUND	NM59
62°17′11.8357″	4°41′4.7279″	CIRCLE AROUND	NM59
62°17′39.4909″	4°41′40.5585″	CIRCLE AROUND	NM59
62°17′42.9284″	4°41′45.2728″	POINT	NM59
62°26′41.4145″	4°54′12.9307″	POINT	NM58
62°27′8.1272″	4°54′52.1236″	CIRCLE AROUND	NM58
62°27′33.9928″	4°55′33.8907″	CIRCLE AROUND	NM58
62°27′58.9584″	4°56′18.1483″	CIRCLE AROUND	NM58
62°28′18.9654″	4°56′56.7215″	POINT	NM58
62°49′26.6913″	5°39′58.6213″	POINT	NM57
62°49′35.1110″	5°40′16.3538″	POINT	NM57
62°57′20.0252″	5°56′58.2020″	POINT	NM56
62°57′42.4849″	5°57′49.1766″	CIRCLE AROUND	NM56
62°58′3.8725″	5°58′42.3403″	CIRCLE AROUND	NM56
62°58′24.1442″	5°59′37.5851″	CIRCLE AROUND	NM56
62°58′27.1551″	5°59′46.2445″	POINT	NM56
63°15′35.2715″	6°50′20.1444″	POINT	NM55
63°34′50.8169″	7°21′28.8974″	POINT	NM54
63°38′29.9956″	7°26′27.7162″	POINT	NM53
63°38′57.2069″	7°27′6.8335″	CIRCLE AROUND	NM53
63°39′20.6349″	7°27′43.7734″	POINT	NM53
64°1′51.8592″	8°5′24.5215″	POINT	NM52
64°2′17.2967″	8°6′9.8920″	CIRCLE AROUND	NM52
64°2′41.8096″	8°6′57.8498″	CIRCLE AROUND	NM52
64°2′49.8691″	8°7′14.6112″	POINT	NM52
64°3′5.8862″	8°7′48.4456″	POINT	NM51
64°3′29.0804″	8°8′39.7285″	CIRCLE AROUND	NM51
64°3′51.2352″	8°9′33.3647″	CIRCLE AROUND	NM51

续　表

北　纬	东　经	挪威 / 瑞典的边界交点	
64°3′58.7591″	8°9′52.7353″	POINT	NM51
64°21′27.7639″	8°56′25.7135″	POINT	NM50
64°52′11.3339″	9°59′49.0435″	POINT	NM48
64°52′42.9045″	10°0′4.9526″	CIRCLE AROUND	NM48
64°53′14.1383″	10°0′24.1979″	CIRCLE AROUND	NM48
64°53′38.9593″	10°0′42.0637″	POINT	NM48
64°58′36.3360″	10°4′30.8315″	POINT	NM47
64°59′6.7909″	10°4′56.1488″	CIRCLE AROUND	NM47
64°59′33.7976″	10°5′21.7306″	POINT	NM47
65°28′16.2652″	10°34′44.8110″	POINT	NM46
65°42′6.5176″	10°47′55.2573″	POINT	NM45
66°10′19.7425″	11°4′17.7121″	POINT	NM44
66°10′50.9615″	11°4′38.0244″	CIRCLE AROUND	NM44
66°11′21.7784″	11°5′1.8045″	CIRCLE AROUND	NM44
66°11′52.1305″	11°5′29.0073″	CIRCLE AROUND	NM44
66°11′59.0636″	11°5′35.7669″	POINT	NM44
66°40′3.7262″	11°33′57.5112″	POINT	NM43
66°40′33.3232″	11°34′30.0098″	CIRCLE AROUND	NM43
66°41′2.3086″	11°35′5.8569″	CIRCLE AROUND	NM43
66°41′30.6230″	11°35′44.9822″	CIRCLE AROUND	NM43
66°41′58.2085″	11°36′27.3088″	CIRCLE AROUND	NM43
66°42′25.0085″	11°37′12.7527″	CIRCLE AROUND	NM43
66°42′50.9681″	11°38′1.2237″	CIRCLE AROUND	NM43
66°43′16.0339″	11°38′52.6246″	CIRCLE AROUND	NM43
66°43′25.7600″	11°39′13.8970″	POINT	NM43
66°48′55.3374″	11°51′31.8049″	POINT	NM42
67°19′51.7884″	11°21′33.0198″	POINT	NM41
67°20′22.1864″	11°21′4.8888″	CIRCLE AROUND	NM41

续 表

北 纬	东 经	挪威/瑞典的边界交点	
67°20′47.4583″	11°20′44.4700″	POINT	NM41
67°22′31.6282″	11°19′25.6172″	POINT	NM40
67°23′2.8071″	11°19′3.9420″	CIRCLE AROUND	NM40
67°23′34.3292″	11°18′45.9177″	CIRCLE AROUND	NM40
67°24′6.1310″	11°18′31.5845″	CIRCLE AROUND	NM40
67°24′38.1484″	11°18′20.9754″	CIRCLE AROUND	NM40
67°25′10.3168″	11°18′14.1160″	CIRCLE AROUND	NM40
67°25′42.5712″	11°18′11.0245″	CIRCLE AROUND	NM40
67°26′14.8463″	11°18′11.7112″	CIRCLE AROUND	NM40
67°26′47.0768″	11°18′16.1792″	CIRCLE AROUND	NM40
67°27′19.1974″	11°18′24.4235″	CIRCLE AROUND	NM40
67°27′51.1429″	11°18′36.4317″	CIRCLE AROUND	NM40
67°28′14.3453″	11°18′47.5788″	POINT	NM40
67°28′15.3169″	11°18′48.0889″	POINT	NM39
67°28′46.8062″	11°19′6.5604″	CIRCLE AROUND	NM39
67°29′1.8464″	11°19′16.7728″	POINT	NM39
67°32′16.1776″	11°21′34.9540″	POINT	NM38
67°32′47.1179″	11°21′58.9831″	CIRCLE AROUND	NM38
67°33′17.6123″	11°22′26.6467″	CIRCLE AROUND	NM38
67°33′47.5986″	11°22′57.8922″	CIRCLE AROUND	NM38
67°34′17.0156″	11°23′32.6596″	CIRCLE AROUND	NM38
67°34′45.8029″	11°24′10.8813″	CIRCLE AROUND	NM38
67°35′13.9018″	11°24′52.4825″	CIRCLE AROUND	NM38
67°35′41.2546″	11°25′37.3812″	CIRCLE AROUND	NM38
67°36′7.8052″	11°26′25.4886″	CIRCLE AROUND	NM38
67°36′33.4992″	11°27′16.7087″	CIRCLE AROUND	NM38
67°36′58.2836″	11°28′10.9391″	CIRCLE AROUND	NM38
67°37′22.1074″	11°29′8.0708″	CIRCLE AROUND	NM38

续　表

北　　纬	东　　经	挪威 / 瑞典的边界交点	
67°37′44.9218″	11°30′7.9885″	CIRCLE AROUND	NM38
67°37′51.1062″	11°30′25.2027″	POINT	NM38
67°40′16.8412″	11°37′17.1518″	POINT	NM37
67°40′27.3366″	11°37′47.5631″	POINT	NM37
67°41′17.5318″	11°40′16.4007″	POINT	NM36
67°41′38.3911″	11°41′21.2187″	CIRCLE AROUND	NM36
67°41′46.4375″	11°41′47.8981″	POINT	NM36
67°49′22.0722″	12°7′42.5053″	POINT	NM35
68°0′0.2628″	12°16′20.4818″	POINT	NM34
68°0′30.8962″	12°16′47.5796″	CIRCLE AROUND	NM34
68°1′1.0402″	12°17′18.3471″	CIRCLE AROUND	NM34
68°1′30.6330″	12°17′52.7256″	CIRCLE AROUND	NM34
68°1′52.7102″	12°18′21.2173″	POINT	NM34
68°14′8.6203″	12°35′3.0027″	POINT	NM33
68°14′37.0280″	12°35′44.2758″	CIRCLE AROUND	NM33
68°15′4.7147″	12°36′28.9803″	CIRCLE AROUND	NM33
68°15′31.6283″	12°37′17.0279″	CIRCLE AROUND	NM33
68°15′57.6999″	12°38′8.3233″	CIRCLE AROUND	NM33
68°16′11.3663″	12°38′37.2302″	POINT	NM33
68°18′42.1870″	12°44′5.1391″	POINT	NM32
68°19′6.8472″	12°45′1.4287″	CIRCLE AROUND	NM32
68°19′30.5404″	12°46′ .6948″	CIRCLE AROUND	NM32
68°19′53.2176″	12°47′2.8176″	CIRCLE AROUND	NM32
68°20′14.8321″	12°48′7.6715″	CIRCLE AROUND	NM32
68°20′35.3394″	12°49′15.1247″	CIRCLE AROUND	NM32
68°20′47.1811″	12°49′57.1033″	POINT	NM32
68°27′48.8000″	13°15′50.3311″	POINT	NM31
68°44′46.3732″	13°43′17.8752″	POINT	NM30

续 表

北 纬	东 经	挪威 / 瑞典的边界交点	
68°49′17.7132″	13°48′25.4315″	POINT	NM29
68°49′47.2727″	13°49′1.2449″	CIRCLE AROUND	NM29
68°50′16.2175″	13°49′40.7280″	CIRCLE AROUND	NM29
68°50′44.4882″	13°50′23.8037″	CIRCLE AROUND	NM29
68°51′12.0268″	13°51′10.3876″	CIRCLE AROUND	NM29
68°51′38.7769″	13°52′0.3876″	CIRCLE AROUND	NM29
68°52′4.6835″	13°52′53.7042″	CIRCLE AROUND	NM29
68°52′21.3875″	13°53′30.8738″	POINT	NM29
69°13′53.2014″	14°44′1.3297″	POINT	NM28
69°14′17.2945″	14°45′1.8266″	CIRCLE AROUND	NM28
69°14′40.3913″	14°46′5.3540″	CIRCLE AROUND	NM28
69°15′2.4441″	14°47″11.7832″	CIRCLE AROUND	NM28
69°15′23.4074″	14°48′20.9796″	CIRCLE AROUND	NM28
69°15′33.5906″	14°48′57.0200″	POINT	NM28
69°29′52.8182″	15°41′54.9473″	POINT	NM27
69°30′11.6838″	15°43′9.6397″	CIRCLE AROUND	NM27
69°30′29.3434″	15°44′26.7133″	CIRCLE AROUND	NM27
69°30′45.7605″	15°45′46.0100″	CIRCLE AROUND	NM27
69°31′0.9010″	15°47′7.3668″	CIRCLE AROUND	NM27
69°31′3.7762″	15°47′23.8885″	POINT	NM27
69°40′1.2679″	16°40′37.2306″	POINT	NM26
69°44′42.1549″	17°3′19.8524″	POINT	NM25
69°58′39.8970″	17°25′28.8080″	POINT	NM24
69°59′7.8040″	17°26′16.0838″	CIRCLE AROUND	NM24
69°59′34.9503″	17°27′7.0121″	CIRCLE AROUND	NM24
69°59′38.1002″	17°27′13.2566″	POINT	NM24
70°12′56.6802″	17°54′6.7596″	POINT	NM23
70°13′0.8617″	17°54′15.3864″	POINT	NM23

续　表

北　纬	东　经	挪威 / 瑞典的边界交点	
70°20′25.6214″	18°9′46.9706″	POINT	NM22
70°20′51.4935″	18°10′44.2407″	CIRCLE AROUND	NM22
70°21′16.4667″	18°11′44.9507″	CIRCLE AROUND	NM22
70°21′40.4896″	18°12′48.9791″	CIRCLE AROUND	NM22
70°22′3.5125″	18°13′56.1969″	CIRCLE AROUND	NM22
70°22′25.4879″	18°15′6.4680″	CIRCLE AROUND	NM22
70°22′46.3703″	18°16′19.6499″	CIRCLE AROUND	NM22
70°23′6.1166″	18°17′35.5936″	CIRCLE AROUND	NM22
70°23′24.6857″	18°18′54.1438″	CIRCLE AROUND	NM22
70°23′42.0393″	18°20′15.1396″	CIRCLE AROUND	NM22
70°23′57.3602″	18°21′34.1654″	POINT	NM22
70°28′45.8812″	18°47′56.0361″	POINT	NM21
70°29′0.5566″	18°49′21.9722″	CIRCLE AROUND	NM21
70°29′13.9130″	18°50′49.8282″	CIRCLE AROUND	NM21
70°29′16.9674″	18°51′11.5275″	POINT	NM21
70°36′5.9698″	19°41′29.6827″	POINT	NM20
70°36′6.1885″	19°41′31.3357″	POINT	NM20
70°51′10.7072″	21°42′4.2866″	POINT	NM19
71°1′28.5693″	22°27′53.9612″	POINT	NM18
71°1′37.4045″	22°28′34.9781″	POINT	NM18
71°15′57.4441″	23°38′40.4713″	POINT	NM17
71°16′13.7969″	23°40′7.0103″	CIRCLE AROUND	NM17
71°16′26.6973″	23°41′22.3671″	POINT	NM17
71°16′31.6218″	23°41′52.5306″	POINT	NM16
71°16′45.5792″	23°43′23.0830″	CIRCLE AROUND	NM16
71°16′58.2017″	23°44′55.5324″	CIRCLE AROUND	NM16
71°17′9.4630″	23°46′29.6872″	CIRCLE AROUND	NM16
71°17′19.3395″	23°48′5.3522″	CIRCLE AROUND	NM16

续　表

北　纬	东　经	挪威/瑞典的边界交点	
71°17′27.8109″	23°49′42.3285″	CIRCLE AROUND	NM16
71°17′34.8593″	23°51′20.4145″	CIRCLE AROUND	NM16
71°17′39.0968″	23°52′32.5858″	POINT	NM16
71°17′55.3896″	23°57′40.0616″	POINT	NM15
71°17′59.8985″	24°59′19.6267″	CIRCLE AROUND	NM15
71°18′2.9290″	24°0′58.7754″	POINT	NM15
71°18′50.7059″	24°37′45.3128″	POINT	NM14
71°22′49.2499″	25°32′36.4384″	POINT	NM13
71°22′55.4197″	25°34′15.5526″	CIRCLE AROUND	NM13
71°23′0.1443″	25°35′55.4498″	CIRCLE AROUND	NM13
71°23′3.4138″	25°37′35.9215″	CIRCLE AROUND	NM13
71°23′5.2214″	25°39′16.7583″	CIRCLE AROUND	NM13
71°23′5.5634″	25°40′57.7496″	CIRCLE AROUND	NM13
71°23′4.4390″	25°42′38.6847″	CIRCLE AROUND	NM13
71°23′4.1280″	25°42′54.5820″	POINT	NM13
71°19′56.2153″	27°43′4.0424″	POINT	NM12
71°19′52.3350″	27°44′44.0314″	CIRCLE AROUND	NM12
71°19′47.0900″	27°46′21.9443″	POINT	NM12
71°17′48.5910″	28°17′58.6992″	POINT	NM11
71°17′44.0524″	28°19′4.4134″	POINT	NM11
71°17′39.2248″	28°20′9.4426″	POINT	NM10
71°17′31.2368″	28°21′46.8324″	CIRCLE AROUND	NM10
71°17′21.8372″	28°23′22.9792″	CIRCLE AROUND	NM10
71°17′11.0456″	28°24′57.6830″	CIRCLE AROUND	NM10
71°16′58.8845″	28°26′30.7474″	CIRCLE AROUND	NM10
71°16′45.3791″	28°28′1.9794″	CIRCLE AROUND	NM10
71°16′30.5577″	28°29′31.1903″	CIRCLE AROUND	NM10
71°16′14.4509″	28°30′58.1959″	CIRCLE AROUND	NM10

续　表

北　纬	东　经	挪威 / 瑞典的边界交点	
71°15′57.0924″	28°32′22.8168″	CIRCLE AROUND	NM10
71°15′44.2809″	28°33′20.2573″	POINT	NM10
71°1′24.9877″	29°33′58.2107″	POINT	NM09
70°52′57.0456″	30°22′51.8962″	POINT	NM08
70°52′41.1018″	30°24′17.4668″	CIRCLE AROUND	NM08
70°52′23.9019″	30°25′40.7233″	CIRCLE AROUND	NM08
70°52′5.4817″	30°27′1.4945″	CIRCLE AROUND	NM08
70°51′47.7991″	30°28′12.2819″	POINT	NM08
70°49′56.3445″	30°35′18.7242″	POINT	NM07
70°49′35.6593″	30°36′34.0688″	CIRCLE AROUND	NM07
70°49′31.3562″	30°36′48.8994″	POINT	NM07
70°32′42.9930″	31°32′55.6838″	POINT	NM06
70°32′20.6297″	31°34′5.4476″	CIRCLE AROUND	NM06
70°31′57.2359″	31°35′12.0805″	CIRCLE AROUND	NM06
70°31′32.8601″	31°36′15.4479″	CIRCLE AROUND	NM06
70°31′7.5524″	31°37′15.4224″	CIRCLE AROUND	NM06
70°30′54.3866″	31°37′44.4850″	POINT	NM06
70°30′27.2114″	31°38′43.0106″	POINT	NM05
70°30′0.5940″	31°39′37.6067″	CIRCLE AROUND	NM05
70°29′33.1791″	31°40′28.5242″	CIRCLE AROUND	NM05
70°29′5.0231″	31°41′15.6627″	CIRCLE AROUND	NM05
70°28′57.2891″	31°41′27.7489″	POINT	NM05
70°28′46.2496″	31°41′44.7408″	POINT	NM04
70°28′17.2347″	31°42′26.9330″	CIRCLE AROUND	NM04
70°27′47.6120″	31°43′5.1486″	CIRCLE AROUND	NM04
70°27′17.4422″	31°43′39.3145″	CIRCLE AROUND	NM04
70°26′46.7870″	31°44′9.3656″	CIRCLE AROUND	NM04
70°26′15.7091″	31°44′35.2459″	CIRCLE AROUND	NM04

续 表

北 纬	东 经	挪威/瑞典的边界交点	
70°25′44.2718″	31°44′56.9079″	CIRCLE AROUND	NM04
70°25′12.5391″	31°45′14.3128″	CIRCLE AROUND	NM04
70°24′40.5758″	31°45′27.4308″	CIRCLE AROUND	NM04
70°24′8.4467″	31°45′36.2408″	CIRCLE AROUND	NM04
70°23′52.6873″	31°45′38.9776″	POINT	NM04
70°23′49.9759″	31°45′39.3592″	POINT	NM03
70°23′17.7209″	31°45′41.7334″	CIRCLE AROUND	NM03
70°22′45.4626″	31°45′39.7856″	CIRCLE AROUND	NM03
70°22′13.2663″	31°45′33.5256″	CIRCLE AROUND	NM03
70°21′41.1971″	31°45′22.9715″	CIRCLE AROUND	NM03
70°21′9.3197″	31°45′8.1502″	CIRCLE AROUND	NM03
70°20′37.6983″	31°44′49.0972″	CIRCLE AROUND	NM03
70°20′6.3965″	31°44′25.8562″	CIRCLE AROUND	NM03
70°19′35.4773″	31°43′58.4792″	CIRCLE AROUND	NM03
70°19′6.4174″	31°43′28.5874″	POINT	NM03
70°14′14.3595″	31°38′8.6766″	POINT	NM02
70°08′42.1191″	31°35′10.5868″	估算点	
70°07′15.00″	31°30′19.75″	POINT	

注意：

1. 挪威和瑞典的边界由 1968 年 7 月 24 挪威和瑞典关于大陆架限制的协定决定，位置参照欧洲基准（1950 年第一次调整）。与领海的外部界限的交会点是为实际原因在上面的列表引用大地基准 EUREF89。

2. 外部界限的精确界定在 70°08′42.1191″N/31°35′10.5868″E，开普敦那米丝凯（Nemetsky）之间的中点和开普敦科比尼斯（Kibernes）70°07′15.00″N/31°30′19.75″E 之间计算（也根据实际原因参照上述名单中的大地基准 EUREF89），由于适当的原因将受影响。

3. 挪威和俄罗斯联邦间的边界线，是按照挪威和苏维埃社会主义共和国 1957 年 2 月 15 号协议和关于在 Varangerfjord 边境的 1957 年 11 月 29 日的协定书来描述和绘制的。

关于决定布维岛领海范围的基线规定
（2005年2月25日由皇家法令制定，见海洋法公报第60号第50页）

沿布维岛的领海的确定的外部界限的地理坐标的列表，列表中的坐标参考 WGS84 大地基准点。

南　纬	东　经	
54°11′54.4″	3°14′17.6″	CIRCLE ABOUT BO26
54°11′57.7″	3°13′44.6″	POINT BO25
54°12′3.2″	3°12′50.3″	CIRCLE ABOUT BO25
54°12′10.1″	3°11′56.4″	CIRCLE ABOUT BO25
54°12′18.4″	3°11′3.1″	CIRCLE ABOUT BO25
54°12′28.2″	3°10′10.5″	CIRCLE ABOUT BO25
54°12′39.2″	3°9′18.6″	CIRCLE ABOUT BO25
54°12′51.7″	3°8′27.7″	CIRCLE ABOUT BO25
54°13′5.4″	3°7′37.8″	CIRCLE ABOUT BO25
54°13′20.5″	3°6′48.9″	CIRCLE ABOUT BO25
54°13′36.8″	3°6′1.3″	CIRCLE ABOUT BO25
54°13′54.4″	3°5′14.9″	CIRCLE ABOUT BO25
54°14′13.1″	3°4′30.0″	CIRCLE ABOUT BO25
54°14′33.0″	3°3′46.5″	CIRCLE ABOUT BO25
54°14′54.1″	3°3′4.5″	CIRCLE ABOUT BO25
54°15′16.2″	3°2′24.2″	CIRCLE ABOUT BO25

续　表

南　纬	东　经	
54°15′39.3″	3°1′45.7″	CIRCLE ABOUT BO25
54°16′3.5″	3°1′8.9″	CIRCLE ABOUT BO25
54°16′28.6″	3°0′34.0″	CIRCLE ABOUT BO25
54°16′54.5″	3°0′1.1″	CIRCLE ABOUT BO25
54°17′21.4″	2°59′30.2″	CIRCLE ABOUT BO25
54°17′49.0″	2°59′1.4″	CIRCLE ABOUT BO25
54°18′17.3″	2°58′34.7″	CIRCLE ABOUT BO25
54°18′46.3″	2°58′10.2″	CIRCLE ABOUT BO25
54°19′15.9″	2°57′48.0″	CIRCLE ABOUT BO25
54°19′46.0″	2°57′28.0″	CIRCLE ABOUT BO25
54°20′16.7″	2°57′10.4″	CIRCLE ABOUT BO25
54°20′47.8″	2°56′55.2″	CIRCLE ABOUT BO25
54°21′19.3″	2°56′42.3″	CIRCLE ABOUT BO25
54°21′51.0″	2°56′31.9″	CIRCLE ABOUT BO25
54°22′23.0″	2°56′23.9″	CIRCLE ABOUT BO25
54°22′27.8″	2°56′23.0″	POINT BO24
54°22′59.9″	2°56′15.9″	CIRCLE ABOUT BO24
54°23′32.1″	2°56′11.3″	CIRCLE ABOUT BO24
54°24′4.5″	2°56′9.2″	CIRCLE ABOUT BO24
54°24′36.8″	2°56′9.6″	CIRCLE ABOUT BO24
54°25′9.1″	2°56′12.4″	CIRCLE ABOUT BO24
54°25′41.3″	2°56′17.8″	CIRCLE ABOUT BO24
54°25′44.7″	2°56′18.5″	POINT BO20
54°26′17.1″	2°56′18.4″	CIRCLE ABOUT BO20
54°26′49.4″	2°56′20.7″	CIRCLE ABOUT BO20
54°27′21.6″	2°56′25.6″	CIRCLE ABOUT BO20

续 表

南 纬	东 经	
54°27′53.6″	2°56′32.9″	CIRCLE ABOUT BO20
54°28′25.5″	2°56′42.7″	CIRCLE ABOUT BO20
54°28′34.5″	2°56′46.0″	POINT BO20 BO19
54°28′37.4″	2°56′47.0″	POINT BO19
54°29′8.8″	2°57.0″	CIRCLE ABOUT BO19
54°29′39.9″	2°57′15.4″	CIRCLE ABOUT BO19
54°30′10.5″	2°57′33.1″	CIRCLE ABOUT BO19
54°30′40.7″	2°57′53.3″	CIRCLE ABOUT BO19
54°31′10.3″	2°58′15.7″	CIRCLE ABOUT BO19
54°31′39.2″	2°58′40.4″	CIRCLE ABOUT BO19
54°32′7.5″	2°59′7.4″	CIRCLE ABOUT BO19
54°32′35.1″	2°59′36.5″	CIRCLE ABOUT BO19
54°33′1.8″	3°0′7.7″	CIRCLE ABOUT BO19
54°33′27.7″	3°0′41.0″	CIRCLE ABOUT BO19
54°33′52.8″	3°1′16.3″	CIRCLE ABOUT BO19
54°34′16.8″	3°1′53.4″	CIRCLE ABOUT BO19
54°34′39.9″	3°2′32.4″	CIRCLE ABOUT BO19
54°34′42.0″	3°2′36.1″	POINT BO16
54°35′6.8″	3°3′11.7″	CIRCLE ABOUT BO16
54°35′30.7″	3°3′49.2″	CIRCLE ABOUT BO16
54°35′53.6″	3°4′28.5″	CIRCLE ABOUT BO16
54°36′15.5″	3°5′9.6″	CIRCLE ABOUT BO16
54°36′36.2″	3°5′52.3″	CIRCLE ABOUT BO16
54°36′55.8″	3°6′36.6″	CIRCLE ABOUT BO16
54°37′14.2″	3°7′22.4″	CIRCLE ABOUT BO16
54°37′14.3″	3°7′22.6″	POINT BO16 BO15

续　表

南　纬	东　经	
54°37′15.6″	3°7′26.0″	POINT BO15
54°37′32.8″	3°8′13.2″	CIRCLE ABOUT BO15
54°37′48.8″	3°9′1.7″	CIRCLE ABOUT BO15
54°38′3.4″	3°9′51.4″	CIRCLE ABOUT BO15
54°38′16.8″	3°10′42.2″	CIRCLE ABOUT BO15
54°38′28.8″	3°11′34.0″	CIRCLE ABOUT BO15
54°38′39.4″	3°12′26.6″	CIRCLE ABOUT BO15
54°38′48.6″	3°13′20.1″	CIRCLE ABOUT BO15
54°38′56.5″	3°14′14.2″	CIRCLE ABOUT BO15
54°39′2.9″	3°15′8.8″	CIRCLE ABOUT BO15
54°39′7.8″	3°16′3.9″	CIRCLE ABOUT BO15
54°39′11.3″	3°16′59.4″	CIRCLE ABOUT BO15
54°39′13.4″	3°17′55.0″	CIRCLE ABOUT BO15
54°39′14.0″	3°18′50.8″	CIRCLE ABOUT BO15
54°39′13.1″	3°19′46.6″	CIRCLE ABOUT BO15
54°39′10.8″	3°20′42.2″	CIRCLE ABOUT BO15
54°39′7.0″	3°21′37.6″	CIRCLE ABOUT BO15
54°39′1.8″	3°22′32.6″	CIRCLE ABOUT BO15
54°38′57.5″	3°23′8.8″	POINT BO14
54°38′51.8″	3°24′3.7″	CIRCLE ABOUT BO14
54°38′50.0″	3°24′19.1″	POINT BO12
54°38′50.0″	3°25′14.9″	CIRCLE ABOUT BO12
54°38′48.6″	3°26′10.6″	CIRCLE ABOUT BO12
54°38′45.7″	3°27′6.1″	CIRCLE ABOUT BO12
54°38′41.3″	3°28′1.4″	CIRCLE ABOUT BO12
54°38′35.5″	3°28′56.2″	CIRCLE ABOUT BO12

续 表

南 纬	东 经	
54°38′28.3″	3°29′50.6″	CIRCLE ABOUT BO12
54°38′19.6″	3°30′44.3″	CIRCLE ABOUT BO12
54°38′9.6″	3°31′37.3″	CIRCLE ABOUT BO12
54°37′58.2″	3°32′29.4″	CIRCLE ABOUT BO12
54°37′45.4″	3°33′20.6″	CIRCLE ABOUT BO12
54°37′31.3″	3°34′10.8″	CIRCLE ABOUT BO12
54°37′15.9″	3°34′59.8″	CIRCLE ABOUT BO12
54°36′59.2″	3°35′47.5″	CIRCLE ABOUT BO12
54°36′41.3″	3°36′33.9″	CIRCLE ABOUT BO12
54°36′22.2″	3°37′18.9″	CIRCLE ABOUT BO12
54°36′1.9″	3°38′2.3″	CIRCLE ABOUT BO12
54°35′40.5″	3°38′44.0″	CIRCLE ABOUT BO12
54°35′18.1″	3°39′24.1″	CIRCLE ABOUT BO12
54°34′54.6″	3°40′2.4″	CIRCLE ABOUT BO12
54°34′30.1″	3°40′38.8″	CIRCLE ABOUT BO12
54°34′4.7″	3°41′13.2″	CIRCLE ABOUT BO12
54°33′41.7″	3°41′41.8″	POINT BO10
54°33′15.8″	3°42′15.0″	CIRCLE ABOUT BO10
54°32′48.9″	3°42′46.0″	CIRCLE ABOUT BO10
54°32′21.3″	3°43′15.0″	CIRCLE ABOUT BO10
54°31′53.0″	3°43′41.8″	CIRCLE ABOUT BO10
54°31′24.0″	3°44′6.4″	CIRCLE ABOUT BO10
54°30′54.4″	3°44′28.7″	CIRCLE ABOUT BO10
54°30′24.2″	3°44′48.7″	CIRCLE ABOUT BO10
54°30′10.9″	3°44′56.6″	POINT BO09
54°29′41.0″	3°45′17.7″	CIRCLE ABOUT BO09

续 表

南　　纬	东　　经	
54°29′10.6″	3°45′36.6″	CIRCLE ABOUT BO09
54°28′39.7″	3°45′53.0″	CIRCLE ABOUT BO09
54°28′8.4″	3°46′7.0″	CIRCLE ABOUT BO09
54°27′36.8″	3°46′18.6″	CIRCLE ABOUT BO09
54°27′4.9″	3°46′27.8″	CIRCLE ABOUT BO09
54°26′32.8″	3°46′34.4″	CIRCLE ABOUT BO09
54°26.6″	3°46′38.6″	CIRCLE ABOUT BO09
54°25′28.2″	3°46′40.3″	CIRCLE ABOUT BO09
54°24′55.9″	3°46′39.5″	CIRCLE ABOUT BO09
54°24′23.6″	3°46′36.2″	CIRCLE ABOUT BO09
54°23′51.5″	3°46′30.4″	CIRCLE ABOUT BO09
54°23′19.5″	3°46′22.1″	CIRCLE ABOUT BO09
54°22′47.7″	3°46′11.4″	CIRCLE ABOUT BO09
54°22′40.0″	3°46′8.4″	POINT BO08
54°22′8.4″	3°45′56.1″	CIRCLE ABOUT BO08
54°21′37.3″	3°45′41.3″	CIRCLE ABOUT BO08
54°21′6.5″	3°45′24.2″	CIRCLE ABOUT BO08
54°20′36.2″	3°45′4.7″	CIRCLE ABOUT BO08
54°20′18.9″	3°44′52.4″	POINT BO07
54°19′49.1″	3°44′31.0″	CIRCLE ABOUT BO07
54°19′19.9″	3°44′7.3″	CIRCLE ABOUT BO07
54°18′51.3″	3°43′41.4″	CIRCLE ABOUT BO07
54°18′23.4″	3°43′13.4″	CIRCLE ABOUT BO07
54°17′56.3″	3°42′43.3″	CIRCLE ABOUT BO07
54°17′40.2″	3°42′23.9″	POINT BO05
54°17′12.6″	3°41′55.0″	CIRCLE ABOUT BO05

续　表

南　纬	东　经	
54°16′45.9″	3°41′24.0″	CIRCLE ABOUT BO05
54°16′19.9″	3°40′51.0″	CIRCLE ABOUT BO05
54°15′54.9″	3°40′16.0″	CIRCLE ABOUT BO05
54°15′30.8″	3°39′39.2″	CIRCLE ABOUT BO05
54°15′7.7″	3°39′.5″	CIRCLE ABOUT BO05
54°14′45.6″	3°38′20.2″	CIRCLE ABOUT BO05
54°14′24.6″	3°37′38.2″	CIRCLE ABOUT BO05
54°14′4.7″	3°36′54.6″	CIRCLE ABOUT BO05
54°13′46.0″	3°36′9.6″	CIRCLE ABOUT BO05
54°13′28.5″	3°35′23.2″	CIRCLE ABOUT BO05
54°13′12.3″	3°34′35.5″	CIRCLE ABOUT BO05
54°12′57.3″	3°33′46.6″	CIRCLE ABOUT BO05
54°12′43.6″	3°32′56.6″	CIRCLE ABOUT BO05
54°12′31.2″	3°32′5.6″	CIRCLE ABOUT BO05
54°12′20.2″	3°31′13.7″	CIRCLE ABOUT BO05
54°12′17.1″	3°30′58.0″	POINT BO03
54°12′4.7″	3°30′7.1″	CIRCLE ABOUT BO03
54°11′53.5″	3°29′15.3″	CIRCLE ABOUT BO03
54°11′43.8″	3°28′22.7″	CIRCLE ABOUT BO03
54°11′35.4″	3°27′29.4″	CIRCLE ABOUT BO03
54°11′28.5″	3°26′35.6″	CIRCLE ABOUT BO03
54°11′22.9″	3°25′41.2″	CIRCLE ABOUT BO03
54°11′18.8″	3°24′46.5″	CIRCLE ABOUT BO03
54°11′16.2″	3°23′51.6″	CIRCLE ABOUT BO03
54°11′15.0″	3°22′56.5″	CIRCLE ABOUT BO03
54°11′14.9″	3°22′52.8″	POINT BO02

续 表

南 纬	东 经	
54°11′13.4″	3°22′5.4″	POINT BO01
54°11′12.6″	3°21′10.3″	CIRCLE ABOUT BO01
54°11′13.2″	3°20′15.2″	CIRCLE ABOUT BO01
54°11′15.3″	3°19′20.2″	CIRCLE ABOUT BO01
54°11′18.9″	3°18′25.3″	CIRCLE ABOUT BO01
54°11′23.9″	3°17′30.9″	CIRCLE ABOUT BO01
54°11′30.3″	3°16′36.8″	CIRCLE ABOUT BO01
54°11′38.1″	3°15′43.3″	CIRCLE ABOUT BO01
54°11′47.3″	3°14′50.4″	CIRCLE ABOUT BO01

有关挪威内水、领海、专属经济区以及大陆架上进行的国外海洋科学研究规则

（2001 年 3 月 30 日王储法令）

王储法令于 2001 年 3 月 30 生效，根据 1963 年 6 月 21 日法律的第二、三条关于除了石油资源以外的海下自然资源的科研勘探和开发的第 16 号法案；1966 年 6 月 17 日法律的第六部分关于挪威渔业限制和禁止的第 19 号法案等以及外国国家在渔业限制范围内的规定；1976 年 12 月 17 号法律的第 7b 部分关于挪威经济区的第 19 号法案；1983 年 6 月 2 号法律的第 4、4(a)、5、5（a）、7、8、9、9（a）、13、21、23、24、25、32 和 45 部分关于海水渔场的第四十条法案；1997 年 6 月 13 日法律的第 3、9、12、15 和 32 部分关于挪威海岸保卫的第四十二条法案；由外事部上交。

引导规定

第一条

根据 1982 年的联合国宪章，这些法规的目的是推进海洋科研行为的发展。为了增长海洋环境的科学知识，并且保证实施的调查与在挪威内水、领海、专属经济区和大陆架在任何时间生效的法律行为相一致。

第二条

这些规定适用于国际法或与挪威其他国家签订的协议所产生的任何限制。

第三条

这些规定适用于在挪威内水、领海和专属经济区以及大陆架进行的外国的海洋科学研究。目前，关于自然资源勘探和开发的外国研究，不应影响本条例第七条所列的规定；不论是生物资源还是非生物资源，或根据国际法以其他方法影响挪威的自然资源。

第四条

以这些规定为目的，如果进行海洋科学研究的国家不是挪威，或是由国际组织执行的，那么应当认为该研究是外国的科学研究。

以这些法规为目的，研究国是指项目的主要研究员或研究机构的所在国。如果参加科研项目的研究员或机构来自不同国家，该科研项目的主导国将被认为是研究国。

以这些法规为目的，“国际组织”一词是指以科研行为为目的的跨政府组织。

第五条

这些法规不适用于外国军舰。“外国军舰”一词是指在生效的挪威法规范围内的船舶，即在和平时期的任何时间内进入挪威领海的外国军舰和军用飞机。

第六条

在挪威内水、领海和专属经济区以及大陆架上的外国海洋科研活动应在渔业局同意的范围内进行。

在本条例第十条所规定的情况下，默示同意被视为已给予。渔业局可在特殊理由表明同意的情况下给予豁免。

适 用 程 序

第七条

这些法规的规定对申请人的职责无效：

1914 年 8 月 18 日法律第三条关于防卫秘密的规定。

1963 年 6 月 21 日法律第十二条关于除了石油以外的海下自然资源的科研、勘探和开发。

1966 年 6 月 17 日法律的第十九条关于对捕鱼限制范围内的外国船舶的挪威捕鱼限制和禁止捕鱼的规定等。

1983 年 6 月 3 日法律的第四十条关于海水渔场的规定。

1988 年 6 月 24 日法律的第六十四条关于进入挪威王国的外国船舶及其所处的境地。

1989 年 6 月 16 日法律的第五十九条关于引航服务的规定。

1996 年 11 月 29 日法律的第七十二条关于石油活动的规定。

1997 年 6 月 13 日法律的第四十二条关于挪威沿海保卫的规定。

1973 年 6 月 1 日的关于建立鸟类保护区和在斯瓦尔巴群岛建立大自然保护区的法规。

1990 年 12 月 21 日法律的第一千零二十八条关于关于进入挪威王国的外国船舶及其所处的境地。

1994 年 12 月 23 日法律的第一千一百三十条关于在和平时期进入或在挪威领海过境的船舶。

第八条

从事海洋科学研究的申请应当由从事研究行为的研究者、研究机构和国际组织发送给渔业局。除非渔业局批准了与个人申请相关的短期限制，申请应当在项目计划开始前 6 个月送达。除非有任何不必要的延迟，渔业局通常在得到申请后两个月内对申请作出回复。

第九条

从事海洋科研的申请应该包含一份完整的描述：

1. 对项目负责的机构的国籍和名称，负责此项目的领导和人员。

2. 项目的对象和性质。

3. 使用的方法和意义，包括名字、持有人、注册国、保险责任、船舶的登记型号和吨位以及科学设备的说明。

4. 项目实施的准确地理范围，到达船舶首次出现和最后离开的期待日期或者设备的调配和移动。

5. 沿岸国可以考虑到的扩张应当在项目中特别规定或被描绘出来。

申请应当有一个特别的形式。该形式包括这些法规的一个附录及渔业局的更新。这个申请应当是英文的。

第十条

当渔业局已通知该申请人时，则认为从事海洋科学研究的申请已被批准。

除非渔业局已经就以下内容通知研究国家和国际组织，否则在其接受请求 4 个月后同样认为从事海洋科学研究的申请已被批准：

1. 申请将不被授予。

2. 信息被证明与事实严重不符。

3. 要求更多的信息。

4. 要求国家或国际组织对在挪威内水、领海和专属经济区以及大陆架的预先调查项目有突出义务。

第 2 款不适用于：

1. 如果所载条文另有规定或根据本法规第七条另行颁布。

2. 对挪威内水和领海的研究。

颁发同意的条件

第十一条

挪威渔业局可以根据是否符合以下条件决定是否授权同意在海洋从事科研活动：

1. 挪威当局或其指定的研究人员应有权利参加海洋科研项目，特别是在船舶甲板上的调查和其他设备或科研设施，在可行时，无需对沿海国家的科学家支付任何报酬且没有义务捐献该项目的成本。

2. 如有这样的要求，挪威当局应该在切实可行的范围内尽快提供初步报告，并在完成调查后提交最终结果。

3. 如有这样的要求，挪威当局应该提供来自科研项目的所有资料和样本的访问，并同样向其提供可以复制的资料和可以分开而不致有损其科学价值的样品。

4. 如有这样的要求，挪威当局应该提供在上条提到的这些资料，样本和研究结果的评估，或在评估和说明中提供帮助。

与研究有关的职责

第十二条

海洋科学研究不应不公正地干涉海洋的其他合法用途。

第十三条

与海洋科研有关的任何行为应在与所有适用于挪威内水、领海、专属经济区和大陆架包括海洋资源保护区的所有法律相一致的情况下进行。

第十四条

进行海洋科学研究的国家和国际组织应该就研究项目的任何改变和应用船舶的任何改变立即通知沿海国。

第十五条

一个研究者、研究机构或国际组织有责任遵守来自挪威沿海对调查船舶或调查设施的保卫。

如果用于船舶或安装，检查可以通过强制手段：

（1）根据《联合国海洋法公约》第 V 部分和第 VI 部分的规定在挪威主权范围内的活动。

（2）在领土范围内的调查。

第十六条

渔业局可以要求进行海洋科学研究的船舶告知每日位置并要求船舶安装卫星系统；而且还应当要求船舶通告关于调查活动的其他事项，比如开始调查和开始采样的相关情况。

科学设施和设备

第十七条

可以在宽度不超过 500 米距离的安全区建立设施。

第十八条

部署任何种类的科研设施和设备不应在国际航道上构成障碍。

第十九条

关于本条的设施和设备应有表明所属登记国或国际组织的识别标记；应具有足够的国际上规定的预警信号以确保海上安全和空中航行安全；同时考虑由主管国际组织确立规则和准则。

第二十条

为尽快通过适当的国家和国际航道，研究者、研究机构和国际组织应该就在挪威内水、领海和专属经济区以及大陆架的海洋科学活动作总结。

实　　行

第二十一条

如果研究活动不能按照本法第九条关于信息交流的规定进行，或者未能遵守本法第十一条规定的统一条件，渔业局可以要求中止海洋科研。

第二十二条

如果根据第二十一条规定已经被中止的任何事项在合理期限内未能得到纠正，或者如果开展该海洋科研活动所采用的方式与挪威当局根据本规定的第八条所获得的科研活动信息存在很大不同，则视为该研究活动的方案出现重大变更，渔业局可以要求中断该项海洋科学研究。

第二十三条

本法对挪威当局依照本条例第七条所列之行为行使权力没有偏见，包括控制和执法手段的实施。

生　　效

第二十四条

本法于 2001 年 7 月生效。

附录（略）

确定布韦岛领海外部界限各点的地理坐标表*

列表中的坐标以 1984 年世界大地测量系统为基准。

南　　纬	东　　经	
度 分 秒	度 分 秒	
54°11′54.4″	3°14′17.6″	圆　布韦岛 26
54°11′57.7″	3°13′44.6″	点　布韦岛 25
54°12′3.2″	3°12′50.3″	圆　布韦岛 25
54°12′10.1″	3°11′56.4″	圆　布韦岛 25
54°12′18.4″	3°11′3.1″	圆　布韦岛 25
54°12′28.2″	3°10′10.5″	圆　布韦岛 25
54°12′39.2″	3°9′18.6″	圆　布韦岛 25
54°12′51.7″	3°8′27.7″	圆　布韦岛 25
54°13′5.4″	3°7′37.8″	圆　布韦岛 25
54°13′20.5″	3°6′48.9″	圆　布韦岛 25
54°13′36.8″	3°6′1.3″	圆　布韦岛 25
54°13′54.4″	3°5′14.9″	圆　布韦岛 25
54°14′13.1″	3°4′30.0″	圆　布韦岛 25
54°14′33.0″	3°3′46.5″	圆　布韦岛 25
54°14′54.1″	3°3′4.5″	圆　布韦岛 25

* 文本于 2005 年 3 月 31 日通过普通照会由挪威的联合国常驻使团向联合国秘书长交存。

续　表

南　纬	东　经	
度 分 秒	度 分 秒	
54°15′16.2″	3°2′24.2″	圆　布韦岛 25
54°15′39.3″	3°1′45.7″	圆　布韦岛 25
54°16′3.5″	3°1′8.9″	圆　布韦岛 25
54°16′28.6″	3°0′34.0″	圆　布韦岛 25
54°16′54.5″	3°0′1.1″	圆　布韦岛 25
54°17′21.4″	2°59′30.2″	圆　布韦岛 25
54°17′49.0″	2°59′1.4″	圆　布韦岛 25
54°18′17.3″	2°58′34.7″	圆　布韦岛 25
54°18′46.3″	2°58′10.2″	圆　布韦岛 25
54°19′15.9″	2°57′48.0″	圆　布韦岛 25
54°19′46.0″	2°57′28.0″	圆　布韦岛 25
54°20′16.7″	2°57′10.4″	圆　布韦岛 25
54°20′47.8″	2°56′55.2″	圆　布韦岛 25
54°21′19.3″	2°56′42.3″	圆　布韦岛 25
54°21′51.0″	2°56′31.9″	圆　布韦岛 25
54°22′23.0″	2°56′23.9″	圆　布韦岛 25
54°22′27.8″	2°56′23.0″	点　布韦岛 24
54°22′59.9″	2°56′15.9″	圆　布韦岛 24
54°23′32.1″	2°56′11.3″	圆　布韦岛 24
54°24′4.5″	2°56′9.2″	圆　布韦岛 24
54°24′36.8″	2°56′9.6″	圆　布韦岛 24
54°25′9.1″	2°56′12.4″	圆　布韦岛 24
54°25′41.3″	2°56′17.8″	圆　布韦岛 24
54°25′44.7″	2°56′18.5″	点　布韦岛 20
54°26′17.1″	2°56′18.4″	圆　布韦岛 20
54°26′49.4″	2°56′20.7″	圆　布韦岛 20
54°27′21.6″	2°56′25.6″	圆　布韦岛 20
54°27′53.6″	2°56′32.9″	圆　布韦岛 20

续 表

南 纬	东 经	
度 分 秒	度 分 秒	
54°28′25.5″	2°56′42.7″	圆 布韦岛 20
54°28′34.5″	2°56′46.0″	点 布韦岛 20、19
54°28′37.4″	2°56′47.0″	点 布韦岛 19
54°29′8.8″	2°57′.0″	圆 布韦岛 19
54°29′39.9″	2°57′15.4″	圆 布韦岛 19
54°30′10.5″	2°57′33.1″	圆 布韦岛 19
54°30′40.7″	2°57′53.3″	圆 布韦岛 19
54°31′10.3″	2°58′15.7″	圆 布韦岛 19
54°31′39.2″	2°58′40.4″	圆 布韦岛 19
54°32′7.5″	2°59′7.4″	圆 布韦岛 19
54°32′35.1″	2°59′36.5″	圆 布韦岛 19
54°33′1.8″	3°0′7.7″	圆 布韦岛 19
54°33′27.7″	3°0′41.0″	圆 布韦岛 19
54°33′52.8″	3°1′16.3″	圆 布韦岛 19
54°34′16.8″	3°1′53.4″	圆 布韦岛 19
54°34′39.9″	3°2′32.4″	圆 布韦岛 19
54°34′42.0″	3°2′36.1″	点 布韦岛 16
54°35′6.8″	3°3′11.7″	圆 布韦岛 16
54°35′30.7″	3°3′49.2″	圆 布韦岛 16
54°35′53.6″	3°4′28.5″	圆 布韦岛 16
54°36′15.5″	3°5′9.6″	圆 布韦岛 16
54°36′36.2″	3°5′52.3″	圆 布韦岛 16
54°36′55.8″	3°6′36.6″	圆 布韦岛 16
54°37′14.2″	3°7′22.4″	圆 布韦岛 16
54°37′14.3″	3°7′22.6″	点 布韦岛 16、15
54°37′15.6″	3°7′26.0″	点 布韦岛 15
54°37′32.8″	3°8′13.2″	圆 布韦岛 15

续 表

南 纬	东 经	
度 分 秒	度 分 秒	
54°37′48.8″	3°9′1.7″	圆 布韦岛 15
54°38′3.4″	3°9′51.4″	圆 布韦岛 15
54°38′16.8″	3°10′42.2″	圆 布韦岛 15
54°38′28.8″	3°11′34.0″	圆 布韦岛 15
54°38′39.4″	3°12′26.6″	圆 布韦岛 15
54°38′48.6″	3°13′20.1″	圆 布韦岛 15
54°38′56.5″	3°14′14.2″	圆 布韦岛 15
54°39′2.9″	3°15′8.8″	圆 布韦岛 15
54°39′7.8″	3°16′3.9″	圆 布韦岛 15
54°39′11.3″	3°16′59.4″	圆 布韦岛 15
54°39′13.4″	3°17′55.0″	圆 布韦岛 15
54°39′14.0″	3°18′50.8″	圆 布韦岛 15
54°39′13.1″	3°19′46.6″	圆 布韦岛 15
54°39′10.8″	3°20′42.2″	圆 布韦岛 15
54°39′7.0″	3°21′37.6″	圆 布韦岛 15
54°39′1.8″	3°22′32.6″	圆 布韦岛 15
54°38′57.5″	3°23′8.8″	点 布韦岛 14
54°38′51.8″	3°24′3.7″	圆 布韦岛 14
54°38′50.0″	3°24′19.1″	点 布韦岛 12
54°38′50.0″	3°25′14.9″	圆 布韦岛 12
54°38′48.6″	3°26′10.6″	圆 布韦岛 12
54°38′45.7″	3°27′6.1″	圆 布韦岛 12
54°38′41.3″	3°28′1.4″	圆 布韦岛 12
54°38′35.5″	3°28′56.2″	圆 布韦岛 12
54°38′28.3″	3°29′50.6″	圆 布韦岛 12
54°38′19.6″	3°30′44.3″	圆 布韦岛 12
54°38′9.6″	3°31′37.3″	圆 布韦岛 12

续　表

南　纬	东　经	
度 分 秒	度 分 秒	
54°37′58.2″	3°32′29.4″	圆　布韦岛 12
54°37′45.4″	3°33′20.6″	圆　布韦岛 12
54°37′31.3″	3°34′10.8″	圆　布韦岛 12
54°37′15.9″	3°34′59.8″	圆　布韦岛 12
54°36′59.2″	3°35′47.5″	圆　布韦岛 12
54°36′41.3″	3°36′33.9″	圆　布韦岛 12
54°36′22.2″	3°37′18.9″	圆　布韦岛 12
54°36′1.9″	3°38′2.3″	圆　布韦岛 12
54°35′40.5″	3°38′44.0″	圆　布韦岛 12
54°35′18.1″	3°39′24.1″	圆　布韦岛 12
54°34′54.6″	3°40′2.4″	圆　布韦岛 12
54°34′30.1″	3°40′38.8″	圆　布韦岛 12
54°34′4.7″	3°41′13.2″	圆　布韦岛 12
54°33′41.7″	3°41′41.8″	点　布韦岛 10
54°33′15.8″	3°42′15.0″	圆　布韦岛 10
54°32′48.9″	3°42′46.0″	圆　布韦岛 10
54°32′21.3″	3°43′15.0″	圆　布韦岛 10
54°31′53.0″	3°43′41.8″	圆　布韦岛 10
54°31′24.0″	3°44′6.4″	圆　布韦岛 10
54°30′54.4″	3°44′28.7″	圆　布韦岛 10
54°30′24.2″	3°44′48.7″	圆　布韦岛 10
54°30′10.9″	3°44′56.6″	点　布韦岛 9
54°29′41.0″	3°45′17.7″	圆　布韦岛 9
54°29′10.6″	3°45′36.6″	圆　布韦岛 9
54°28′39.7″	3°45′53.0″	圆　布韦岛 9
54°28′8.4″	3°46′7.0″	圆　布韦岛 9
54°27′36.8″	3°46′18.6″	圆　布韦岛 9

续　表

南　　纬	东　　经	
度 分 秒	度 分 秒	
54°27′4.9″	3°46′27.8″	圆　布韦岛 9
54°26′32.8″	3°46′34.4″	圆　布韦岛 9
54°26′.6″	3°46′38.6″	圆　布韦岛 9
54°25′28.2″	3°46′40.3″	圆　布韦岛 9
54°24′55.9″	3°46′39.5″	圆　布韦岛 9
54°24′23.6″	3°46′36.2″	圆　布韦岛 9
54°23′51.5″	3°46′30.4″	圆　布韦岛 9
54°23′19.5″	3°46′22.1″	圆　布韦岛 9
54°22′47.7″	3°46′11.4″	圆　布韦岛 9
54°22′40.0″	3°46′8.4″	点　布韦岛 8
54°22′8.4″	3°45′56.1″	圆　布韦岛 8
54°21′37.3″	3°45′41.3″	圆　布韦岛 8
54°21′6.5″	3°45′24.2″	圆　布韦岛 8
54°20′36.2″	3°45′4.7″	圆　布韦岛 8
54°20′18.9″	3°44′52.4″	点　布韦岛 7
54°19′49.1″	3°44′31.0″	圆　布韦岛 7
54°19′19.9″	3°44′7.3″	圆　布韦岛 7
54°18′51.3″	3°43′41.4″	圆　布韦岛 7
54°18′23.4″	3°43′13.4″	圆　布韦岛 7
54°17′56.3″	3°42′43.3″	圆　布韦岛 7
54°17′40.2″	3°42′23.9″	点　布韦岛 5
54°17′12.6″	3°41′55.0″	圆　布韦岛 5
54°16′45.9″	3°41′24.0″	圆　布韦岛 5
54°16′19.9″	3°40′51.0″	圆　布韦岛 5
54°15′54.9″	3°40′16.0″	圆　布韦岛 5
54°15′30.8″	3°39′39.2″	圆　布韦岛 5
54°15′7.7″	3°39′.5″	圆　布韦岛 5

续 表

南 纬	东 经	
度 分 秒	度 分 秒	
54°14′45.6″	3°38′20.2″	圆 布韦岛 5
54°14′24.6″	3°37′38.2″	圆 布韦岛 5
54°14′4.7″	3°36′54.6″	圆 布韦岛 5
54°13′46.0″	3°36′9.6″	圆 布韦岛 5
54°13′28.5″	3°35′23.2″	圆 布韦岛 5
54°13′12.3″	3°34′35.5″	圆 布韦岛 5
54°12′57.3″	3°33′46.6″	圆 布韦岛 5
54°12′43.6″	3°32′56.6″	圆 布韦岛 5
54°12′31.2″	3°32′5.6″	圆 布韦岛 5
54°12′20.2″	3°31′13.7″	圆 布韦岛 5
54°12′17.1″	3°30′58.0″	点 布韦岛 3
54°12′4.7″	3°30′7.1″	圆 布韦岛 3
54°11′53.5″	3°29′15.3″	圆 布韦岛 3
54°11′43.8″	3°28′22.7″	圆 布韦岛 3
54°11′35.4″	3°27′29.4″	圆 布韦岛 3
54°11′28.5″	3°26′35.6″	圆 布韦岛 3
54°11′22.9″	3°25′41.2″	圆 布韦岛 3
54°11′18.8″	3°24′46.5″	圆 布韦岛 3
54°11′16.2″	3°23′51.6″	圆 布韦岛 3
54°11′15.0″	3°22′56.5″	圆 布韦岛 3
54°11′14.9″	3°22′52.8″	点 布韦岛 2
54°11′13.4″	3°22′5.4″	点 布韦岛 1
54°11′12.6″	3°21′10.3″	圆 布韦岛 1
54°11′13.2″	3°20′15.2″	圆 布韦岛 1
54°11′15.3″	3°19′20.2″	圆 布韦岛 1
54°11′18.9″	3°18′25.3″	圆 布韦岛 1
54°11′23.9″	3°17′30.9″	圆 布韦岛 1

续　表

南　纬	东　经	
度 分 秒	度 分 秒	
54°11′30.3″	3°16′36.8″	圆　布韦岛 1
54°11′38.1″	3°15′43.3″	圆　布韦岛 1
54°11′47.3″	3°14′50.4″	圆　布韦岛 1

1932 年 10 月 28 日《敕令》
（替代 1928 年 6 月 22 日《海关法》）

…………

II. 依据上述法律的第三部分，关于船舶的海关检查、关于装载和卸运从国外或运送至国外的货物的法律规定以及关于国内分派货物的法律规定，将适用于从未被海水持续覆盖的最外侧岛屿和小岛向海 10 海里之内的区域。

确定挪威本土领海外部界限点的坐标表*

列表中的坐标以 1989 年欧洲大地基准（EUREF89）为参考。为了使其井然有序，表中最右一栏指的是相应的基线点。

北　纬	东　经		
58°45′39.8596″	10°35′35.2818″	挪威与瑞典的边界交点	
58°46′30.0949″	10°16′15.3115″	点	挪威本土 101
58°46′25.9869″	10°15′48.2712″	点	挪威本土 100

* 文本于 2003 年 11 月 28 日通过照会由挪威的联合国常驻使团向联合国交存。

续　表

北　纬	东　经		
58°46′20.4045″	10°15′9.4582″	点	挪威本土 100
58°44′52.5094″	10°4′25.8000″	点	挪威本土 99
58°40′20.2034″	9°47′18.0893″	点	挪威本土 98
58°10′32.9286″	8°56′32.8966″	点	挪威本土 97
58°10′9.1824″	8°55′51.4030″	圆	挪威本土 97
58°9′46.4424″	8°55′7.9453″	圆	挪威本土 97
58°9′42.3746″	8°54′59.7484″	点	挪威本土 97
58°4′20.0994″	8°44′7.5559″	点	挪威本土 96
58°4′13.1888″	8°43′53.4276″	点	挪威本土 96
57°57′39.5352″	8°30′21.1565″	点	挪威本土 95
57°57′18.2399″	8°29′5.4175″	圆	挪威本土 95
57°56′58.0550″	8°28′47.9377″	圆	挪威本土 95
57°56′39.0208″	8°27′58.8126″	圆	挪威本土 95
57°56′21.1751″	8°27′8.1411″	圆	挪威本土 95
57°56′4.5538″	8°26′16.0250″	圆	挪威本土 95
57°55′49.1899″	8°25′22.5687″	圆	挪威本土 95
57°55′40.1838″	8°24′48.3051″	点	挪威本土 95
57°54′46.2739″	8°21′16.0094″	点	挪威本土 94
57°54′44.5800″	8°21′9.3006″	点	挪威本土 94
57°52′6.7710″	8°10′42.3404″	点	挪威本土 93
57°51′53.5795″	8°9′46.9725″	圆	挪威本土 93
57°51′51.7392″	8°9′38.6837″	点	挪威本土 93
57°47′27.8672″	7°49′48.4853″	点	挪威本土 92
57°47′23.5890″	7°49′28.9120″	点	挪威本土 92
57°46′53.3341″	7°47′7.4835″	点	挪威本土 91
57°46′41.9826″	7°46′10.8340″	圆	挪威本土 91
57°46′33.7524″	7°45′24.0764″	点	挪威本土 91
57°46′15.2202″	7°43′32.0633″	点	挪威本土 90
57°46′6.3458″	7°42′33.9012″	圆	挪威本土 90

续　表

北　纬	东　经		
57°45′58.8707″	7°41′35.0580″	圆	挪威本土 90
57°45′52.8100″	7°40′35.6510″	圆	挪威本土 90
57°45′48.1755″	7°39′35.7985″	圆	挪威本土 90
57°45′47.1485″	7°39′19.2095″	点	挪威本土 90
57°45′36.6461″	7°36′20.5041″	点	挪威本土 89
57°45′33.8213″	7°35′20.2652″	圆	挪威本土 89
57°45′32.4396″	7°34′19.8511″	圆	挪威本土 89
57°45′32.4189″	7°33′26.7231″	点	挪威本土 89
57°45′43.6866″	7°11′50.5892″	点	挪威本土 88
57°45′44.8491″	7°10′50.1539″	圆	挪威本土 88
57°45′47.4553″	7°9′49.8754″	圆	挪威本土 88
57°45′51.5001″	7°8′49.8739″	圆	挪威本土 88
57°45′56.9754″	7°7′50.2689″	圆	挪威本土 88
57°45′59.2196″	7°7′29.5952″	点	挪威本土 88
57°47′18.8192″	6°55′39.2172″	点	挪威本土 87
57°47′26.1141″	6°54′40.2588″	圆	挪威本土 87
57°47′34.8105″	6°53′41.9670″	圆	挪威本土 87
57°47′44.8909″	6°52′44.4580″	圆	挪威本土 87
57°47′56.3354″	6°51′47.8467″	圆	挪威本土 87
57°47′57.9967″	6°51′40.2202″	点	挪威本土 87
57°52′18.5619″	6°31′44.8033″	点	挪威本土 86
57°52′20.6878	6°31′35.0796″	点	挪威本土 86
57°52′27.7914″	6°31′2.9364″	点	挪威本土 85
57°52′40.8376″	6°30′7.4328″	圆	挪威本土 85
57°52′55.1941″	6°29′13.0751″	圆	挪威本土 85
57°53′10.8324″	6°28′19.9719″	圆	挪威本土 85
57°53′14.5708″	6°28′8.0618″	点	挪威本土 85
57°53′54.2021″	6°26′3.1660″	点	挪威本土 84
57°54′11.3570″	6°25′11.7163″	圆	挪威本土 84

续 表

北　　纬	东　　经		
57°54′29.7211″	6°24′21.7541″	圆	挪威本土 84
57°54′49.2578″	6°23′33.3796″	圆	挪威本土 84
57°55′5.6392″	6°22′56.0339″	点	挪威本土 84
57°55′57.3711″	6°21′2.2120″	点	挪威本土 83
57°56′8.5232″	6°20′38.2333″	点	挪威本土 83
58°16′25.4095″	5°37′22.8676″	点	挪威本土 82
58°16′47.2470″	5°36′37.6426″	圆	挪威本土 82
58°17′4.7074″	5°36′4.2339″	点	挪威本土 82
58°17′26.0338″	5°35′24.7944″	点	挪威本土 81
58°17′49.6839″	5°34′42.9630″	圆	挪威本土 81
58°17′53.5044″	5°34′36.5481″	点	挪威本土 81
58°23′40.3052″	5°24′56.1772″	点	挪威本土 80
58°24′5.0157″	5°24′16.5028″	圆	挪威本土 80
58°24′5.4655″	5°24′15.8134″	点	挪威本土 80
58°25′43.7879″	5°21′45.0760″	点	挪威本土 79
58°26′9.4104″	5°21′7.5232″	圆	挪威本土 79
58°26′35.8902″	5°20′32.1910″	圆	挪威本土 79
58°27′3.1740″	5°19′59.1518″	圆	挪威本土 79
58°27′21.8460″	5°19′38.3652″	点	挪威本土 79
58°33′34.0722″	5°12′56.7465″	点	挪威本土 78
58°34′2.5493″	5°12′27.5060″	圆	挪威本土 78
58°34′16.0332″	5°12′14.7329″	点	挪威本土 78
58°34′57.9203″	5°11′36.0746″	点	挪威本土 77
58°35′27.3378″	5°11′10.4535″	圆	挪威本土 77
58°35′57.3261″	5°10′47.3812″	圆	挪威本土 77
58°36′10.6810″	5°10′38.0531″	点	挪威本土 77
58°41′3.0689″	5°7′19.5685″	点	挪威本土 76
58°41′33.7639″	5°7′.1559″	圆	挪威本土 76
58°42′3.5651″	5°6′44.0567″	点	挪威本土 76

续 表

北 纬	东 经		
58°49′39.8371″	5°2′56.9189″	点	挪威本土 75
58°49′56.6593″	5°2′48.9280″	点	挪威本土 75
58°55′23.3386″	5°0′21.3636″	点	挪威本土 74
59°0′2.3099″	4°53′42.5850″	点	挪威本土 73
59°6′43.2561″	4°36′45.2448″	点	挪威本土 72
59°7′3.4079″	4°35′56.1215″	圆	挪威本土 72
59°7′24.6707″	4°35′8.7944″	圆	挪威本土 72
59°7′47.0020″	4°34′23.3591″	圆	挪威本土 72
59°8′10.3571″	4°33′39.9073″	圆	挪威本土 72
59°8′34.6893″	4°32′58.5272″	圆	挪威本土 72
59°8′59.9499″	4°32′19.3028″	圆	挪威本土 72
59°9′26.0884″	4°31′42.3140″	圆	挪威本土 72
59°9′45.3736″	4°31′17.1702″	点	挪威本土 72
59°9′49.8894″	4°31′11.4849″	点	挪威本土 71
59°10′17.4125″	4°30′38.5087″	圆	挪威本土 71
59°10′45.6672″	4°30′7.9630″	圆	挪威本土 71
59°11′14.5968″	4°29′39.9107″	圆	挪威本土 71
59°11′44.1432″	4°29′14.4100″	圆	挪威本土 71
59°12′14.2470″	4°28′51.5140″	圆	挪威本土 71
59°12′44.8476″	4°28′31.2706″	圆	挪威本土 71
59°13′15.8835″	4°28′13.7226″	圆	挪威本土 71
59°13′47.2921″	4°27′58.9074″	圆	挪威本土 71
59°14′19.0101″	4°27′46.8569″	圆	挪威本土 71
59°14′50.3940″	4°27′37.7401″	点	挪威本土 71
59°15′36.3710″	4°27′26.3969″	点	挪威本土 70
59°16′8.5123″	4°27′19.8933″	圆	挪威本土 70
59°16′40.7708″	4°27′16.2180″	圆	挪威本土 70
59°17′13.0812″	4°27′15.3804″	圆	挪威本土 70
59°17′45.3781″	4°27′17.3846″	圆	挪威本土 70

续 表

北　　纬	东　　经		
59°18′17.5962″	4°27′22.2287″	圆	挪威本土 70
59°18′49.6700″	4°27′29.9052″	圆	挪威本土 70
59°19′21.5346″	4°27′40.4006″	圆	挪威本土 70
59°19′51.3469″	4°27′52.8697″	点	挪威本土 70
59°21′13.0271″	4°28′30.6316″	点	挪威本土 69
59°21′44.2990″	4°28′46.5660″	圆	挪威本土 69
59°22′8.0034″	4°29′.6424″	点	挪威本土 69
59°39′53.8517″	4°40′19.4609″	点	挪威本土 68
59°46′29.5719″	4°38′57.0668″	点	挪威本土 67
60°16′19.9820″	4°29′38.1599″	点	挪威本土 66
60°58′34.3051″	4°6′14.6926″	点	挪威本土 65
60°59′5.6360″	4°5′58.4890″	圆	挪威本土 65
60°59′37.2888″	4°5′45.1947″	圆	挪威本土 65
61°0′9.1998″	4°5′34.8388″	圆	挪威本土 65
61°0′41.3045″	4°5′27.4447″	圆	挪威本土 65
61°1′2.9673″	4°5′24.1472″	点	挪威本土 65
61°1′23.6001″	4°5′21.6515″	点	挪威本土 64
61°1′55.3643″	4°5′19.2604″	点	挪威本土 64
61°4′15.9936″	4°5′15.0879″	点	挪威本土 63
61°4′48.2969″	4°5′15.6285″	圆	挪威本土 63
61°5′1.5428″	4°5′16.7187″	点	挪威本土 63
61°39′42.1244″	4°8′51.5771″	点	挪威本土 62
61°40′14.3413″	4°8′56.4970″	圆	挪威本土 62
61°40′46.4202″	4°9′4.4648″	圆	挪威本土 62
61°41′18.2961″	4°9′15.4670″	圆	挪威本土 62
61°41′49.9042″	4°9′29.4838″	圆	挪威本土 62
61°42′21.1803″	4°9′46.4893″	圆	挪威本土 62
61°42′52.0608″	4°10′6.4514″	圆	挪威本土 62
61°43′22.4828″	4°10′29.3319″	圆	挪威本土 62

续　表

北　纬	东　经		
61°43′35.2171″	4°10′39.8942″	点	挪威本土 62
62°0′47.3691″	4°25′29.0896″	点	挪威本土 61
62°0′48.5467″	4°25′30.1170″	点	挪威本土 61
62°6′21.2748″	4°30′22.1091″	点	挪威本土 60
62°6′45.1741″	4°30′44.2484″	点	挪威本土 60
62°16′14.4087″	4°40′1.3079″	点	挪威本土 59
62°16′43.4556″	4°40′31.6226″	圆	挪威本土 59
62°17′11.8357″	4°41′4.7279″	圆	挪威本土 59
62°17′39.4909″	4°41′40.5585″	圆	挪威本土 59
62°17′42.9284″	4°41′45.2728″	点	挪威本土 59
62°26′41.4145″	4°54′12.9307″	点	挪威本土 58
62°27′8.1272″	4°54′52.1236″	圆	挪威本土 58
62°27′33.9928″	4°55′33.8907″	圆	挪威本土 58
62°27′58.9584″	4°56′18.1483″	圆	挪威本土 58
62°28′18.9654″	4°56′56.7215″	点	挪威本土 58
62°49′26.6913″	5°39′58.6213″	点	挪威本土 57
62°49′35.1110″	5°40′16.3538″	点	挪威本土 57
62°57′20.0252″	5°56′58.2020″	点	挪威本土 56
62°57′42.4849″	5°57′49.1766″	圆	挪威本土 56
62°58′3.8725″	5°58′42.3403″	圆	挪威本土 56
62°58′24.1442″	5°59′37.5851″	圆	挪威本土 56
62°58′27.1551″	5°59′46.2445″	点	挪威本土 56
63°15′35.2715″	6°50′20.1444″	点	挪威本土 55
63°34′50.8169″	7°21′28.8974″	点	挪威本土 54
63°38′29.9956″	7°26′27.7162″	点	挪威本土 53
63°38′57.2069″	7°27′6.8335″	圆	挪威本土 53
63°39′20.6349″	7°27′43.7734″	点	挪威本土 53
64°1′51.8592″	8°5′24.5215″	点	挪威本土 52
64°2′17.2967″	8°6′9.8920″	圆	挪威本土 52

续　表

北　　纬	东　　经		
64°2′41.8096″	8°6′57.8498″	圆	挪威本土 52
64°2′49.8691″	8°7′14.6112″	点	挪威本土 52
64°3′5.8862″	8°7′48.4456″	点	挪威本土 51
64°3′29.0804″	8°8′39.7285″	圆	挪威本土 51
64°3′51.2352″	8°9′33.3647″	圆	挪威本土 51
64°3′58.7591″	8°9′52.7353″	点	挪威本土 51
64°21′27.7639″	8°56′25.7135″	点	挪威本土 50
64°52′11.3339″	9°59′49.0435″	点	挪威本土 48
64°52′42.9045″	10°0′4.9526″	圆	挪威本土 48
64°53′14.1383″	10°0′24.1979″	圆	挪威本土 48
64°53′38.9593″	10°0′42.0637″	点	挪威本土 48
64°58′36.3360″	10°4′30.8315″	点	挪威本土 47
64°59′6.7909″	10°4′56.1488″	圆	挪威本土 47
64°59′33.7976″	10°5′21.7306″	点	挪威本土 47
65°28′16.2652″	10°34′44.8110″	点	挪威本土 46
65°42′6.5176″	10°47′55.2573″	点	挪威本土 45
66°10′19.7425″	11°4′17.7121″	点	挪威本土 44
66°10′50.9615″	11°4′38.0244″	圆	挪威本土 44
66°11′21.7784″	11°5′1.8045″	圆	挪威本土 44
66°11′52.1305″	11°5′29.0073″	圆	挪威本土 44
66°11′59.0636″	11°5′35.7669″	点	挪威本土 44
66°40′3.7262″	11°33′57.5112″	点	挪威本土 43
66°40′33.3232″	11°34′30.0098″	圆	挪威本土 43
66°41′2.3086″	11°35′5.8569″	圆	挪威本土 43
66°41′30.6230″	11°35′44.9822″	圆	挪威本土 43
66°41′58.2085″	11°36′27.3088″	圆	挪威本土 43
66°42′25.0085″	11°37′12.7527″	圆	挪威本土 43
66°42′50.9681″	11°38′1.2237″	圆	挪威本土 43
66°43′16.0339″	11°38′52.6246″	圆	挪威本土 43

续　表

北　　纬	东　　经		
66°43′25.7600″	11°39′13.8970″	点	挪威本土 43
66°48′55.3374″	11°51′31.8049″	点	挪威本土 42
67°19′51.7884″	11°21′33.0198″	点	挪威本土 41
67°20′22.1864″	11°21′4.8888″	圆	挪威本土 41
67°20′47.4583″	11°20′44.4700″	点	挪威本土 41
67°22′31.6282″	11°19′25.6172″	点	挪威本土 40
67°23′2.8071″	11°19′3.9420″	圆	挪威本土 40
67°23′34.3292″	11°18′45.9177″	圆	挪威本土 40
67°24′6.1310″	11°18′31.5845″	圆	挪威本土 40
67°24′38.1484″	11°18′20.9754″	圆	挪威本土 40
67°25′10.3168″	11°18′14.1160″	圆	挪威本土 40
67°25′42.5712″	11°18′11.0245″	圆	挪威本土 40
67°26′14.8463″	11°18′11.7112″	圆	挪威本土 40
67°26′47.0768″	11°18′16.1792″	圆	挪威本土 40
67°27′19.1974″	11°18′24.4235″	圆	挪威本土 40
67°27′51.1429″	11°18′36.4317″	圆	挪威本土 40
67°28′14.3453″	11°18′47.5788″	点	挪威本土 40
67°28′15.3169″	11°18′48.0889″	点	挪威本土 39
67°28′46.8062″	11°19′6.5604″	圆	挪威本土 39
67°29′1.8464″	11°19′16.7728″	点	挪威本土 39
67°32′16.1776″	11°21′34.9540″	点	挪威本土 38
67°32′47.1179″	11°21′58.9831″	圆	挪威本土 38
67°33′17.6123″	11°22′26.6467″	圆	挪威本土 38
67°33′47.5986″	11°22′57.8922″	圆	挪威本土 38
67°34′17.0156″	11°23′32.6596″	圆	挪威本土 38
67°34′45.8029″	11°24′10.8813″	圆	挪威本土 38
67°35′13.9018″	11°24′52.4825″	圆	挪威本土 38
67°35′41.2546″	11°25′37.3812″	圆	挪威本土 38
67°36′7.8052″	11°26′25.4886″	圆	挪威本土 38

续　表

北　纬	东　经		
67°36′33.4992″	11°27′16.7087″	圆	挪威本土 38
67°36′58.2836″	11°28′10.9391″	圆	挪威本土 38
67°37′22.1074″	11°29′8.0708″	圆	挪威本土 38
67°37′44.9218″	11°30′7.9885″	圆	挪威本土 38
67°37′51.1062″	11°30′25.2027″	点	挪威本土 38
67°40′16.8412″	11°37′17.1518″	点	挪威本土 37
67°40′27.3366″	11°37′47.5631″	点	挪威本土 37
67°41′17.5318″	11°40′16.4007″	点	挪威本土 36
67°41′38.3911″	11°41′21.2187″	圆	挪威本土 36
67°41′46.4375″	11°41′47.8981″	点	挪威本土 36
67°49′22.0722″	12°7′42.5053″	点	挪威本土 35
68°0′.2628″	12°16′20.4818″	点	挪威本土 34
68°0′30.8962″	12°16′47.5796″	圆	挪威本土 34
68°1′1.0402″	12°17′18.3471″	圆	挪威本土 34
68°1′30.6330″	12°17′52.7256″	圆	挪威本土 34
68°1′52.7102″	12°18′21.2173″	点	挪威本土 34
68°14′8.6203″	12°35′3.0027″	点	挪威本土 33
68°14′37.0280″	12°35′44.2758″	圆	挪威本土 33
68°15′4.7147″	12°36′28.9803″	圆	挪威本土 33
68°15′31.6238″	12°37′17.0279″	圆	挪威本土 33
68°15′57.6999″	12°38′8.3233″	圆	挪威本土 33
68°16′11.3663″	12°38′37.2302″	点	挪威本土 33
68°18′42.1870″	12°44′5.1391″	点	挪威本土 32
68°19′6.8472″	12°45′1.4287″	圆	挪威本土 32
68°19′30.5404″	12°46′.6948″	圆	挪威本土 32
68°19′53.2176″	12°47′2.8176″	圆	挪威本土 32
68°20′14.8321″	12°48′7.6715″	圆	挪威本土 32
68°20′35.3394″	12°49′15.1247″	圆	挪威本土 32
68°20′47.1811″	12°49′57.1033″	点	挪威本土 32

续 表

北 纬	东 经		
68°27′48.8000″	13°15′50.3311″	点	挪威本土 31
68°44′46.3732″	13°43′17.8752″	点	挪威本土 30
68°49′17.7132″	13°48′25.4315″	点	挪威本土 29
68°49′47.2727″	13°49′1.2449″	圆	挪威本土 29
68°50′16.2175″	13°49′40.7280″	圆	挪威本土 29
68°50′44.4882″	13°50′23.8037″	圆	挪威本土 29
68°51′12.0268″	13°51′10.3876″	圆	挪威本土 29
68°51′38.7769″	13°52′.3876″	圆	挪威本土 29
68°52′4.6835″	13°52′53.7042″	圆	挪威本土 29
68°52′21.3875″	13°53′30.8738″	点	挪威本土 29
69°13′53.2014″	14°44′1.3297″	点	挪威本土 28
69°14′17.2945″	14°45′1.8266″	圆	挪威本土 28
69°14′40.3913″	14°46′5.3540″	圆	挪威本土 28
69°15′2.4441″	14°47′11.7832″	圆	挪威本土 28
69°15′23.4074″	14°48′20.9796″	圆	挪威本土 28
69°15′33.5906″	14°48′57.0200″	点	挪威本土 28
69°29′52.8182″	15°41′54.9473″	点	挪威本土 27
69°30′11.6838″	15°43′9.6397″	圆	挪威本土 27
69°30′29.3434″	15°44′26.7133″	圆	挪威本土 27
69°30′45.7605″	15°45′46.0100″	圆	挪威本土 27
69°31′.9010″	15°47′7.3668″	圆	挪威本土 27
69°31′3.7762″	15°47′23.8885″	点	挪威本土 27
69°40′1.2679″	16°40′37.2306″	点	挪威本土 26
69°44′42.1549″	17°3′19.8524″	点	挪威本土 25
69°58′39.8970″	17°25′28.8080″	点	挪威本土 24
69°59′7.8040″	17°26′16.0838″	圆	挪威本土 24
69°59′34.9503″	17°27′7.0121″	圆	挪威本土 24
69°59′38.1002″	17°27′13.2566″	点	挪威本土 24
70°12′56.6802″	17°54′6.7596″	点	挪威本土 23

续　表

北　纬	东　经		
70°13′.8617″	17°54′15.3864″	点	挪威本土 23
70°20′25.6214″	18°9′46.9706″	点	挪威本土 22
70°20′51.4935″	18°10′44.2407″	圆	挪威本土 22
70°21′16.4667″	18°11′44.9507″	圆	挪威本土 22
70°21′40.4896″	18°12′48.9791″	圆	挪威本土 22
70°22′3.5125″	18°13′56.1969″	圆	挪威本土 22
70°22′25.4879″	18°15′6.4680″	圆	挪威本土 22
70°22′46.3703″	18°16′19.6499″	圆	挪威本土 22
70°23′6.1166″	18°17′35.5936″	圆	挪威本土 22
70°23′24.6857″	18°18′54.1438″	圆	挪威本土 22
70°23′42.0393″	18°20′15.1396″	圆	挪威本土 22
70°23′57.3602″	18°21′34.1654″	点	挪威本土 22
70°28′45.8812″	18°47′56.0361″	点	挪威本土 21
70°29′.5566″	18°49′21.9722″	圆	挪威本土 21
70°29′13.9130″	18°50′49.8282″	圆	挪威本土 21
70°29′16.9674″	18°51′11.5275″	点	挪威本土 21
70°36′5.9698″	19°41′29.6827″	点	挪威本土 20
70°36′6.1885″	19°41′31.3357″	点	挪威本土 20
70°51′10.7072″	21°42′4.2866″	点	挪威本土 19
71°1′28.5693″	22°27′53.9612″	点	挪威本土 18
71°1′37.4045″	22°28′34.9781″	点	挪威本土 18
71°15′57.4441″	23°38′40.4713″	点	挪威本土 17
71°16′13.7969″	23°40′7.0103″	圆	挪威本土 17
71°16′26.6973″	23°41′22.3671″	点	挪威本土 17
71°16′31.6218″	23°41′52.5306″	点	挪威本土 16
71°16′45.5792″	23°43′23.0830″	圆	挪威本土 16
71°16′58.2017″	23°44′55.5324″	圆	挪威本土 16
71°17′9.4630″	23°46′29.6872″	圆	挪威本土 16
71°17′19.3395″	23°48′5.3522″	圆	挪威本土 16

续　表

北　纬	东　经		
71°17′27.8109″	23°49′42.3285″	圆	挪威本土 16
71°17′34.8593″	23°51′20.4145″	圆	挪威本土 16
71°17′39.0968″	23°52′32.5858″	点	挪威本土 16
71°17′55.3896″	23°57′40.0616″	点	挪威本土 15
71°17′59.8985″	23°59′19.6267″	圆	挪威本土 15
71°18′2.9290″	24°0′58.7754″	点	挪威本土 15
71°18′50.7059″	24°37′45.3128″	点	挪威本土 14
71°22′49.2499″	25°32′36.4384″	点	挪威本土 13
71°22′55.4197″	25°34′15.5526″	圆	挪威本土 13
71°23′.1443″	25°35′55.4498″	圆	挪威本土 13
71°23′3.4138″	25°37′35.9215″	圆	挪威本土 13
71°23′5.2214″	25°39′16.7583″	圆	挪威本土 13
71°23′5.5634″	25°40′57.7496″	圆	挪威本土 13
71°23′4.4390″	25°42′38.6847″	圆	挪威本土 13
71°23′4.1280″	25°42′54.5820″	点	挪威本土 13
71°19′56.2153″	27°43′4.0424″	点	挪威本土 12
71°19′52.3350″	27°44′44.0314″	圆	挪威本土 12
71°19′47.0900″	27°46′21.9443″	点	挪威本土 12
71°17′48.5910″	28°17′58.6992″	点	挪威本土 11
71°17′44.0524″	28°19′4.4134″	点	挪威本土 11
71°17′39.2248″	28°20′9.4426″	点	挪威本土 10
71°17′31.2368″	28°21′46.8324″	圆	挪威本土 10
71°17′21.8372″	28°23′22.9792″	圆	挪威本土 10
71°17′11.0456″	28°24′57.6830″	圆	挪威本土 10
71°16′58.8845″	28°26′30.7474″	圆	挪威本土 10
71°16′45.3791″	28°28′1.9794″	圆	挪威本土 10
71°16′30.5577″	28°29′31.1903″	圆	挪威本土 10
71°16′14.4509″	28°30′58.1959″	圆	挪威本土 10
71°15′57.0924″	28°32′22.8168″	圆	挪威本土 10

续　表

北　纬	东　经		
71°15′44.2809″	28°33′20.2573″	点	挪威本土 10
71°1′24.9877″	29°33′58.2107″	点	挪威本土 09
70°52′57.0456″	30°22′51.8962″	点	挪威本土 08
70°52′41.1018″	30°24′17.4668″	圆	挪威本土 08
70°52′23.9019″	30°25′40.7233″	圆	挪威本土 08
70°52′5.4817″	30°27′1.4945″	圆	挪威本土 08
70°51′47.7991″	30°28′12.2819″	点	挪威本土 08
70°49′56.3445″	30°35′18.7242″	点	挪威本土 07
70°49′35.6593″	30°36′34.0688″	圆	挪威本土 07
70°49′31.3562″	30°36′48.8994″	点	挪威本土 07
70°32′42.9930″	31°32′55.6838″	点	挪威本土 06
70°32′20.6297″	31°34′5.4476″	圆	挪威本土 06
70°31′57.2359″	31°35′12.0805″	圆	挪威本土 06
70°31′32.8601″	31°36′15.4479″	圆	挪威本土 06
70°31′7.5524″	31°37′15.4224″	圆	挪威本土 06
70°30′54.3866″	31°37′44.4850″	点	挪威本土 06
70°30′27.2114″	31°38′43.0106″	点	挪威本土 05
70°30′.5940″	31°39′37.6067″	圆	挪威本土 05
70°29′33.1791″	31°40′28.5242″	圆	挪威本土 05
70°29′5.0231″	31°41′15.6627″	圆	挪威本土 05
70°28′57.2891″	31°41′27.7489″	点	挪威本土 05
70°28′46.2496″	31°41′44.7408″	点	挪威本土 04
70°28′17.2347″	31°42′26.9330″	圆	挪威本土 04
70°27′47.6120″	31°43′5.1486″	圆	挪威本土 04
70°27′17.4422″	31°43′39.3145″	圆	挪威本土 04
70°26′46.7870″	31°44′9.3656″	圆	挪威本土 04
70°26′15.7091″	31°44′35.2459″	圆	挪威本土 04
70°25′44.2718″	31°44′56.9079″	圆	挪威本土 04
70°25′12.5391″	31°45′14.3128″	圆	挪威本土 04

续 表

北 纬	东 经		
70°24′40.5758″	31°45′27.4308″	圆	挪威本土 04
70°24′8.4467″	31°45′36.2408″	圆	挪威本土 04
70°23′52.6873″	31°45′38.9776″	点	挪威本土 04
70°23′49.9759″	31°45′39.3592″	点	挪威本土 03
70°23′17.7209″	31°45′41.7334″	圆	挪威本土 03
70°22′45.4626″	31°45′39.7856″	圆	挪威本土 03
70°22′13.2663″	31°45′33.5256″	圆	挪威本土 03
70°21′41.1971″	31°45′22.9715″	圆	挪威本土 03
70°21′9.3197″	31°45′8.1502″	圆	挪威本土 03
70°20′37.6983″	31°44′49.0972″	圆	挪威本土 03
70°20′6.3965″	31°44′25.8562″	圆	挪威本土 03
70°19′35.4773″	31°43′58.4792″	圆	挪威本土 03
70°19′6.4174″	31°43′28.5874″	点	挪威本土 03
70°14′14.3595″	31°38′8.6766″	点	挪威本土 02
70°08′42.1191″	31°35′10.5868″	计算点	
70°07′15.00″	31°30′19.75″	点	

备注：

1. 挪威与瑞典的界限于 1968 年 7 月 24 日签订的《瑞典与挪威关于大陆架划界的协议》中界定，位置参考 1950 年的欧洲大地基准。出于实际原因，上表中此界限与领海外部界限的交点参考 1989 年欧洲大地基准（EUREF89）。

2. 上表中，计算点（北纬 70°08′42.119l″，东经 31°35′10.5868″）与 Nemetsky 海角、Kibernes 海角的中点（北纬 70°07′15.00″，东经 31°30′19.75″），两者间外部界限的准确描述基于正当理由将生效，并且出于实际原因而参考 1989 年欧洲大地基准（EUREF89）。

3. 挪威与俄罗斯联邦的界限依据 1957 年 2 月 15 日《挪威与苏联关于两国在瓦朗厄尔的海上边界的协议》及 1957 年 11 月 29 日《关于挪威与苏联在瓦朗厄尔的海上边界的描述议定书》界定。

确定斯瓦尔巴群岛领海外部界限点的坐标表

表中的地理坐标点确定斯瓦尔巴群岛领海外部界限。列表中的坐标以1989年欧洲大地基准（EUREF89）为参考。

北　　纬	东　　经		编　　号
希　望　岛			
76°17′2.7011″	25°26′45.3439″	点	斯瓦尔巴群岛 001、002
76°16′33.7413″	25°23′34.7753″	点	斯瓦尔巴群岛 002
76°16′16.9447″	25°21′38.8122″	圆	斯瓦尔巴群岛 002
76°16′1.3877″	25°19′39.8580″	圆	斯瓦尔巴群岛 002
76°15′47.1005″	25°17′38.1473″	圆	斯瓦尔巴群岛 002
76°15′34.1111″	25°15′33.9194″	圆	斯瓦尔巴群岛 002
76°15′22.4446″	25°13′27.4179″	圆	斯瓦尔巴群岛 002
76°15′12.1239″	25°11′18.8902″	圆	斯瓦尔巴群岛 002
76°15′3.1689″	25°9′8.5874″	圆	斯瓦尔巴群岛 002
76°14′55.5970″	25°6′56.7633″	圆	斯瓦尔巴群岛 002
76°14′49.4230″	25°4′43.6746	圆	斯瓦尔巴群岛 002
76°14′44.6588″	25°2′29.5799″	圆	斯瓦尔巴群岛 002
76°14′41.3137″	25°0′14.7396″	圆	斯瓦尔巴群岛 002
76°14′39.3942″	24°57′59.4154″	圆	斯瓦尔巴群岛 002
76°14′38.9040″	24°55′43.8696″	圆	斯瓦尔巴群岛 002
76°14′39.8440″	24°53′28.3652″	圆	斯瓦尔巴群岛 002
76°14′40.9907″	24°52′12.8126″	点	斯瓦尔巴群岛 002、003
76°14′41.1287″	24°52′5.2013″	点	斯瓦尔巴群岛 003
76°14′44.2918″	24°49′50.2842″	圆	斯瓦尔巴群岛 003
76°14′48.8750″	24°47′36.0792″	圆	斯瓦尔巴群岛 003
76°14′54.8694″	24°45′22.8470″	圆	斯瓦尔巴群岛 003
76°15′2.2633″	24°43′10.8465″	圆	斯瓦尔巴群岛 003
76°15′5.2903″	24°42′23.2916″	点	斯瓦尔巴群岛 003、004
76°15′6.8685″	24°41′59.2689″	点	斯瓦尔巴群岛 004

续 表

北 纬	东 经		编 号
76°15′16.1427″	24°39′49.3519″	圆	斯瓦尔巴群岛 004
76°15′26.7783″	24°37′41.2687″	圆	斯瓦尔巴群岛 004
76°15′38.7545″	24°35′35.2695″	圆	斯瓦尔巴群岛 004
76°15′52.0480″	24°33′31.6011″	圆	斯瓦尔巴群岛 004
76°16′6.6331″	24°31′30.5060″	圆	斯瓦尔巴群岛 004
76°16′22.4811″	24°29′32.2226″	圆	斯瓦尔巴群岛 004
76°16′39.5613″	24°27′36.9841″	圆	斯瓦尔巴群岛 004
76°16′48.7114″	24°26′39.6093″	点	斯瓦尔巴群岛 V004、005
76°17′.9467″	24°25′24.6874″	点	斯瓦尔巴群岛 005
76°17′19.8127″	24°23′34.4177″	圆	斯瓦尔巴群岛 005
76°17′27.3351″	24°22′53.1727″	点	斯瓦尔巴群岛 005、006
76°17′33.6933″	24°22′18.9081″	点	斯瓦尔巴群岛 006
76°17′54.1271″	24°20′33.6528″	圆	斯瓦尔巴群岛 006
76°18′15.6506″	24°18′52.2958″	圆	斯瓦尔巴群岛 006
76°18′38.2216″	24°17′15.0408″	圆	斯瓦尔巴群岛 006
76°19′1.7959″	24°15′42.0844″	圆	斯瓦尔巴群岛 006
76°19′26.3269″	24°14′13.6155″	圆	斯瓦尔巴群岛 006
76°19′51.7666″	24°12′49.8149″	圆	斯瓦尔巴群岛 006
76°20′18.0646″	24°11′30.8552″	圆	斯瓦尔巴群岛 006
76°20′45.1692″	24°10′16.8998″	圆	斯瓦尔巴群岛 006
76°21′13.0266″	24°9′8.1034″	圆	斯瓦尔巴群岛 006
76°21′28.2268″	24°8′33.4519″	点	斯瓦尔巴群岛 006、007
76°21′32.6080″	24°8′23.7464″	点	斯瓦尔巴群岛 007
76°22′1.5126″	24°7′23.1379″	圆	斯瓦尔巴群岛 007
76°22′31.0275″	24°6′28.0369″	圆	斯瓦尔巴群岛 007
76°23′1.0938″	24°5′38.5630″	圆	斯瓦尔巴群岛 007
76°23′31.6517″	24°4′54.8250″	圆	斯瓦尔巴群岛 007
76°24′2.6400″	24°4′16.9208″	圆	斯瓦尔巴群岛 007

续　表

北　　纬	东　　经		编　　号
76°24′33.9970″	24°3′44.9372″	圆	斯瓦尔巴群岛 007
76°25′5.6596″	24°3′18.9495″	圆	斯瓦尔巴群岛 007
76°25′37.5643″	24°2′59.0213″	圆	斯瓦尔巴群岛 007
76°26′9.6470″	24°2′45.2045″	圆	斯瓦尔巴群岛 007
76°26′41.8429″	24°2′37.5387″	圆	斯瓦尔巴群岛 007
76°27′14.0871″	24°2′36.0513″	圆	斯瓦尔巴群岛 007
76°27′41.0953″	24°2′39.5739″	点	斯瓦尔巴群岛 007、008
76°27′49.8323″	24°2′41.4188″	点	斯瓦尔巴群岛 008
76°28′21.9950″	24°2′51.3200″	圆	斯瓦尔巴群岛 008
76°28′41.7391″	24°3′.4987″	点	斯瓦尔巴群岛 008、009
76°29′3.9803″	24°3′12.1830″	点	斯瓦尔巴群岛 009
76°29′35.8888″	24°3′32.0924″	圆	斯瓦尔巴群岛 009
76°30′4.7136″	24°3′55.5548″	点	斯瓦尔巴群岛 009、010
76°32′41.2564″	24°6′17.7873″	点	斯瓦尔巴群岛 010
76°33′12.6410″	24°6′49.6017″	圆	斯瓦尔巴群岛 010
76°33′43.6592″	24°7′27.4965″	圆	斯瓦尔巴群岛 010
76°34′14.2478″	24°8′11.4055″	圆	斯瓦尔巴群岛 010
76°34′44.3437″	24°9′1.2497″	圆	斯瓦尔巴群岛 010
76°34′59.5760″	24°9′29.1021″	点	斯瓦尔巴群岛 010、011
76°36′23.2392″	24°12′7.3629″	点	斯瓦尔巴群岛 011
76°36′32.8645″	24°12′25.9742″	点	斯瓦尔巴群岛 011、012
76°38′5.8125″	24°15′29.6768″	点	斯瓦尔巴群岛 012
76°38′34.8184″	24°16′30.6143″	圆	斯瓦尔巴群岛 012
76°38′58.1141″	24°17′24.8266″	点	斯瓦尔巴群岛 012、013
76°47′27.5524″	24°38′19.1227″	点	斯瓦尔巴群岛 013
76°47′55.2012″	24°39′31.7293″	圆	斯瓦尔巴群岛 013
76°48′22.0694″	24°40′49.7905″	圆	斯瓦尔巴群岛 013
76°48′28.6304″	24°41′10.0545″	点	斯瓦尔巴群岛 013、014
76°49′20.0929″	24°43′51.1384″	点	斯瓦尔巴群岛 014

续 表

北　纬	东　经		编　号
76°49′45.8932″	24°45′15.9721″	圆	斯瓦尔巴群岛 014
76°50′10.7890″	24°46′45.9024″	圆	斯瓦尔巴群岛 014
76°50′34.7284″	24°48′20.7498″	圆	斯瓦尔巴群岛 014
76°50′57.6615″	24°50′.3238″	圆	斯瓦尔巴群岛 014
76°51′15.4361″	24°51′24.1561″	点	斯瓦尔巴群岛 014、015
76°51′17.0640″	24°51′32.1245″	点	斯瓦尔巴群岛 015
76°51′38.0559″	24°53′19.7354″	圆	斯瓦尔巴群岛 015
76°51′54.9053″	24°54′53.8674″	点	斯瓦尔巴群岛 015、016
76°52′9.9117″	24°56′21.1690″	点	斯瓦尔巴群岛 016
76°52′17.9228″	24°57′8.7387″	点	斯瓦尔巴群岛 016、017
76°52′35.4417″	24°58′54.9416″	点	斯瓦尔巴群岛 017
76°52′53.7822″	25°0′51.7302″	圆	斯瓦尔巴群岛 017
76°53′10.8958″	25°2′52.1200″	圆	斯瓦尔巴群岛 017
76°53′26.7467″	25°4′55.8618″	圆	斯瓦尔巴群岛 017
76°53′41.3014″	25°7′2.6984″	圆	斯瓦尔巴群岛 017
76°53′54.5294″	25°9′12.3654″	圆	斯瓦尔巴群岛 017
76°54′6.4026″	25°11′24.5917″	圆	斯瓦尔巴群岛 017
76°54′16.8962″	25°13′39.1003″	圆	斯瓦尔巴群岛 017
76°54′25.6066″	25°15′49.3862″	点	斯瓦尔巴群岛 017、018
76°54′26.5297″	25°16′4.3940″	点	斯瓦尔巴群岛 018
76°54′34.2628″	25°18′22.5486″	圆	斯瓦尔巴群岛 018
76°54′40.5593″	25°20′42.1371″	圆	斯瓦尔巴群岛 018
76°54′45.4058″	25°23′2.8650″	圆	斯瓦尔巴群岛 018
76°54′48.7921″	25°25′24.4349″	圆	斯瓦尔巴群岛 018
76°54′50.7110″	25°27′46.5476″	圆	斯瓦尔巴群岛 018
76°54′51.1585″	25°30′8.9025″	圆	斯瓦尔巴群岛 018
76°54′50.1336″	25°32′31.1982″	圆	斯瓦尔巴群岛 018
76°54′47.6385″	25°34′53.1338″	圆	斯瓦尔巴群岛 018
76°54′43.6784″	25°37′14.4091″	圆	斯瓦尔巴群岛 018

续 表

北 纬	东 经		编 号
76°54′38.2618″	25°39′34.7253″	圆	斯瓦尔巴群岛 018
76°54′31.4001″	25°41′53.7864″	圆	斯瓦尔巴群岛 018
76°54′23.1078″	25°44′11.2987″	圆	斯瓦尔巴群岛 018
76°54′13.4024″	25°46′26.9728″	圆	斯瓦尔巴群岛 018
76°54′2.3045″	25°48′40.5234″	圆	斯瓦尔巴群岛 018
76°53′49.8374″	25°50′51.6701″	圆	斯瓦尔巴群岛 018
76°53′36.0274″	25°53′.1386″	圆	斯瓦尔巴群岛 018
76°53′20.9036″	25°55′5.6604″	圆	斯瓦尔巴群岛 018
76°53′4.4980″	25°57′7.9743″	圆	斯瓦尔巴群岛 018
76°52′46.8449″	25°59′6.8265″	圆	斯瓦尔巴群岛 018
76°52′27.9815″	26°1′1.9713″	圆	斯瓦尔巴群岛 018
76°52′7.9473″	26°2′53.1716″	圆	斯瓦尔巴群岛 018
76°51′46.7844″	26°4′40.1994″	圆	斯瓦尔巴群岛 018
76°51′24.5370″	26°6′22.8364″	圆	斯瓦尔巴群岛 018
76°51′1.2517″	26°8′.8742″	圆	斯瓦尔巴群岛 018
76°50′36.9769″	26°9′34.1150″	圆	斯瓦尔巴群岛 018
76°50′11.7635″	26°11′2.3720″	圆	斯瓦尔巴群岛 018
76°49′45.6637″	26°12′25.4693″	圆	斯瓦尔巴群岛 018
76°49′18.7319″	26°13′43.2430″	圆	斯瓦尔巴群岛 018
76°48′51.0239″	26°14′55.5406″	圆	斯瓦尔巴群岛 018
76°48′44.6990″	26°15′11.0128″	点	斯瓦尔巴群岛 018、019
76°48′40.6096″	26°15′20.8954″	点	斯瓦尔巴群岛 019
76°48′12.0286″	26°16′26.2859″	圆	斯瓦尔巴群岛 019
76°47′42.8010″	26°17′25.9059″	圆	斯瓦尔巴群岛 019
76°47′12.9870″	26°18′19.6428″	圆	斯瓦尔巴群岛 019
76°46′42.6481″	26°19′7.3969″	圆	斯瓦尔巴群岛 019
76°46′11.8465″	26°19′49.0816″	圆	斯瓦尔巴群岛 019
76°45′40.6454″	26°20′24.6229″	圆	斯瓦尔巴群岛 019
76°215′9.1087″	26°20′53.9600″	圆	斯瓦尔巴群岛 019

续 表

北 纬	东 经		编 号
76°44′59.2371″	26°21′1.8153″	点	斯瓦尔巴群岛 019、020
76°44′53.0909″	26°21′6.5109″	点	斯瓦尔巴群岛 020
76°44′21.2118″	26°21′27.6370″	圆	斯瓦尔巴群岛 020
76°43′49.1467″	26°21′42.4690″	圆	斯瓦尔巴群岛 020
76°43′16.9608″	26°21′50.9891″	圆	斯瓦尔巴群岛 020
76°43′10.0701″	26°21′51.9910″	点	斯瓦尔巴群岛 020、021
76°42′54.9823″	26°21′53.8677″	点	斯瓦尔巴群岛 021
76°42′22.7374″	26°21′54.7199″	圆	斯瓦尔巴群岛 021
76°41′50.5164″	26°21′49.2687″	圆	斯瓦尔巴群岛 021
76°41′18.3843″	26°2′37.5377″	圆	斯瓦尔巴群岛 021
76°40′46.4058″	26°21′19.5630″	圆	斯瓦尔巴群岛 021
76°40′14.6455″	26°20′55.3929″	圆	斯瓦尔巴群岛 021
76°39′43.1670″	26°20′25.0880″	圆	斯瓦尔巴群岛 021
76°39′38.2436″	26°20′19.7654″	点	斯瓦尔巴群岛 021、022
76°39′31.7464″	26°20′12.6372″	点	斯瓦尔巴群岛 022
76°39′.6726″	26°19′35.3329″	圆	斯瓦尔巴群岛 022
76°38′30.0158″	26°18′52.0657″	圆	斯瓦尔巴群岛 022
76°37′59.8372″	26°18′2.9329″	圆	斯瓦尔巴群岛 022
76°37′30.1970″	26°17′8.0433″	圆	斯瓦尔巴群岛 022
76°37′13.8389″	26°16′34.7996″	点	斯瓦尔巴群岛 022、001
76°22′1.6869″	25°45′19.6832″	点	斯瓦尔巴群岛 001
76°21′32.8743″	25°44′18.2913″	圆	斯瓦尔巴群岛 001
76°21′4.7374″	25°43′11.5406″	圆	斯瓦尔巴群岛 001
76°20′37.3320″	25°41′59.5723″	圆	斯瓦尔巴群岛 001
76°20′10.7123″	25°40′42.5371″	圆	斯瓦尔巴群岛 001
76°19′44.9309″	25°39′20.5953″	圆	斯瓦尔巴群岛 001
76°19′20.0386″	25°37′53.9159″	圆	斯瓦尔巴群岛 001
76°18′56.0846″	25°36′22.6765″	圆	斯瓦尔巴群岛 001
76°18′33.1158″	25°34′47.0629″	圆	斯瓦尔巴群岛 001

续 表

北　　纬	东　　经		编　　号
76°18′11.1775″	25°33′7.2688″	圆	斯瓦尔巴群岛 001
76°17′50.3127″	25°31′23.4953″	圆	斯瓦尔巴群岛 001
76°17′30.5622″	25°29′35.9504″	圆	斯瓦尔巴群岛 001
76°17′11.9647″	25°27′44.8488″	圆	斯瓦尔巴群岛 001
76°17′2.7011″	25°26′45.3439″	点	斯瓦尔巴群岛 001、002
熊岛 Bjørnøya			
74°28′37.5747″	20°0′42.7804″	点	斯瓦尔巴群岛 023、024
74°28′11.8868″	20°0′47.5981″	点	斯瓦尔巴群岛 024
74°27′39.6475″	20°0′50.9280″	圆	斯瓦尔巴群岛 024
74°27′7.4008″	20°0′48.8433″	圆	斯瓦尔巴群岛 024
74°26′35.2117″	20°0′41.3573″	圆	斯瓦尔巴群岛 024
74°26′23.0233″	20°0′37.1067″	点	斯瓦尔巴群岛 024、025
74°25′51.2613″	20°0′25.0189″	点	斯瓦尔巴群岛 025
74°25′19.2582″	20°0′10.1385″	圆	斯瓦尔巴群岛 025
74°24′47.4669″	19°59′49.9348″	圆	斯瓦尔巴群岛 025
74°24′35.6511″	19°59′41.0259″	点	斯瓦尔巴群岛 025、026
74°23′37.3672″	19°58′55.2366″	点	斯瓦尔巴群岛 026
74°23′5.9692″	19°58′27.8552″	圆	斯瓦尔巴群岛 026
74°22′48.2498″	19°58′9.9443″	点	斯瓦尔巴群岛 026、027
74°18′18.4812″	19°53′24.9097″	点	斯瓦尔巴群岛 027
74°17′47.6664″	19°52′49.7415″	圆	斯瓦尔巴群岛 027
74°17′17.3091″	19°52′9.5298″	圆	斯瓦尔巴群岛 027
74°16′47.4700″	19°51′24.3629″	圆	斯瓦尔巴群岛 027
74°16′18.2087″	19°50′34.3384″	圆	斯瓦尔巴群岛 027
74°15′49.5834″	19°49′39.5634″	圆	斯瓦尔巴群岛 027
74°15′21.6512″	19°48′40.1537″	圆	斯瓦尔巴群岛 027
74°14′54.4675″	19°47′36.2340″	圆	斯瓦尔巴群岛 027
74°14′28.0863″	19°46′27.9373″	圆	斯瓦尔巴群岛 027
74°14′2.5598″	19°45′15.4048″	圆	斯瓦尔巴群岛 027

续 表

北 纬	东 经		编 号
74°13′37.9387″	19°43′58.7855″	圆	斯瓦尔巴群岛 027
74°13′14.2715″	19°42′38.2360″	圆	斯瓦尔巴群岛 027
74°12′51.6050″	19°41′13.9198″	圆	斯瓦尔巴群岛 027
74°12′29.9839″	19°39′46.0076″	圆	斯瓦尔巴群岛 027
74°12′9.5425″	19°38′15.1036″	点	斯瓦尔巴群岛 027、028
74°11′10.2766″	19°33′39.8583″	点	斯瓦尔巴群岛 028
74°10′50.8334″	19°32′5.4931″	圆	斯瓦尔巴群岛 028
74°10′32.5555″	19°30′28.0775″	圆	斯瓦尔巴群岛 028
74°10′15.4787″	19°28′47.8057″	圆	斯瓦尔巴群岛 028
74°10′3.3320″	19°27′29.8622″	点	斯瓦尔巴群岛 028、029
74°9′37.2544″	19°24′35.9787″	点	斯瓦尔巴群岛 029
74°9′22.3477″	19°22′51.2587″	圆	斯瓦尔巴群岛 029
74°9′8.7281″	19°21′4.2402″	圆	斯瓦尔巴群岛 029
74°8′56.4224″	19°19′15.1344″	圆	斯瓦尔巴群岛 029
74°8′45.4545″	19°17′24.1559″	圆	斯瓦尔巴群岛 029
74°8′35.8460″	19°15′31.5227″	圆	斯瓦尔巴群岛 029
74°8′27.6156″	19°13′37.4556″	圆	斯瓦尔巴群岛 029
74°8′20.7793″	19°11′42.1780″	圆	斯瓦尔巴群岛 029
74°8′15.3507″	19°9′45.9152″	圆	斯瓦尔巴群岛 029
74°8′11.3401″	19°7′48.8946″	圆	斯瓦尔巴群岛 029
74°8′8.7556″	19°5′51.3445″	圆	斯瓦尔巴群岛 029
74°8′7.6020″	19°3′53.4944″	圆	斯瓦尔巴群岛 029
74°8′7.8817″	19°1′55.5741″	圆	斯瓦尔巴群岛 029
74°8′9.5941″	18°59′57.8137″	圆	斯瓦尔巴群岛 029
74°8′12.7359″	18°58′.4430″	圆	斯瓦尔巴群岛 029
74°8′17.3010″	18°56′3.6910″	圆	斯瓦尔巴群岛 029
74°8′23.2804″	18°54′7.7857″	圆	斯瓦尔巴群岛 029
74°8′30.6624″	18°52′12.9538″	圆	斯瓦尔巴群岛 029
74°8′39.4327″	18°50′19.4198″	圆	斯瓦尔巴群岛 029

续 表

北 纬	东 经		编 号
74°8′49.5740″	18°48′27.4062″	圆	斯瓦尔巴群岛 029
74°9′1.0667″	18°46′37.1328″	圆	斯瓦尔巴群岛 029
74°9′13.8882″	18°44′48.8162″	圆	斯瓦尔巴群岛 029
74°9′28.0133″	18°43′2.6698″	圆	斯瓦尔巴群岛 029
74°9′43.4146″	18°41′18.9030″	圆	斯瓦尔巴群岛 029
74°10′0.0617″	18°39′37.7212″	圆	斯瓦尔巴群岛 029
74°10′17.9219″	18°37′59.3251″	圆	斯瓦尔巴群岛 029
74°10′36.9604″	18°36′23.9104″	圆	斯瓦尔巴群岛 029
74°10′55.8224″	18°34′57.4388″	点	斯瓦尔巴群岛 029、030
74°10′57.6946″	18°34′49.2116″	点	斯瓦尔巴群岛 030
74°11′18.9051″	18°33′20.1007″	圆	斯瓦尔巴群岛 030
74°11′41.1774″	18°31′54.5139″	圆	斯瓦尔巴群岛 030
74°12′4.4678″	18°30′32.6242″	圆	斯瓦尔巴群岛 030
74°12′28.7303″	18°29′14.5976″	圆	斯瓦尔巴群岛 030
74°12′53.9168″	18°28′.5931″	圆	斯瓦尔巴群岛 030
74°13′12.8636″	18°27′9.1824″	点	斯瓦尔巴群岛 030、031
74°18′41.5240″	18°12′41.1695″	点	斯瓦尔巴群岛 031
74°19′8.1166″	18°11′33.7003″	圆	斯瓦尔巴群岛 031
74°19′35.4980″	18°10′30.6616″	圆	斯瓦尔巴群岛 031
74°20′3.6138″	18°9′32.1849″	圆	斯瓦尔巴群岛 031
74°20′30.9111″	18°8′41.0444″	点	斯瓦尔巴群岛 031、032
74°23′3.1682″	18°4′9.8027″	点	斯瓦尔巴群岛 032
74°23′32.5361″	18°3′20.2920″	圆	斯瓦尔巴群岛 032
74°24′2.4712″	18°2′35.6903″	圆	斯瓦尔巴群岛 032
74°24′32.9138″	18°1′56.0944″	圆	斯瓦尔巴群岛 032
74°25′3.8030″	18°1′21.5913″	圆	斯瓦尔巴群岛 032
74°25′35.0770″	18°0′52.2586″	圆	斯瓦尔巴群岛 032
74°26′6.6730″	18°0′28.1635″	圆	斯瓦尔巴群岛 032
74°26′38.5275″	18°0′9.3630″	圆	斯瓦尔巴群岛 032

续　表

北　纬	东　经		编　号
74°27′10.5764″	17°59′55.9039″	圆	斯瓦尔巴群岛 032
74°27′42.7551″	17°59′47.8222″	圆	斯瓦尔巴群岛 032
74°28′14.9987″	17°59′45.1434″	圆	斯瓦尔巴群岛 032
74°28′47.2419″	17°59′47.8819″	圆	斯瓦尔巴群岛 032
74°29′19.4194″	17°59′56.0413″	圆	斯瓦尔巴群岛 032
74°29′51.4659″	18°0′9.6143″	圆	斯瓦尔巴群岛 032
74°30′23.3163″	18°0′28.5823″	圆	斯瓦尔巴群岛 032
74°30′54.9056″	18°0′52.9156″	圆	斯瓦尔巴群岛 032
74°31′26.1695″	18°1′22.5735″	圆	斯瓦尔巴群岛 032
74°31′57.0441″	18°1′57.5040″	圆	斯瓦尔巴群岛 032
74°32′27.4662″	18°2′37.6443″	圆	斯瓦尔巴群岛 032
74°32′57.3734″	18°3′22.9202″	圆	斯瓦尔巴群岛 032
74°33′16.0865″	18°3′54.3281″	点	斯瓦尔巴群岛 032、033
74°33′56.8535″	18°5′5.4753″	点	斯瓦尔巴群岛 033
74°34′25.7820″	18°5′59.0374″	圆	斯瓦尔巴群岛 033
74°34′41.8448″	18°6′31.4959″	点	斯瓦尔巴群岛 033、034
74°35′25.6528″	18°8′2.8488″	点	斯瓦尔巴群岛 034
74°35′53.4923″	18°9′4.1102″	圆	斯瓦尔巴群岛 034
74°36′20.5660″	18°10′10.0834″	圆	斯瓦尔巴群岛 034
74°36′46.8180″	18°11′20.6387″	圆	斯瓦尔巴群岛 034
74°37′12.1940″	18°12′35.6364″	圆	斯瓦尔巴群岛 034
74°37′36.6413″	18°13′54.9269″	圆	斯瓦尔巴群岛 034
74°38′0.1093″	18°15′18.3513″	圆	斯瓦尔巴群岛 034
74°38′22.5493″	18°16′45.7412″	圆	斯瓦尔巴群岛 034
74°38′43.9144″	18°18′16.9195″	圆	斯瓦尔巴群岛 034
74°39′4.1604″	18°19′51.7006″	圆	斯瓦尔巴群岛 034
74°39′18.0868″	18°21′2.4130″	点	斯瓦尔巴群岛 034、035
74°39′29.9172″	18°22′4.6255″	点	斯瓦尔巴群岛 035
74°39′48.1286″	18°23′45.1977″	圆	斯瓦尔巴群岛 035

续 表

北 纬	东 经		编 号
74°40′5.1113″	18°25′28.8261″	圆	斯瓦尔巴群岛 035
74°40′20.8296″	18°27′15.2968″	圆	斯瓦尔巴群岛 035
74°40′35.2508″	18°29′4.3894″	圆	斯瓦尔巴群岛 035
74°40′46.1856″	18°30′36.5173″	点	斯瓦尔巴群岛 035、036
74°41′0.1059″	18°32′40.0982″	点	斯瓦尔巴群岛 036
74°41′5.5404″	18°33′29.7673″	点	斯瓦尔巴群岛 036、037
74°41′37.7750″	18°38′33.6638″	点	斯瓦尔巴群岛 037
74°41′49.0859″	18°40′28.0344″	圆	斯瓦尔巴群岛 037
74°41′59.0104″	18°42′24.2581″	圆	斯瓦尔巴群岛 037
74°42′7.5274″	18°44′22.0919″	圆	斯瓦尔巴群岛 037
74°42′14.6193″	18°46′21.2890″	圆	斯瓦尔巴群岛 037
74°42′20.2710″	18°48′21.5997″	圆	斯瓦尔巴群岛 037
74°42′20.4418″	18°48′25.8092″	点	斯瓦尔巴群岛 037、038
74°42′44.7325″	18°58′33.4618″	点	斯瓦尔巴群岛 038
74°42′48.7905″	19°0′34.7552″	圆	斯瓦尔巴群岛 038
74°42′51.3871″	19°2′36.6307″	圆	斯瓦尔巴群岛 038
74°42′52.5167″	19°4′38.8321″	圆	斯瓦尔巴群岛 038
74°42′52.1769″	19°6′41.1026″	圆	斯瓦尔巴群岛 038
74°42′50.3684″	19°8′43.1852″	圆	斯瓦尔巴群岛 038
74°42′47.0951″	19°10′44.8233″	圆	斯瓦尔巴群岛 038
74°42′42.3639″	19°12′45.7613″	圆	斯瓦尔巴群岛 038
74°42′36.1846″	19°14′45.7454″	圆	斯瓦尔巴群岛 038
74°42′33.8619″	19°15′24.5696″	点	斯瓦尔巴群岛 038、039
74°42′28.5774″	19°16′49.8748″	点	斯瓦尔巴群岛 039
74°42′20.4866″	19°18′48.1834″	圆	斯瓦尔巴群岛 039
74°42′10.9828″	19°20′44.9552″	圆	斯瓦尔巴群岛 039
74°42′6.0147″	19°21′39.4360″	点	斯瓦尔巴群岛 039、040
74°42′2.4527″	19°22′17.1657″	点	斯瓦尔巴群岛 040
74°41′50.9011″	19°24′11.2176″	圆	斯瓦尔巴群岛 040

续 表

北　　纬	东　　经		编　　号
74°41′37.9911″	19°26′3.1359″	圆	斯瓦尔巴群岛 040
74°41′23.7498″	19°27′52.6877″	圆	斯瓦尔巴群岛 040
74°41′8.2070″	19°29′39.6453″	圆	斯瓦尔巴群岛 040
74°41′2.8403″	19°30′14.0656″	点	斯瓦尔巴群岛 040、041
74°40′45.4332″	19°32′3.7481″	点	斯瓦尔巴群岛 041
74°40′28.1995″	19°33′46.8559″	圆	斯瓦尔巴群岛 041
74°40′9.7445″	19°35′26.8627″	圆	斯瓦尔巴群岛 041
74°39′50.1067″	19°37′3.5626″	圆	斯瓦尔巴群岛 041
74°39′29.3270″	19°38′36.7577″	圆	斯瓦尔巴群岛 041
74°39′7.4489″	19°40′6.2577″	圆	斯瓦尔巴群岛 041
74°38′44.5177″	19°41′31.8808″	圆	斯瓦尔巴群岛 041
74°38′42.0464″	19°41′40.6545″	点	斯瓦尔巴群岛 041、042
74°38′33.2912″	19°42′11.5820″	点	斯瓦尔巴群岛 042
74°38′9.2487″	19°43′32.6936″	圆	斯瓦尔巴群岛 042
74°37′44.2561″	19°44′49.5743″	圆	斯瓦尔巴群岛 042
74°37′25.4650″	19°45′42.8719″	点	斯瓦尔巴群岛 042、043
74°35′1.0083″	19°52′17.3393″	点	斯瓦尔巴群岛 043
74°34′34.4623″	19°53′26.1883″	圆	斯瓦尔巴群岛 043
74°34′7.1139″	19°54′30.4167″	圆	斯瓦尔巴群岛 043
74°33′39.0197″	19°55′29.8985″	圆	斯瓦尔巴群岛 043
74°33′10.2376″	19°56′24.5182″	圆	斯瓦尔巴群岛 043
74°32′40.8269″	19°57′14.1708″	圆	斯瓦尔巴群岛 043
74°32′10.8479″	19°57′58.7618″	圆	斯瓦尔巴群岛 043
74°31′40.3623″	19°58′38.2080″	圆	斯瓦尔巴群岛 043
74°31′9.4326″	19°59′12.4366″	圆	斯瓦尔巴群岛 043
74°30′50.1856″	19°59′30.8980″	点	斯瓦尔巴群岛 043、023
74°30′49.5938″	19°59′31.4328″	点	斯瓦尔巴群岛 023
74°30′18.0803″	19°59′57.1042″	圆	斯瓦尔巴群岛 023
74°29′46.2895″	20°0′17.4206″	圆	斯瓦尔巴群岛 023

续 表

北　纬	东　经		编　号
74°29′14.2862″	20°0′32.3497″	圆	斯瓦尔巴群岛 023
74°28′42.1355″	20°0′41.8702″	圆	斯瓦尔巴群岛 023
74°28′37.5747″	20°0′42.7804″	点	斯瓦尔巴群岛 023、024
卡尔王地群岛			
Land			
78°31′29.5177″	25°54′37.8860″	点	斯瓦尔巴群岛 050、051
78°33′14.9720″	25°48′21.2243″	点	斯瓦尔巴群岛 051
78°33′41.6554″	25°46′50.0266″	圆	斯瓦尔巴群岛 051
78°34′9.1187″	25°45′24.8566″	圆	斯瓦尔巴群岛 051
78°34′18.4778″	25°44′57.7216″	点	斯瓦尔巴群岛 051、052
78°37′22.0870″	25°36′11.7959″	点	斯瓦尔巴群岛 052
78°37′50.4684″	25°34′54.2495″	圆	斯瓦尔巴群岛 052
78°38′19.5041″	25°33′43.1524″	圆	斯瓦尔巴群岛 052
78°38′49.1367″	25°32′38.6592″	圆	斯瓦尔巴群岛 052
78°39′12.2055″	25°31′53.8073″	点	斯瓦尔巴群岛 052、053
78°43′10.6415″	25°24′31.0136″	点	斯瓦尔巴群岛 053
78°43′41.1620″	25°23′37.8891″	圆	斯瓦尔巴群岛 053
78°44′12.1168″	25°22′51.7656″	圆	斯瓦尔巴群岛 053
78°44′43.4441″	25°22′12.7510″	圆	斯瓦尔巴群岛 053
78°45′6.7949″	25°21′48.5458″	点	斯瓦尔巴群岛 053、054
78°45′43.9916″	25°21′13.2213″	点	斯瓦尔巴群岛 054
78°46′15.8163″	25°20′46.7335″	圆	斯瓦尔巴群岛 054
78°46′47.8406″	25°20′27.5864″	圆	斯瓦尔巴群岛 054
78°47′20.0000″	25°20′15.8356″	圆	斯瓦尔巴群岛 054
78°47′27.6809″	25°20′14.1307″	点	斯瓦尔巴群岛 054、055
78°47′59.6845″	25°20′7.9049″	点	斯瓦尔巴群岛 055
78°48′31.9212″	25°20′5.3626″	圆	斯瓦尔巴群岛 055
78°49′4.1474″	25°20′10.2942″	圆	斯瓦尔巴群岛 055
78°49′36.2979″	25°20′22.7072″	圆	斯瓦尔巴群岛 055

续 表

北 纬	东 经		编 号
78°50′8.3073″	25°20′42.5943″	圆	斯瓦尔巴群岛 055
78°50′40.1103″	25°21′9.9324″	圆	斯瓦尔巴群岛 055
78°51′11.6421″	25°21′44.6831″	圆	斯瓦尔巴群岛 055
78°51′42.8380″	25°22′26.7925″	圆	斯瓦尔巴群岛 055
78°52′13.6342″	25°23′16.1911″	圆	斯瓦尔巴群岛 055
78°52′15.3099″	25°23′19.1087″	点	斯瓦尔巴群岛 055、056
78°52′26.9366″	25°23′39.4424″	点	斯瓦尔巴群岛 056
78°52′57.2414″	25°24′36.4687″	圆	斯瓦尔巴群岛 056
78°53′27.0170″	25°25′40.5944″	圆	斯瓦尔巴群岛 056
78°53′56.2019″	25°26′51.7024″	圆	斯瓦尔巴群岛 056
78°54′24.7358″	25°28′9.6606″	圆	斯瓦尔巴群岛 056
78°54′52.5593″	25°29′34.3214″	圆	斯瓦尔巴群岛 056
78°55′19.6147″	25°31′5.5226″	圆	斯瓦尔巴群岛 056
78°55′45.8456″	25°32′43.0871″	圆	斯瓦尔巴群岛 056
78°55′56.2244″	25°33′24.3775″	点	斯瓦尔巴群岛 056、057
78°56′2.9373″	25°33′51.6072″	点	斯瓦尔巴群岛 057
78°56′27.9150″	25°35′37.8206″	圆	斯瓦尔巴群岛 057
78°56′51.9392″	25°37′29.9135″	圆	斯瓦尔巴群岛 057
78°57′0.5606″	25°38′12.7540″	点	斯瓦尔巴群岛 057、058
78°58′38.8106″	25°46′31.0921″	点	斯瓦尔巴群岛 058
78°59′1.3934″	25°48′31.4420″	圆	斯瓦尔巴群岛 058
78°59′22.9044″	25°50′37.1179″	圆	斯瓦尔巴群岛 058
78°59′43.2981″	25°52′47.8637″	圆	斯瓦尔巴群岛 058
79°0′2.5317″	25°55′3.4112″	圆	斯瓦尔巴群岛 058
79°0′20.5643″	25°57′23.4806″	圆	斯瓦尔巴群岛 058
79°0′37.3579″	25°59′47.7817″	圆	斯瓦尔巴群岛 058
79°0′52.8770″	26°2′16.0140″	圆	斯瓦尔巴群岛 058
79°1′7.0885″	26°4′47.8676″	圆	斯瓦尔巴群岛 058
79°1′19.9624″	26°7′23.0237″	圆	斯瓦尔巴群岛 058

续　表

北　　纬	东　　经		编　　号
79°1′30.8092″	26°9′51.4370″	点	斯瓦尔巴群岛 058、059
79°1′32.8429″	26°10′21.1681″	点	斯瓦尔巴群岛 059
79°1′42.6370″	26°12′54.9069″	点	斯瓦尔巴群岛 059、060
79°1′43.6947″	26°13′12.8098″	点	斯瓦尔巴群岛 060
79°1′52.5431″	26°15′55.6861″	圆	斯瓦尔巴群岛 060
79°1′59.9635″	26°18′40.5526″	圆	斯瓦尔巴群岛 060
79°2′5.9401″	26°21′27.0588″	圆	斯瓦尔巴群岛 060
79°2′6.4708″	26°21′44.2106″	点	斯瓦尔巴群岛 060、061
79°3′51.2581″	27°22′28.1843″	点	斯瓦尔巴群岛 061、062
79°6′56.6077″	27°40′48.2964″	点	斯瓦尔巴群岛 062
79°7′17.4220″	27°42′58.6868″	圆	斯瓦尔巴群岛 062
79°7′37.0916″	27°45′14.0386″	圆	斯瓦尔巴群岛 062
79°7′55.5750″	27°47′34.0731″	圆	斯瓦尔巴群岛 062
79°8′12.8330″	27°49′58.5005″	圆	斯瓦尔巴群岛 062
79°8′28.8291″	27°52′27.0204″	圆	斯瓦尔巴群岛 062
79°8′43.5294″	27°54′59.3226″	圆	斯瓦尔巴群岛 062
79°8′56.9027″	27°57′35.0879″	圆	斯瓦尔巴群岛 062
79°9′2.4675″	27°58′46.0601″	点	斯瓦尔巴群岛 062、063
79°9′8.4666″	28°0′4.8962″	点	斯瓦尔巴群岛 063
79°9′19.8560″	28°2′45.1427″	圆	斯瓦尔巴群岛 063
79°9′29.8536″	28°5′28.0339″	圆	斯瓦尔巴群岛 063
79°9′38.4382″	28°8′13.2247″	圆	斯瓦尔巴群岛 063
79°9′45.5914″	28°11′0.3643″	圆	斯瓦尔巴群岛 063
79°9′50.8181″	28°13′33.0007″	点	斯瓦尔巴群岛 063、0621
79°13′5.4769″	30°14′23.8923″	点	斯瓦尔巴群岛 064
79°13′8.7590″	30°17′15.3039″	圆	斯瓦尔巴群岛 064
79°13′10.5688″	30°20′7.3502″	圆	斯瓦尔巴群岛 064
79°13′10.9025″	30°22′59.6636″	圆	斯瓦尔巴群岛 064
79°13′9.7594″	30°25′51.8762″	圆	斯瓦尔巴群岛 064

续　表

北　纬	东　经		编　号
79°13′7.1418″	30°28′43.6200″	圆	斯瓦尔巴群岛 064
79°13′3.0554″	30°31′34.5283″	圆	斯瓦尔巴群岛 064
79°12′57.5089″	30°34′24.2365″	圆	斯瓦尔巴群岛 064
79°12′50.5141″	30°37′12.3829″	圆	斯瓦尔巴群岛 064
79°12′42.0860″	30°39′58.6097″	圆	斯瓦尔巴群岛 064
79°12′32.2425″	30°42′42.5637″	圆	斯瓦尔巴群岛 064
79°12′21.0047″	30°45′23.8976″	圆	斯瓦尔巴群岛 064
79°12′8.3964″	30°48′2.2700″	圆	斯瓦尔巴群岛 064
79°11′54.4445″	30°50′37.3473″	圆	斯瓦尔巴群岛 064
79°11′39.1787″	30°53′8.8034″	圆	斯瓦尔巴群岛 064
79°11′22.6313″	30°55′36.3214″	圆	斯瓦尔巴群岛 0621
79°11′4.8374″	30°57′59.5936″	圆	斯瓦尔巴群岛 064
79°10′45.8348″	31°0′18.3227″	圆	斯瓦尔巴群岛 064
79°10′25.6636″	31°2′32.2221″	圆	斯瓦尔巴群岛 064
79°10′4.3663″	31°4′41.0167″	圆	斯瓦尔巴群岛 064
79°9′50.0623″	31°6′1.2077″	点	斯瓦尔巴群岛 064、065
79°9′23.7742″	31°8′24.1422″	点	斯瓦尔巴群岛 065
79°9′0.7085″	31°10′23.8126″	圆	斯瓦尔巴群岛 065
79°8′36.6410″	31°12′17.7107″	圆	斯瓦尔巴群岛 065
79°8′11.6222″	31°14′5.6084″	圆	斯瓦尔巴群岛 065
79°8′4.7542″	31°14′33.5095″	点	斯瓦尔巴群岛 065、066
79°8′3.2276″	31°14′39.6325″	点	斯瓦尔巴群岛 066
79°7′37.0774″	31°16′19.6053″	圆	斯瓦尔巴群岛 066
79°7′10.0972″	31°17′53.1121″	圆	斯瓦尔巴群岛 066
79°6′42.3435″	31°19′19.9712″	圆	斯瓦尔巴群岛 066
79°6′13.8739″	31°20′40.0161″	圆	斯瓦尔巴群岛 066
79°5′44.7475″	31°21′53.0955″	圆	斯瓦尔巴群岛 066
79°5′15.0247″	31°22′59.0734″	圆	斯瓦尔巴群岛 066
79°4′44.7669″	31°23′57.8295″	圆	斯瓦尔巴群岛 066

续 表

北 纬	东 经		编 号
79°4′14.0366″	31°24′49.2592″	圆	斯瓦尔巴群岛 066
79°3′42.8968″	31°25′33.2738″	圆	斯瓦尔巴群岛 066
79°3′11.4117″	31°26′9.8004″	圆	斯瓦尔巴群岛 066
79°3′6.9636″	31°26′14.3293″	点	斯瓦尔巴群岛 066、067
79°2′40.2606″	31°26′41.0362″	点	斯瓦尔巴群岛 067
79°2′8.4595″	31°27′8.9141″	圆	斯瓦尔巴群岛 067
79°1′36.4516″	31°27′29.2062″	圆	斯瓦尔巴群岛 067
79°1′4.3022″	31°27′41.8895″	圆	斯瓦尔巴群岛 067
79°0′32.0767″	31°27′46.9565″	圆	斯瓦尔巴群岛 067
78°59′59.8403″	31°27′44.4154″	圆	斯瓦尔巴群岛 067
78°59′27.6582″	31°27′34.2895″	圆	斯瓦尔巴群岛 067
78°58′55.5955″	31°27′16.6175″	圆	斯瓦尔巴群岛 067
78°58′27.3656″	31°26′54.7212″	点	斯瓦尔巴群岛 067、068
78°58′24.3342″	31°26′52.0482″	点	斯瓦尔巴群岛 068
78°57′52.6714″	31°26′20.3125″	圆	斯瓦尔巴群岛 068
78°57′21.3125″	31°25′41.2255″	圆	斯瓦尔巴群岛 068
78°56′50.3203″	31°24′54.8824″	圆	斯瓦尔巴群岛 068
78°56′19.7566″	31°24′1.3923″	圆	斯瓦尔巴群岛 068
78°55′49.6822″	31°23′.8778″	圆	斯瓦尔巴群岛 068
78°55′20.1569″	31°21′53.4745″	圆	斯瓦尔巴群岛 068
78°54′51.2391″	31°20′39.3310″	圆	斯瓦尔巴群岛 068
78°54′22.9861″	31°19′18.6080″	圆	斯瓦尔巴群岛 068
78°53′55.4534″	31°17′51.4785″	圆	斯瓦尔巴群岛 068
78°53′28.6955″	31°16′18.1268″	圆	斯瓦尔巴群岛 068
78°53′2.7648″	31°14′38.7486″	圆	斯瓦尔巴群岛 068
78°52′37.7123″	31°12′53.5500″	圆	斯瓦尔巴群岛 068
78°52′13.5869″	31°11′2.7475″	圆	斯瓦尔巴群岛 068
78°52′9.7395″	31°10′44.1414″	点	斯瓦尔巴群岛 068、069
78°50′2.0567″	31°0′24.9902″	点	斯瓦尔巴群岛 069

续　表

北　纬	东　经		编　号
78°49′39.0024″	30°58′28.6713″	圆	斯瓦尔巴群岛 069
78°49′16.9719″	30°56′27.2496″	圆	斯瓦尔巴群岛 069
78°48′56.0082″	30°54′20.9695″	圆	斯瓦尔巴群岛 069
78°48′36.1518″	30°52′10.0837″	圆	斯瓦尔巴群岛 069
78°48′17.4415″	30°49′54.8530″	圆	斯瓦尔巴群岛 069
78°48′2.8316″	30°47′59.6949″	点	斯瓦尔巴群岛 069、070
78°44′0.4424″	30°15′16.9324″	点	斯瓦尔巴群岛 070、071
78°34′33.5262″	29°20′23.9451″	点	斯瓦尔巴群岛 071
78°34′12.6477″	29°18′19.9727″	圆	斯瓦尔巴群岛 071
78°33′52.8801″	29°16′11.5092″	圆	斯瓦尔巴群岛 071
78°33′34.2618″	29°13′58.8103″	圆	斯瓦尔巴群岛 071
78°33′16.8290″	29°11′42.1389″	圆	斯瓦尔巴群岛 071
78°33′0.6155″	29°9′21.7647″	圆	斯瓦尔巴群岛 071
78°32′45.6526″	29°6′57.9634″	圆	斯瓦尔巴群岛 071
78°32′31.9693″	29°4′31.0166″	圆	斯瓦尔巴群岛 071
78°32′19.5919″	29°2′1.2111″	圆	斯瓦尔巴群岛 071
78°32′8.5445″	28°59′28.8381″	圆	斯瓦尔巴群岛 071
78°31′58.8482″	28°56′54.1934″	圆	斯瓦尔巴群岛 071
78°31′50.5219″	28°54′17.5764″	圆	斯瓦尔巴群岛 071
78°31′43.5814″	28°51′39.2895″	圆	斯瓦尔巴群岛 071
78°31′38.0402″	28°48′59.6382″	圆	斯瓦尔巴群岛 071
78°31′33.9089″	28°46′18.9300″	圆	斯瓦尔巴群岛 071
78°31′31.1956″	28°43′37.4740″	圆	斯瓦尔巴群岛 071
78°31′29.9053″	28°40′55.5807″	圆	斯瓦尔巴群岛 071
78°31′30.0405″	28°38′13.5613″	圆	斯瓦尔巴群岛 071
78°31′31.6011″	28°35′31.7271″	圆	斯瓦尔巴群岛 071
78°31′34.5841″	28°32′50.3891″	圆	斯瓦尔巴群岛 071
78°31′38.9835″	28°30′9.8577″	圆	斯瓦尔巴群岛 071
78°31′44.7911″	28°27′30.4417″	圆	斯瓦尔巴群岛 071

续 表

北　纬	东　经		编　号
78°31′51.9957″	28°24′52.4484″	圆	斯瓦尔巴群岛 071
78°32′.5833″	28°22′16.1824″	圆	斯瓦尔巴群岛 071
78°32′10.5374″	28°19′41.9459″	圆	斯瓦尔巴群岛 071
78°32′21.8390″	28°17′10.0374″	圆	斯瓦尔巴群岛 071
78°32′34.4660″	28°14′40.7520″	圆	斯瓦尔巴群岛 071
78°32′48.3943″	28°12′14.3802″	圆	斯瓦尔巴群岛 071
78°33′3.5968″	28°9′51.2078″	圆	斯瓦尔巴群岛 071
78°33′20.0441″	28°7′31.5151″	圆	斯瓦尔巴群岛 071
78°33′30.9994″	28°6′5.6588″	点	斯瓦尔巴群岛 071、072
78°34′31.8142″	27°58′21.8331″	点	斯瓦尔巴群岛 072、044
78°33′41.1325″	27°48′58.7860″	点	斯瓦尔巴群岛 045
78°33′38.8993″	27°48′51.1192″	点	斯瓦尔巴群岛 045、046
78°33′.3818″	27°46′38.5061″	点	斯瓦尔巴群岛 046
78°32′34.1679″	27°45′4.0066″	圆	斯瓦尔巴群岛 046
78°32′8.8156″	27°43′23.7871″	圆	斯瓦尔巴群岛 046
78°31′44.3745″	27°41′38.0545″	圆	斯瓦尔巴群岛 046
78°31′20.8926″	27°39′47.0249″	圆	斯瓦尔巴群岛 046
78°30′58.4158″	27°37′50.9241″	圆	斯瓦尔巴群岛 046
78°30′36.9879″	27°35′49.9866″	圆	斯瓦尔巴群岛 046
78°30′16.6505″	27°33′44.4549″	圆	斯瓦尔巴群岛 046
78°29′57.4434″	27°31′34.5798″	圆	斯瓦尔巴群岛 046
78°29′39.4037″	27°29′20.6193″	圆	斯瓦尔巴群岛 046
78°29′22.5666″	27°27′2.8381″	圆	斯瓦尔巴群岛 046
78°29′19.4793″	27°26′36.0141″	点	斯瓦尔巴群岛 046、047
78°28′.5307″	27°15′6.5841″	点	斯瓦尔巴群岛 047
78°27′45.0761″	27°12′45.1235″	圆	斯瓦尔巴群岛 047
78°27′30.8903″	27°10′20.4299″	圆	斯瓦尔巴群岛 047
78°27′23.9775″	27°9′3.4687″	点	斯瓦尔巴群岛 047、048
78°27′22.2744″	27°8′43.9083″	点	斯瓦尔巴群岛 048

续　表

北　纬	东　经		编　号
78°27′10.0707″	27°6′14.8455″	圆	斯瓦尔巴群岛 048
78°26′59.2001″	27°3′43.2720″	圆	斯瓦尔巴群岛 048
78°26′49.6834″	27°1′9.4816″	圆	斯瓦尔巴群岛 048
78°26′41.5390″	26°58′33.7723″	圆	斯瓦尔巴群岛 048
78°26′34.7827″	26°55′56.4449″	圆	斯瓦尔巴群岛 048
78°26′29.4273″	26°53′17.8028″	圆	斯瓦尔巴群岛 048
78°26′25.4833″	26°50′38.1518″	圆	斯瓦尔巴群岛 048
78°26′22.9583″	26°47′57.7990″	圆	斯瓦尔巴群岛 048
78°26′22.9547″	26°47′57.4867″	点	斯瓦尔巴群岛 048、049
78°26′22.7974″	26°47′43.5464″	点	斯瓦尔巴群岛 049
78°26′21.6968″	26°45′2.8009″	圆	斯瓦尔巴群岛 049
78°26′22.0220″	26°42′21.9713″	圆	斯瓦尔巴群岛 049
78°26′23.7725″	26°39′41.3668″	圆	斯瓦尔巴群岛 049
78°26′26.9449″	26°37′1.2962″	圆	斯瓦尔巴群岛 049
78°26′31.5331″	26°34′22.0675″	圆	斯瓦尔巴群岛 049
78°26′37.5283″	26°31′43.9873″	圆	斯瓦尔巴群岛 049
78°26′44.9189″	26°29′7.3603″	圆	斯瓦尔巴群岛 049
78°26′53.6907″	26°26′32.4888″	圆	斯瓦尔巴群岛 049
78°27′3.8268″	26°23′59.6725″	圆	斯瓦尔巴群岛 049
78°27′15.3076″	26°21′29.2074″	圆	斯瓦尔巴群岛 049
78°27′28.1111″	26°19′1.3857″	圆	斯瓦尔巴群岛 049
78°27′42.2124″	26°16′36.4955″	圆	斯瓦尔巴群岛 049
78°27′43.9307″	26°16′19.8936″	点	斯瓦尔巴群岛 049、050
78°27′45.3490″	26°16′6.2741″	点	斯瓦尔巴群岛 050
78°28′.8646″	26°13′44.9795″	圆	斯瓦尔巴群岛 050
78°28′17.6175″	26°11′27.2087″	圆	斯瓦尔巴群岛 050
78°28′35.5753″	26°9′13.2329″	圆	斯瓦尔巴群岛 050
78°28′54.7030″	26°7′3.3169″	圆	斯瓦尔巴群岛 050
78°29′14.9637″	26°4′57.7188″	圆	斯瓦尔巴群岛 050

续 表

北 纬	东 经		编 号
78°29′36.3178″	26°2′56.6892″	圆	斯瓦尔巴群岛 050
78°29′58.7237″	26°1′.4709″	圆	斯瓦尔巴群岛 050
78°30′22.1379″	25°59′9.2985″	圆	斯瓦尔巴群岛 050
78°30′46.5144″	25°57′23.3978″	圆	斯瓦尔巴群岛 050
78°31′11.8056″	25°55′42.9854″	圆	斯瓦尔巴群岛 050
78°31′29.5177″	25°54′37.8860″	点	斯瓦尔巴群岛 050、051
白岛 Kvitøya			
80°17′32.8238″	30°38′35.3326″	点	斯瓦尔巴群岛 075、076
80°18′30.1891″	30°43′1.5239″	点	斯瓦尔巴群岛 076
80°18′55.1122″	30°45′3.0039″	圆	斯瓦尔巴群岛 076
80°19′19.0775″	30°47′11.1954″	圆	斯瓦尔巴群岛 076
80°19′42.0345″	30°49′25.8416″	圆	斯瓦尔巴群岛 076
80°20′3.9346″	30°51′46.6704″	圆	斯瓦尔巴群岛 076
80°20′24.7315″	30°54′13.3951″	圆	斯瓦尔巴群岛 076
80°20′27.2877″	30°54′32.4079″	点	斯瓦尔巴群岛 076、077
80°21′48.2978″	31°4′41.0714″	点	斯瓦尔巴群岛 078、079
80°22′45.1270″	31°9′2.3988″	点	斯瓦尔巴群岛 079
80°23′10.2112″	31°11′3.5804″	圆	斯瓦尔巴群岛 079
80°23′34.3463″	31°13′11.5679″	圆	斯瓦尔巴群岛 079
80°23′57.4816″	31°15′26.1054″	圆	斯瓦尔巴群岛 079
80°24′19.5683″	31°17′46.9214″	圆	斯瓦尔巴群岛 079
80°24′40.5595″	31°20′13.7296″	圆	斯瓦尔巴群岛 079
80°25′.4107″	31°22′46.2295″	圆	斯瓦尔巴群岛 079
80°25′13.8120″	31°24′37.9786″	点	斯瓦尔巴群岛 079、080
80°26′48.7374″	31°38′22.0441″	点	斯瓦尔巴群岛 080
80°27′6.4355″	31°41′4.4096″	圆	斯瓦尔巴群岛 080
80°27′22.8818″	31°43′51.5682″	圆	斯瓦尔巴群岛 080
80°27′38.0413″	31°46′43.1697″	圆	斯瓦尔巴群岛 080
80°27′51.8815″	31°49′38.8533″	圆	斯瓦尔巴群岛 080

续　表

北　纬	东　经		编　号
80°28′4.3729″	31°52′38.2479″	圆	斯瓦尔巴群岛 080
80°28′6.3469″	31°53′8.8769″	点	斯瓦尔巴群岛 080、081
80°30′12.0569″	32°26′34.1893″	点	斯瓦尔巴群岛 081
80°30′22.6466″	32°29′38.7291″	圆	斯瓦尔巴群岛 081
80°30′31.8285″	32°32′46.0722″	圆	斯瓦尔巴群岛 081
80°30′39.5829″	32°35′55.8187″	圆	斯瓦尔巴群岛 081
80°30′45.8931″	32°39′7.5623″	圆	斯瓦尔巴群岛 081
80°30′50.7456″	32°42′20.8919″	圆	斯瓦尔巴群岛 081
80°30′54.1299″	32°45′35.3922″	圆	斯瓦尔巴群岛 081
80°30′56.0388″	32°48′50.6452″	圆	斯瓦尔巴群岛 081
80°30′56.4681″	32°52′6.2306″	圆	斯瓦尔巴群岛 081
80°30′55.4169″	32°55′21.7276″	圆	斯瓦尔巴群岛 081
80°30′52.8875″	32°58′36.7154″	圆	斯瓦尔巴群岛 081
80°30′48.8853″	33°1′50.7747″	圆	斯瓦尔巴群岛 081
80°30′43.4189″	33°5′3.4884″	圆	斯瓦尔巴群岛 081
80°30′36.5002″	33°8′14.4428″	圆	斯瓦尔巴群岛 D81
80°30′28.1439″	33°11′23.2288″	圆	斯瓦尔巴群岛 081
80°30′18.3680″	33°14′29.4425″	圆	斯瓦尔巴群岛 081
80°30′7.1935″	33°17′32.6868″	圆	斯瓦尔巴群岛 081
80°30′6.9925″	33°17′35.7590″	点	斯瓦尔巴群岛 081、082
80°29′1.5455″	33°34′7.4481″	点	斯瓦尔巴群岛 082
80°28′48.8329″	33°37′6.5703″	圆	斯瓦尔巴群岛 082
80°28′34.7760″	33°40′1.9139″	圆	斯瓦尔巴群岛 082
80°28′19.4049″	33°42′53.1087″	圆	斯瓦尔巴群岛 082
80°28′2.7524″	33°45′39.7948″	圆	斯瓦尔巴群岛 082
80°27′44.8541″	33°48′21.6234″	圆	斯瓦尔巴群岛 082
80°27′25.7481″	33°50′58.2575″	圆	斯瓦尔巴群岛 082
80°27′5.4750″	33°53′29.3731″	圆	斯瓦尔巴群岛 082
80°26′44.0780″	33°55′54.6592″	圆	斯瓦尔巴群岛 082

续　表

北　纬	东　经		编　号
80°26′21.6023″	33°58′13.8190″	圆	斯瓦尔巴群岛 082
80°26′5.8727″	33°59′43.9933″	点	斯瓦尔巴群岛 082、083
80°22′36.6347″	34°18′56.9641″	点	斯瓦尔巴群岛 083
80°22′34.0560″	34°19′10.9832″	点	斯瓦尔巴群岛 083、084
80°21′49.2857″	34°23′12.7237″	点	斯瓦尔巴群岛 084
80°21′24.8664″	34°25′18.3848″	圆	斯瓦尔巴群岛 084
80°20′59.5134″	34°27′17.1875″	圆	斯瓦尔巴群岛 084
80°20′33.2801″	34°29′8.8974″	圆	斯瓦尔巴群岛 084
80°20′6.2215″	34°30′53.2964″	圆	斯瓦尔巴群岛 084
80°19′38.3942″	34°32′30.1832″	圆	斯瓦尔巴群岛 084
80°19′9.8563″	34°33′59.3736″	圆	斯瓦尔巴群岛 084
80°18′40.6672″	34°35′20.7008″	圆	斯瓦尔巴群岛 084
80°18′10.8876″	34°36′34.0156″	圆	斯瓦尔巴群岛 084
80°17′40.5791″	34°37′39.1867″	圆	斯瓦尔巴群岛 084
80°17′9.8044″	34°38′36.1004″	圆	斯瓦尔巴群岛 084
80°16′38.6269″	34°39′24.6612″	圆	斯瓦尔巴群岛 084
80°16′7.1108″	34°40′4.7914″	圆	斯瓦尔巴群岛 084
80°15′35.3205″	34°40′36.4314″	圆	斯瓦尔巴群岛 084
80°15′3.3212″	34°40′59.5394″	圆	斯瓦尔巴群岛 084
80°14′31.1781″	34°41′14.0914″	圆	斯瓦尔巴群岛 084
80°13′58.9566″	34°41′20.0810″	圆	斯瓦尔巴群岛 084
80°13′26.7219″	34°41′17.5195″	圆	斯瓦尔巴群岛 084
80°12′54.5394″	34°41′6.4352″	圆	斯瓦尔巴群岛 084
80°12′22.4738″	34°40′46.8735″	圆	斯瓦尔巴群岛 084
80°12′4.4798″	34°40′32.1379″	点	斯瓦尔巴群岛 084、085
80°9′27.4540″	34°38′12.2934″	点	斯瓦尔巴群岛 085
80°8′55.6968″	34°37′39.8756″	圆	斯瓦尔巴群岛 085
80°8′24.2198″	34°36′59.2073″	圆	斯瓦尔巴群岛 085
80°7′53.0861″	34°36′10.3914″	圆	斯瓦尔巴群岛 085

续 表

北 纬	东 经		编 号
80°7′22.3577″	34°35′13.5462″	圆	斯瓦尔巴群岛 085
80°7′1.0844″	34°34′28.9661″	点	斯瓦尔巴群岛 085、086
80°6′20.3557″	34°32′59.5266″	点	斯瓦尔巴群岛 086
80°5′53.5189″	34°31′57.0898″	点	斯瓦尔巴群岛 086、087
80°4′1.0266″	34°27′21.0953″	点	斯瓦尔巴群岛 087
80°3′31.6106″	34°26′4.6755″	圆	斯瓦尔巴群岛 087
80°3′2.8121″	34°24′40.7985″	圆	斯瓦尔巴群岛 087
80°2′34.6879″	34°23′9.6471″	圆	斯瓦尔巴群岛 087
80°2′10.4232″	34°21′43.1358″	点	斯瓦尔巴群岛 087、088
80°2′5.9114″	34°21′26.3403″	点	斯瓦尔巴群岛 088
80°1′39.2053″	34°19′42.0495″	圆	斯瓦尔巴群岛 088
80°1′13.3287″	34°17′51.0837″	圆	斯瓦尔巴群岛 088
80°0′48.3319″	34°15′53.6736″	圆	斯瓦尔巴群岛 088
80°0′24.2638″	34°13′50.0611″	圆	斯瓦尔巴群岛 088
80°0′1.1713″	34°11′40.4987″	圆	斯瓦尔巴群岛 088
79°59′39.0991″	34°9′25.2491″	圆	斯瓦尔巴群岛 088
79°59′18.0900″	34°7′4.5846″	圆	斯瓦尔巴群岛 088
79°58′58.1847″	34°4′38.7863″	圆	斯瓦尔巴群岛 088
79°58′39.4217″	34°2′8.1440″	圆	斯瓦尔巴群岛 088
79°58′21.8371″	33°59′32.9555″	圆	斯瓦尔巴群岛 088
79°58′5.4649″	33°56′53.5260″	圆	斯瓦尔巴群岛 088
79°57′50.3365″	33°54′10.1674″	圆	斯瓦尔巴群岛 088
79°57′36.4809″	33°51′23.1983″	圆	斯瓦尔巴群岛 088
79°57′23.9248″	33°48′32.9426″	圆	斯瓦尔巴群岛 088
79°57′13.7689″	33°45′57.3969″	点	斯瓦尔巴群岛 088、089
79°50′41.6172″	32°4′45.8711″	点	斯瓦尔巴群岛 089
79°50′30.7085″	32°1′53.8718″	圆	斯瓦尔巴群岛 089
79°50′21.1500″	31°58′59.3576″	圆	斯瓦尔巴群岛 089
79°50′12.9600″	31°56′2.6644″	圆	斯瓦尔巴群岛 089

续 表

北　　纬	东　　经		编　　号
79°50′6.1540″	31°53′4.1311″	圆	斯瓦尔巴群岛 089
79°50′0.7452″	31°50′4.1000″	圆	斯瓦尔巴群岛 089
79°49′56.7439″	31°47′2.9154″	圆	斯瓦尔巴群岛 089
79°49′54.1576″	31°44′.9237″	圆	斯瓦尔巴群岛 089
79°49′52.9914″	31°40′58.4722″	圆	斯瓦尔巴群岛 089
79°49′53.2475″	31°37′55.9092″	圆	斯瓦尔巴群岛 089
79°49′54.9254″	31°34′53.5831″	圆	斯瓦尔巴群岛 089
79°49′58.0218″	31°31′51.8420″	圆	斯瓦尔巴群岛 089
79°50′2.5309″	31°28′51.0329″	圆	斯瓦尔巴群岛 089
79°50′8.4440″	31°25′51.5015″	圆	斯瓦尔巴群岛 089
79°50′15.7499″	31°22′53.5914″	圆	斯瓦尔巴群岛 089
79°50′24.4346″	31°19′57.6438″	圆	斯瓦尔巴群岛 089
79°50′34.4814″	31°17′3.9966″	圆	斯瓦尔巴群岛 089
79°50′45.8712″	31°14′12.9841″	圆	斯瓦尔巴群岛 089
79°50′58.5821″	31°11′24.9366″	圆	斯瓦尔巴群岛 089
79°51′12.5897″	31°8′40.1796″	圆	斯瓦尔巴群岛 089
79°51′27.8671″	31°5′59.0331″	圆	斯瓦尔巴群岛 089
79°51′44.3849″	31°3′21.8115″	圆	斯瓦尔巴群岛 089
79°52′2.1115″	31°0′48.8230″	圆	斯瓦尔巴群岛 089
79°52′21.0125″	30°58′20.3684″	圆	斯瓦尔巴群岛 089
79°52′41.0515″	30°55′56.7417″	圆	斯瓦尔巴群岛 089
79°52′57.6299″	30°54′7.0801″	点	斯瓦尔巴群岛 089、090
79°54′23.9515″	30°44′53.6315″	点	斯瓦尔巴群岛 090
79°54′45.8653″	30°42′38.6993″	圆	斯瓦尔巴群岛 090
79°55′8.8062″	30°40′29.3671″	圆	斯瓦尔巴群岛 090
79°55′32.7296″	30°38′25.8967″	圆	斯瓦尔巴群岛 090
79°55′57.5891″	30°36′28.5401″	圆	斯瓦尔巴群岛 090
79°56′23.3361″	30°34′37.5388″	圆	斯瓦尔巴群岛 090
79°56′49.9203″	30°32′53.1231″	圆	斯瓦尔巴群岛 090

续　表

北　纬	东　经		编　号
79°57′10.3052″	30°31′39.5140″	点	斯瓦尔巴群岛 090、091
79°58′43.2209″	30°26′15.1802″	点	斯瓦尔巴群岛 091
79°559′11.1171″	30°24′42.3066″	圆	斯瓦尔巴群岛 091
79°559′39.7055″	30°23′16.6027″	圆	斯瓦尔巴群岛 091
80°0′8.9298″	30°21′58.2544″	圆	斯瓦尔巴群岛 091
80°0′38.7323″	30°20′47.4342″	圆	斯瓦尔巴群岛 091
80°1′9.0541″	30°19′44.3011″	圆	斯瓦尔巴群岛 091
80°1′39.8349″	30°18′48.9996″	圆	斯瓦尔巴群岛 091
80°2′11.0136″	30°18′1.6599″	圆	斯瓦尔巴群岛 091
80°2′42.5280″	30°17′22.3970″	圆	斯瓦尔巴群岛 091
80°3′14.3151″	30°16′51.3105″	圆	斯瓦尔巴群岛 091
80°3′36.3683″	30°16′34.6764″	点	斯瓦尔巴群岛 091、092
80°3′47.8146″	30°16′27.0795″	点	斯瓦尔巴群岛 092
80°4′19.9173″	30°16′9.9800″	圆	斯瓦尔巴群岛 092
80°4′52.1200″	30°16′1.2489″	圆	斯瓦尔巴群岛 092
80°5′20.9194″	30°16′.5589″	点	斯瓦尔巴群岛 092、093
80°5′49.3039″	30°16′3.1945″	点	斯瓦尔巴群岛 093
80°6′21.5178″	30°16′10.4111″	圆	斯瓦尔巴群岛 093
80°6′53.6432″	30°16′26.0721″	圆	斯瓦尔巴群岛 093
80°6′53.9424″	30°16′26.2581″	点	斯瓦尔巴群岛 093、094
80°7′57.5692″	30°17′5.9449″	点	斯瓦尔巴群岛 094
80°8′29.5380″	30°17′30.1979″	圆	斯瓦尔巴群岛 094
80°9′1.2868″	30°18′2.8740″	圆	斯瓦尔巴群岛 094
80°9′32.7507″	30°18′43.9285″	圆	斯瓦尔巴群岛 094
80°10′3.8650″	30°19′33.2993″	圆	斯瓦尔巴群岛 094
80°10′34.5659″	30°20′30.9065″	圆	斯瓦尔巴群岛 094
80°10′43.5152″	30°20′49.4195″	点	斯瓦尔巴群岛 074
80°11′15.2001″	30°21′24.2761″	圆	斯瓦尔巴群岛 074
80°11′46.5842″	30°22′7.5275″	圆	斯瓦尔巴群岛 074

续　表

北　纬	东　经		编　号
80°12′17.6030″	30°22′59.1068″	圆	斯瓦尔巴群岛 074
80°12′48.1928″	30°23′58.9297″	圆	斯瓦尔巴群岛 074
80°13′18.2904″	30°25′6.8938″	圆	斯瓦尔巴群岛 074
80°13′42.3878″	30°26′8.1566″	点	斯瓦尔巴群岛 074、075
80°15′10.1281″	30°30′3.3490″	点	斯瓦尔巴群岛 075
80°15′39.1588″	30°31′26.1605″	圆	斯瓦尔巴群岛 075
80°16′7.5233″	30°32′56.7458″	圆	斯瓦尔巴群岛 075
80°16′35.1624″	30°34′34.9346″	圆	斯瓦尔巴群岛 075
80°17′2.0185″	30°36′20.5394″	圆	斯瓦尔巴群岛 075
80°17′28.0353″	30°38′13.3561″	圆	斯瓦尔巴群岛 075
80°17′32.8238″	30°38′35.3326″	点	斯瓦尔巴群岛 075、076
斯匹次卑尔根岛 / 东北地岛 / 埃季岛			
76°17′50.2925″	16°2′4.4540″	点	斯瓦尔巴群岛 096、097
76°19′26.6030″	15°54′48.7314″	点	斯瓦尔巴群岛 097
76°19′49.1049″	15°53′11.0532″	圆	斯瓦尔巴群岛 097
76°20′12.6129″	15°51′37.6668″	圆	斯瓦尔巴群岛 097
76°20′37.0810″	15°50′8.7616″	圆	斯瓦尔巴群岛 097
76°21′2.4610″	15°48′44.5195″	圆	斯瓦尔巴群岛 097
76°21′28.7028″	15°47′25.1137″	圆	斯瓦尔巴群岛 097
76°21′44.8474″	15°46′39.8404″	点	斯瓦尔巴群岛 097、098
76°25′55.8487″	15°35′12.0110″	点	斯瓦尔巴群岛 098
76°26′23.3062″	15°33′59.9430″	圆	斯瓦尔巴群岛 098
76°26′42.1318″	15°33′14.5481″	点	斯瓦尔巴群岛 098、099
76°36′35.5458″	15°9′53.7370″	点	斯瓦尔巴群岛 099、100
76°45′42.6662″	14°39′28.1587″	点	斯瓦尔巴群岛 100
76°46′8.5806″	14°38′4.3727″	圆	斯瓦尔巴群岛 100
76°46′35.3250″	14°36′45.6738″	圆	斯瓦尔巴群岛 100
76°46′53.9077″	14°35′55.2813″	点	斯瓦尔巴群岛 100、101
76°55′31.2889″	14°13′1.6189″	点	斯瓦尔巴群岛 101、102

续　表

北　纬	东　经		编　号
76°57′39.9313″	14°1′20.4619″	点	斯瓦尔巴群岛 102
76°58′0.7656″	13°59′31.3943″	圆	斯瓦尔巴群岛 102
76°58′22.6739″	13°57′46.4943″	圆	斯瓦尔巴群岛 102
76°58′45.6132″	13°56′5.9733″	圆	斯瓦尔巴群岛 102
76°59′8.0208″	13°54′35.8713″	点	斯瓦尔巴群岛 102、103
77°4′44.9652″	13°32′43.7134″	点	斯瓦尔巴群岛 103
77°5′9.6440″	13°31′10.9117″	圆	斯瓦尔巴群岛 103
77°5′35.2228″	13°29′43.0724″	圆	斯瓦尔巴群岛 103
77°6′1.6514″	13°28′20.3768″	圆	斯瓦尔巴群岛 103
77°6′28.8776″	13°27′2.9968″	圆	斯瓦尔巴群岛 103
77°6′56.8477″	13°25′51.0943″	圆	斯瓦尔巴群岛 103
77°7′25.5062″	13°24′44.8217″	圆	斯瓦尔巴群岛 103
77°7′54.7964″	13°23′44.3206″	圆	斯瓦尔巴群岛 103
77°8′19.8472″	13°22′58.0537″	点	斯瓦尔巴群岛 103、104
77°20′39.9655″	13°1′0.9050″	点	斯瓦尔巴群岛 104
77°21′10.1952″	13°0′9.7040″	圆	斯瓦尔巴群岛 104
77°21′40.8965″	12°59′24.6997″	圆	斯瓦尔巴群岛 104
77°22′12.0083″	12°58′45.9944″	圆	斯瓦尔巴群岛 104
77°22′43.4683″	12°58′13.6783″	圆	斯瓦尔巴群岛 104
77°23′15.2136″	12°57′47.8293″	圆	斯瓦尔巴群岛 104
77°23′47.1802″	12°57′28.5126″	圆	斯瓦尔巴群岛 104
77°24′19.3040″	12°57′15.7808″	圆	斯瓦尔巴群岛 104
77°24′20.8148″	12°57′15.3456″	点	斯瓦尔巴群岛 104、105
77°27′56.2850″	12°56′14.0401″	点	斯瓦尔巴群岛 105、106
77°41′51.2132″	12°47′44.6729″	点	斯瓦尔巴群岛 106、107
77°50′8.3935″	12°36′31.1474″	点	斯瓦尔巴群岛 107
77°50′39.5624″	12°35′51.9843″	圆	斯瓦尔巴群岛 107
77°51′11.0696″	12°35′19.4663″	圆	斯瓦尔巴群岛 107
77°51′42.8522″	12°34′53.6729″	圆	斯瓦尔巴群岛 107

续　表

北　纬	东　经		编　号
77°52′14.8463″	12°34′34.6703″	圆	斯瓦尔巴群岛 107
77°52′46.9875″	12°34′22.5116″	圆	斯瓦尔巴群岛 107
77°53′19.2111″	12°34′17.2361″	圆	斯瓦尔巴群岛 107
77°53′44.5674″	12°34′17.9396″	点	斯瓦尔巴群岛 107、108
77°59′.0942″	12°34′53.5706″	点	斯瓦尔巴群岛 108、109
78°0′1.8196″	12°30′48.6858″	点	斯瓦尔巴群岛 109、110
78°0′7.0692″	12°4′51.3611″	点	斯瓦尔巴群岛 110
78°0′8.1859″	12°2′16.3955″	圆	斯瓦尔巴群岛 110
78°0′9.8627″	12°0′25.5682″	点	斯瓦尔巴群岛 110、111
78°0′18.8440″	11°52′12.1078″	点	斯瓦尔巴群岛 111
78°0′22.3285″	11°49′37.9118″	圆	斯瓦尔巴群岛 111
78°0′27.2280″	11°47′4.5939″	圆	斯瓦尔巴群岛 111
78°0′33.5331″	11°44′32.4500″	圆	斯瓦尔巴群岛 111
78°0′41.2316″	11°42′1.7740″	圆	斯瓦尔巴群岛 111
78°0′50.3087″	11°39′32.8575″	圆	斯瓦尔巴群岛 111
78°1′.7468″	11°37′5.9889″	圆	斯瓦尔巴群岛 111
78°1′12.5259″	11°34′41.4537″	圆	斯瓦尔巴群岛 111
78°1′25.6230″	11°32′19.5330″	圆	斯瓦尔巴群岛 111
78°1′40.0129″	11°30′.5039″	圆	斯瓦尔巴群岛 111
78°1′55.6677″	11°27′44.6386″	圆	斯瓦尔巴群岛 111
78°2′12.5570″	11°25′32.2039″	圆	斯瓦尔巴群岛 111
78°2′30.6481″	11°23′23.4611″	圆	斯瓦尔巴群岛 111
78°2′49.9058″	11°21′18.6648″	圆	斯瓦尔巴群岛 111
78°3′10.2927″	11°19′18.0632″	圆	斯瓦尔巴群岛 111
78°3′31.7690″	11°17′21.8974″	圆	斯瓦尔巴群岛 111
78°3′53.2654″	11°15′35.2760″	点	斯瓦尔巴群岛 111、112
78°5′14.9275″	11°9′5.9034″	点	斯瓦尔巴群岛 112
78°5′38.3700″	11°7′18.6669″	圆	斯瓦尔巴群岛 112
78°6′2.7740″	11°5′36.5323″	圆	斯瓦尔巴群岛 112

续　表

北　纬	东　经		编　号
78°6′28.0917″	11°3′59.7087″	圆	斯瓦尔巴群岛 112
78°6′36.9239″	11°3′27.9461″	点	斯瓦尔巴群岛 112、113
78°19′56.3573″	10°15′10.3587″	点	斯瓦尔巴群岛 113
78°20′22.5652″	10°13′37.4970″	圆	斯瓦尔巴群岛 113
78°20′49.5838″	10°12′10.4471″	圆	斯瓦尔巴群岛 113
78°21′17.3598″	10°10′49.3917″	圆	斯瓦尔巴群岛 113
78°21′45.8385″	10°9′34.5026″	圆	斯瓦尔巴群岛 113
78°22′14.9635″	10°8′25.9404″	圆	斯瓦尔巴群岛 113
78°22′44.6773″	10°7′23.8540″	圆	斯瓦尔巴群岛 113
78°23′6.8687″	10°6′42.4106″	点	斯瓦尔巴群岛 113、114
78°38′22.4297″	9°38′58.6399″	点	斯瓦尔巴群岛 114
78°38′52.9422″	9°38′5.7636″	圆	斯瓦尔巴群岛 114
78°39′2.3620″	9°37′50.9777″	点	斯瓦尔巴群岛 114、115
78°43′21.1798″	9°31′11.8998″	点	斯瓦尔巴群岛 115
78°43′52.2319″	9°30′27.5442″	圆	斯瓦尔巴群岛 115
78°44′.8413″	9°30′16.5861″	点	斯瓦尔巴群岛 115、116
78°44′24.8059″	9°29′46.8644″	点	斯瓦尔巴群岛 116
78°44′56.3017″	9°29′11.5720″	圆	斯瓦尔巴群岛 116
78°45′28.0746″	9°28′43.5257″	圆	斯瓦尔巴群岛 116
78°46′0.0610″	9°28′22.7987″	圆	斯瓦尔巴群岛 116
78°46′14.5362″	9°28′15.8635″	点	斯瓦尔巴群岛 116、117
78°52′43.6639″	9°25′28.1779″	点	斯瓦尔巴群岛 117
78°53′15.8437″	9°25′17.9410″	圆	斯瓦尔巴群岛 117
78°53′48.0797″	9°25′15.2125″	圆	斯瓦尔巴群岛 117
78°54′20.3067″	9°25′20.0161″	圆	斯瓦尔巴群岛 117
78°54′52.4593″	9°25′32.3599″	圆	斯瓦尔巴群岛 117
78°55′24.4723″	9°25′52.2367″	圆	斯瓦尔巴群岛 117
78°55′56.2804″	9°26′19.6241″	圆	斯瓦尔巴群岛 117
78°56′27.8187″	9°26′54.4837″	圆	斯瓦尔巴群岛 117

续 表

北　纬	东　经		编　号
78°56′59.0225″	9°27′36.7616″	圆	斯瓦尔巴群岛 117
78°57′29.8280″	9°28′26.3883″	圆	斯瓦尔巴群岛 117
78°58′0.1717″	9°29′23.2785″	圆	斯瓦尔巴群岛 117
78°58′27.8603″	9°30′22.4765″	点	斯瓦尔巴群岛 117、118
78°58′38.9195″	9°30′47.5678″	点	斯瓦尔巴群岛 118
78°59′8.1957″	9°31′58.2004″	圆	斯瓦尔巴群岛 118
78°59′36.8296″	9°33′15.7588″	圆	斯瓦尔巴群岛 118
78°59′47.4184″	9°33′46.6853″	点	斯瓦尔巴群岛 118、119
79°8′34.9311″	10°0′23.0454″	点	斯瓦尔巴群岛 119、120
79°17′43.0556″	9°47′50.9441″	点	斯瓦尔巴群岛 120
79°18′14.4410″	9°47′11.2519″	圆	斯瓦尔巴群岛 120
79°18′22.1778″	9°47′2.6816″	点	斯瓦尔巴群岛 120、121
79°29′42.4129″	9°34′36.7265″	点	斯瓦尔巴群岛 121
79°30′14.1400″	9°34′5.3337″	圆	斯瓦尔巴群岛 121
79°30′46.0918″	9°33′41.7592″	圆	斯瓦尔巴群岛 121
79°30′49.2167″	9°33′39.8816″	点	斯瓦尔巴群岛 121、122
79°31′35.0725″	9°33′12.8537″	点	斯瓦尔巴群岛 122
79°31′52.1373″	9°33′3.9135″	点	斯瓦尔巴群岛 122、123
79°45′11.5320″	9°26′50.0558″	点	斯瓦尔巴群岛 123
79°45′43.7079″	9°26′38.7640″	圆	斯瓦尔巴群岛 123
79°46′15.9415″	9°26′35.6124″	圆	斯瓦尔巴群岛 123
79°46′48.1677″	9°26′40.6286″	圆	斯瓦尔巴群岛 123
79°47′20.3211″	9°26′53.8237″	圆	斯瓦尔巴群岛 123
79°47′52.3363″	9°27′15.1920″	圆	斯瓦尔巴群岛 123
79°48′24.1481″	9°27′44.7110″	圆	斯瓦尔巴群岛 123
79°48′55.6915″	9°28′22.3414″	圆	斯瓦尔巴群岛 123
79°49′26.9018″	9°29′8.0267″	圆	斯瓦尔巴群岛 123
79°49′57.7150″	9°30′1.6932″	圆	斯瓦尔巴群岛 123
79°50′28.0677″	9°31′3.2503″	圆	斯瓦尔巴群岛 123

续 表

北 纬	东 经		编 号
79°50′57.8971″	9°32′12.5903″	圆	斯瓦尔巴群岛 123
79°51′27.1416″	9°33′29.5883″	圆	斯瓦尔巴群岛 123
79°51′55.7404″	9°34′54.1026″	圆	斯瓦尔巴群岛 123
79°52′23.6342″	9°36′25.9749″	圆	斯瓦尔巴群岛 123
79°52′50.7647″	9°38′5.0301″	圆	斯瓦尔巴群岛 123
79°53′17.0754″	9°39′51.0771″	圆	斯瓦尔巴群岛 123
79°53′42.5111″	9°41′43.9086″	圆	斯瓦尔巴群岛 123
79°54′7.0185″	9°43′43.3018″	圆	斯瓦尔巴群岛 123
79°54′30.5461″	9°45′49.0187″	圆	斯瓦尔巴群岛 123
79°54′53.0443″	9°48′0.8065″	圆	斯瓦尔巴群岛 123
79°55′7.9305″	9°49′35.0591″	点	斯瓦尔巴群岛 123、124
80°1′26.6003″	10°31′33.5258″	点	斯瓦尔巴群岛 124
80°1′46.9536″	10°33′57.8537″	圆	斯瓦尔巴群岛 124
80°2′6.1435″	10°36′27.4801″	圆	斯瓦尔巴群岛 124
80°2′24.1294″	10°39′2.0957″	圆	斯瓦尔巴群岛 124
80°2′40.8729″	10°41′41.3791″	圆	斯瓦尔巴群岛 124
80°2′48.5436″	10°43′.3001″	点	斯瓦尔巴群岛 124、125
80°5′0.4758″	11°6′27.6065″	点	斯瓦尔巴群岛 125
80°5′15.1163″	11°9′14.3869″	圆	斯瓦尔巴群岛 125
80°5′28.4263″	11°12′4.9509″	圆	斯瓦尔巴群岛 125
80°5′40.3775″	11°14′58.9383″	圆	斯瓦尔巴群岛 125
80°5′50.9443″	11°17′55.9804″	圆	斯瓦尔巴群岛 125
80°6′0.1041″	11°20′55.7007″	圆	斯瓦尔巴群岛 125
80°6′7.8373″	11°23′57.7165″	圆	斯瓦尔巴群岛 125
80°6′14.1272″	11°27′1.6388″	圆	斯瓦尔巴群岛 125
80°6′18.9605″	11°30′7.0744″	圆	斯瓦尔巴群岛 125
80°6′22.3267″	11°33′13.6258″	圆	斯瓦尔巴群岛 125
80°6′24.2186″	11°36′20.8929″	圆	斯瓦尔巴群岛 125
80°6′24.6321″	11°39′28.4740″	圆	斯瓦尔巴群岛 125

续　表

北　纬	东　经		编　号
80°6′23.5664″	11°42′35.9662″	圆	斯瓦尔巴群岛 125
80°6′21.0237″	11°45′42.9672″	圆	斯瓦尔巴群岛 125
80°6′17.0095″	11°48′49.0757″	圆	斯瓦尔巴群岛 125
80°6′11.5325″	11°51′53.8928″	圆	斯瓦尔巴群岛 125
80°6′4.6043″	11°54′57.0227″	圆	斯瓦尔巴群岛 125
80°5′56.2398″	11°57′58.0738″	圆	斯瓦尔巴群岛 125
80°5′46.4570″	12°0′56.6600″	圆	斯瓦尔巴群岛 125
80°5′35.2767″	12°3′52.4010″	圆	斯瓦尔巴群岛 125
80°5′22.7230″	12°6′44.9238″	圆	斯瓦尔巴群岛 125
80°5′8.8227″	12°9′33.8633″	圆	斯瓦尔巴群岛 125
80°5′8.6880″	12°9′35.4064″	点	斯瓦尔巴群岛 125、126
80°2′56.9914″	12°34′28.2183″	点	斯瓦尔巴群岛 126、127
80°3′55.0350″	13°8′44.7938″	点	斯瓦尔巴群岛 127、128
80°9′32.4959″	13°33′57.2098″	点	斯瓦尔巴群岛 128
80°9′57.5140″	13°35′56.1852″	圆	斯瓦尔巴群岛 128
80°10′21.5796″	13°38′1.7939″	圆	斯瓦尔巴群岛 128
80°10′22.3766″	13°38′6.1568″	点	斯瓦尔巴群岛 128、129
80°10′24.4853″	13°38′17.7194″	点	斯瓦尔巴群岛 129
80°10′47.5118″	13°40′29.9366″	圆	斯瓦尔巴群岛 129
80°11′9.4849″	13°42′48.2599″	圆	斯瓦尔巴群岛 129
80°11′30.3581″	13°45′12.4080″	圆	斯瓦尔巴群岛 129
80°11′32.3080″	13°45′26.5828″	点	斯瓦尔巴群岛 129、130
80°11′36.2795″	13°45′55.5899″	点	斯瓦尔巴群岛 130
80°11′55.8927″	13°48′25.8164″	圆	斯瓦尔巴群岛 130
80°12′14.3158″	13°51′1.2329″	圆	斯瓦尔巴群岛 130
80°12′31.5098″	13°53′41.5168″	圆	斯瓦尔巴群岛 130
80°12′47.4380″	13°56′26.3337″	圆	斯瓦尔巴群岛 130
80°13′2.0664″	13°59′15.3382″	圆	斯瓦尔巴群岛 130
80°13′15.3639″	14°2′8.1745″	圆	斯瓦尔巴群岛 130

续　表

北　纬	东　经		编　号
80°13′25.5497″	14°4′37.0619″	点	斯瓦尔巴群岛 130、131
80°13′28.2496″	14°5′18.8669″	点	斯瓦尔巴群岛 131
80°13′39.0119″	14°8′17.8360″	圆	斯瓦尔巴群岛 131
80°13′48.3698″	14°11′19.5740″	圆	斯瓦尔巴群岛 131
80°13′56.3033″	14°14′23.6936″	圆	斯瓦尔巴群岛 131
80°14′2.7954″	14°17′29.8012″	圆	斯瓦尔巴群岛 131
80°14′5.9673″	14°19′21.2757″	点	斯瓦尔巴群岛 131、132
80°14′7.2830″	14°20′11.7702″	点	斯瓦尔巴群岛 132
80°14′11.4410″	14°23′20.2356″	圆	斯瓦尔巴群岛 132
80°14′12.1393″	14°24′.6640″	点	斯瓦尔巴群岛 132、133
80°15′34.9810″	16°2′37.4188″	点	斯瓦尔巴群岛 133、134
80°17′34.9912″	16°46′9.2424″	点	斯瓦尔巴群岛 135、136
80°21′14.1869″	16°51′12.3302″	点	斯瓦尔巴群岛 136
80°21′45.4081″	16°52′.2648″	圆	斯瓦尔巴群岛 136
80°22′16.2342″	16°52′56.6301″	圆	斯瓦尔巴群岛 136
80°22′46.6016″	16°54′1.3319″	圆	斯瓦尔巴群岛 136
80°23′16.4476″	16°55′14.2582″	圆	斯瓦尔巴群岛 136
80°23′45.7103″	16°56′35.2787″	圆	斯瓦尔巴群岛 136
80°23′52.3849″	16°56′55.1432″	点	斯瓦尔巴群岛 136、137
80°26′27.0386″	17°4′43.8708″	点	斯瓦尔巴群岛 137
80°26′55.4658″	17°6′15.4392″	圆	斯瓦尔巴群岛 137
80°27′23.1728″	17°7′54.7729″	圆	斯瓦尔巴群岛 137
80°27′50.1019″	17°9′41.6828″	圆	斯瓦尔巴群岛 137
80°28′16.1965″	17°11′35.9625″	圆	斯瓦尔巴群岛 137
80°28′41.4019″	17°13′37.3886″	圆	斯瓦尔巴群岛 137
80°29′.3669″	17°15′16.6703″	点	斯瓦尔巴群岛 137、138
80°44′31.4455″	18°42′49.3103″	点	斯瓦尔巴群岛 138、139
80°54′48.5852″	19°12′9.0857″	点	斯瓦尔巴群岛 139
80°55′17.5616″	19°13′38.5588″	圆	斯瓦尔巴群岛 139

续 表

北纬	东经		编号
80°55′45.8663″	19°15′16.3620″	圆	斯瓦尔巴群岛 139
80°56′13.4402″	19°17′2.3124″	圆	斯瓦尔巴群岛 139
80°56′40.2256″	19°18′56.2085″	圆	斯瓦尔巴群岛 139
80°57′6.1664″	19°20′57.8302″	圆	斯瓦尔巴群岛 139
80°57′31.2078″	19°23′6.9399″	圆	斯瓦尔巴群岛 139
80°57′55.2972″	19°25′23.2821″	圆	斯瓦尔巴群岛 139
80°58′18.3835″	19°27′46.5844″	圆	斯瓦尔巴群岛 139
80°58′40.4179″	19°30′16.5575″	圆	斯瓦尔巴群岛 139
80°59′1.3537″	19°32′52.8965″	圆	斯瓦尔巴群岛 139
80°59′21.1462″	19°35′35.2808″	圆	斯瓦尔巴群岛 139
80°59′39.7534″	19°38′23.3750″	圆	斯瓦尔巴群岛 139
80°59′57.1354″	19°41′16.8299″	圆	斯瓦尔巴群岛 139
81°0′13.2552″	19°44′15.2830″	圆	斯瓦尔巴群岛 139
81°0′28.0782″	19°47′18.3592″	圆	斯瓦尔巴群岛 139
81°0′29.8128″	19°47′41.2111″	点	斯瓦尔巴群岛 139、140
81°0′31.2915″	19°48′0.8364″	点	斯瓦尔巴群岛 140
81°0′44.6174″	19°51′8.6605″	圆	斯瓦尔巴群岛 140
81°0′56.5823″	19°54′20.2739″	圆	斯瓦尔巴群岛 140
81°1′7.1605″	19°57′35.2687″	圆	斯瓦尔巴群岛 140
81°1′16.3291″	20°0′53.2283″	圆	斯瓦尔巴群岛 140
81°1′24.0685″	20°4′13.7286″	圆	斯瓦尔巴群岛 140
81°1′30.3620″	20°7′36.3391″	圆	斯瓦尔巴群岛 140
81°1′35.1959″	20°11′.6238″	圆	斯瓦尔巴群岛 140
81°1′38.5599″	20°14′26.1426″	圆	斯瓦尔巴群岛 140
81°1′40.4466″	20°17′52.4520″	圆	斯瓦尔巴群岛 140
81°1′40.8631″	20°21′11.7154″	点	斯瓦尔巴群岛 140、141
81°1′40.8222″	20°21′41.3529″	点	斯瓦尔巴群岛 141
81°1′39.7938″	20°25′7.9165″	圆	斯瓦尔巴群岛 141
81°1′37.2855″	20°28′33.9474″	圆	斯瓦尔巴群岛 141

续 表

北　　纬	东　　经		编　　号
81°1′33.3026″	20°31′59.0011″	圆	斯瓦尔巴群岛 141
81°1′27.8537″	20°35′22.6352″	圆	斯瓦尔巴群岛 141
81°1′20.9506″	20°38′44.4113″	圆	斯瓦尔巴群岛 141
81°1′12.6082″	20°42′3.8955″	圆	斯瓦尔巴群岛 141
81°1′2.8445″	20°45′20.6598″	圆	斯瓦尔巴群岛 141
81°0′51.6804″	20°48′34.2833″	圆	斯瓦尔巴群岛 141
81°0′39.1401″	20°51′44.3529″	圆	斯瓦尔巴群岛 141
81°0′25.2505″	20°54′50.4644″	圆	斯瓦尔巴群岛 141
81°0′10.0414″	20°57′52.2238″	圆	斯瓦尔巴群岛 141
80°59′53.5454″	21°0′49.2479″	圆	斯瓦尔巴群岛 141
80°59′50.3761″	21°1′21.2411″	点	斯瓦尔巴群岛 141、142
80°59′49.6835″	21°1′28.1672″	点	斯瓦尔巴群岛 142
80°59′31.7090″	21°4′19.0991″	圆	斯瓦尔巴群岛 142
80°59′12.5282″	21°7′4.5010″	圆	斯瓦尔巴群岛 142
80°58′55.5038″	21°9′18.9898″	点	斯瓦尔巴群岛 142、143
80°51′24.8698″	22°5′3.0441″	点	斯瓦尔巴群岛 143、144
80°44′24.0650″	23°0′14.3649″	点	斯瓦尔巴群岛 144、145
80°50′47.4271″	24°31′11.1190″	点	斯瓦尔巴群岛 145
80°50′59.3144″	24°34′19.4829″	圆	斯瓦尔巴群岛 145
80°51′1.7364″	24°35′1.2409″	点	斯瓦尔巴群岛 145、146
80°51′2.3179″	24°35′11.4283″	点	斯瓦尔巴群岛 146
80°51′12.5088″	24°38′23.7621″	圆	斯瓦尔巴群岛 146
80°51′21.2849″	24°41′38.8909″	圆	斯瓦尔巴群岛 146
80°51′28.6274″	24°44′56.3970″	圆	斯瓦尔巴群岛 146
80°51′34.5204″	24°48′15.8563″	圆	斯瓦尔巴群岛 146
80°51′38.9513″	24°51′36.8401″	圆	斯瓦尔巴群岛 146
80°51′41.9105″	24°54′58.9155″	圆	斯瓦尔巴群岛 146
80°51′43.3602″	24°58′13.4083″	点	斯瓦尔巴群岛 146、147
80°51′43.4419″	24°58′34.1562″	点	斯瓦尔巴群岛 147

续 表

北 纬	东 经		编 号
80°51′43.4987″	25°1′57.1067″	圆	斯瓦尔巴群岛 147
80°51′42.0741″	25°5′19.8550″	圆	斯瓦尔巴群岛 147
80°51′39.1712″	25°8′41.9639″	圆	斯瓦尔巴群岛 147
80°51′34.7962″	25°12′2.9977″	圆	斯瓦尔巴群岛 147
80°51′28.9587″	25°15′22.5236″	圆	斯瓦尔巴群岛 147
80°51′21.6712″	25°18′40.1124″	圆	斯瓦尔巴群岛 147
80°51′12.9495″	25°21′55.3400″	圆	斯瓦尔巴群岛 147
80°51′2.8122″	25°25′7.7884″	圆	斯瓦尔巴群岛 147
80°50′51.2811″	25°28′17.0464″	圆	斯瓦尔巴群岛 147
80°50′38.3812″	25°31′22.7110″	圆	斯瓦尔巴群岛 147
80°50′24.1400″	25°34′24.3883″	圆	斯瓦尔巴群岛 147
80°50′8.5881″	25°37′21.6943″	圆	斯瓦尔巴群岛 147
80°49′51.7587″	25°40′14.2558″	圆	斯瓦尔巴群岛 147
80°49′33.6880″	25°43′1.7117″	圆	斯瓦尔巴群岛 147
80°49′14.4143″	25°45′43.7131″	圆	斯瓦尔巴群岛 147
80°48′53.9789″	25°48′19.9247″	圆	斯瓦尔巴群岛 147
80°48′32.4251″	25°50′50.0254″	圆	斯瓦尔巴群岛 147
80°48′9.7987″	25°53′13.7088″	圆	斯瓦尔巴群岛 147
80°48′3.2629″	25°53′52.8364″	点	斯瓦尔巴群岛 147、148
80°35′36.6073″	27°5′8.0309″	点	斯瓦尔巴群岛 148
80°35′12.2412″	27°7′17.1064″	圆	斯瓦尔巴群岛 148
80°34′46.9383″	27°9′19.1673″	圆	斯瓦尔巴群岛 148
80°34′20.7519″	27°11′13.9726″	圆	斯瓦尔巴群岛 148
80°33′53.7369″	27°13′1.2983″	圆	斯瓦尔巴群岛 148
80°33′25.9500″	27°14′40.9375″	圆	斯瓦尔巴群岛 148
80°32′57.4491″	27°16′12.7010″	圆	斯瓦尔巴群岛 148
80°32′28.2937″	27°17′36.4174″	圆	斯瓦尔巴群岛 148
80°31′58.5443″	27°18′51.9333″	圆	斯瓦尔巴群岛 148
80°31′28.2628″	27°19′59.1137″	圆	斯瓦尔巴群岛 148

续 表

北 纬	东 经		编 号
80°30′57.5116″	27°20′57.8416″	圆	斯瓦尔巴群岛 148
80°30′26.3542″	27°21′48.0189″	圆	斯瓦尔巴群岛 148
80°29′54.8546″	27°22′29.5655″	圆	斯瓦尔巴群岛 148
80°29′29.1808″	27°22′56.8041″	点	斯瓦尔巴群岛 148、149
80°22′20.4184″	27°29′37.8237″	点	斯瓦尔巴群岛 149、150
80°20′12.5042″	28°17′12.9489″	点	斯瓦尔巴群岛 150
80°20′3.2554″	28°20′16.8698″	圆	斯瓦尔巴群岛 150
80°19′52.6003″	28°23′18.0204″	圆	斯瓦尔巴群岛 150
80°19′40.5618″	28°26′16.0151″	圆	斯瓦尔巴群岛 150
80°19′27.1656″	28°29′10.4765″	圆	斯瓦尔巴群岛 150
80°19′23.2256″	28°29′58.0427″	点	斯瓦尔巴群岛 150、151
80°19′4.4496″	28°33′40.7775″	点	斯瓦尔巴群岛 151
80°18′49.3320″	28°36′30.0081″	圆	斯瓦尔巴群岛 151
80°18′32.9268″	28°39′14.8741″	圆	斯瓦尔巴群岛 151
80°18′15.2690″	28°41′55.0304″	圆	斯瓦尔巴群岛 151
80°17′56.3962″	28°44′30.1435″	圆	斯瓦尔巴群岛 151
80°17′56.2194″	28°44′31.5277″	点	斯瓦尔巴群岛 151、152
80°16′33.3783″	28°55′17.0152″	点	斯瓦尔巴群岛 152
80°16′13.2424″	28°57′45.9964″	圆	斯瓦尔巴群岛 152
80°15′51.9775″	29°0′9.2952″	圆	斯瓦尔巴群岛 152
80°15′29.6287″	29°2′26.6187″	圆	斯瓦尔巴群岛 152
80°15′6.2432″	29°4′37.6881″	圆	斯瓦尔巴群岛 152
80°14′58.9402″	29°5′16.2312″	点	斯瓦尔巴群岛 152、153
80°14′37.1712″	29°7′9.4212″	点	斯瓦尔巴群岛 153
80°14′12.4973″	29°9′11.7887″	圆	斯瓦尔巴群岛 153
80°13′46.9039″	29°11′7.3189″	圆	斯瓦尔巴群岛 153
80°13′42.7992″	29°11′24.8489″	点	斯瓦尔巴群岛 153、154
80°13′35.5743″	29°11′55.4626″	点	斯瓦尔巴群岛 154
80°13′8.9814″	29°13′42.7527″	圆	斯瓦尔巴群岛 154

续　表

北　纬	东　经		编　号
80°12′41.5874″	29°15′22.7358″	圆	斯瓦尔巴群岛 154
80°12′13.4493″	29°16′55.2203″	圆	斯瓦尔巴群岛 154
80°11′44.6260″	29°18′20.0312″	圆	斯瓦尔巴群岛 154
80°11′15.1772″	29°19′37.0112″	圆	斯瓦尔巴群岛 154
80°10′45.1642″	29°20′46.0199″	圆	斯瓦尔巴群岛 154
80°10′14.6490″	29°21′46.9350″	圆	斯瓦尔巴群岛 154
80°9′43.6945″	29°22′39.6516″	圆	斯瓦尔巴群岛 154
80°9′12.3645″	29°23′24.0825″	圆	斯瓦尔巴群岛 154
80°8′43.9557″	29°23′56.8706″	点	斯瓦尔巴群岛 154、155
80°6′58.8837″	29°25′44.8823″	点	斯瓦尔巴群岛 155
80°6′27.0157″	29°26′13.2301″	圆	斯瓦尔巴群岛 155
80°5′54.9605″	29°26′33.1643″	圆	斯瓦尔巴群岛 155
80°5′22.7834″	29°26′44.6666″	圆	斯瓦尔巴群岛 155
80°4′50.5499″	29°26′47.7363″	圆	斯瓦尔巴群岛 155
80°4′18.3252″	29°26′42.3897″	圆	斯瓦尔巴群岛 155
80°3′46.1745″	29°26′28.6601″	圆	斯瓦尔巴群岛 155
80°3′14.1624″	29°26′6.5975″	圆	斯瓦尔巴群岛 155
80°2′42.3535″	29°25′36.2683″	圆	斯瓦尔巴群岛 155
80°2′10.8115″	29°24′57.7550″	圆	斯瓦尔巴群岛 155
80°1′39.5994″	29°24′11.1557″	圆	斯瓦尔巴群岛 155
80°1′8.7794″	29°23′16.5842″	圆	斯瓦尔巴群岛 155
80°0′38.4130″	29°22′14.1691″	圆	斯瓦尔巴群岛 155
80°0′8.5604″	29°21′4.0537″	圆	斯瓦尔巴群岛 155
79°59′39.2806″	29°19′46.3957″	圆	斯瓦尔巴群岛 155
79°59′10.6315″	29°18′21.3663″	圆	斯瓦尔巴群岛 155
79°58′42.6695″	29°16′49.1502″	圆	斯瓦尔巴群岛 155
79°58′15.4496″	29°15′9.9450″	圆	斯瓦尔巴群岛 155
79°57′49.0252″	29°13′23.9605″	圆	斯瓦尔巴群岛 155
79°57′23.4479″	29°11′31.4187″	圆	斯瓦尔巴群岛 155

续 表

北 纬	东 经		编 号
79°57′23.1118″	29°11′29.8703″	点	斯瓦尔巴群岛 155、156
79°48′30.5715″	28°31′21.1856″	点	斯瓦尔巴群岛 156、157
79°41′29.0654″	28°8′0.9519″	点	斯瓦尔巴群岛 157
79°41′1.6300″	28°6′26.3983″	圆	斯瓦尔巴群岛 157
79°40′34.9755″	28°4′45.1906″	圆	斯瓦尔巴群岛 157
79°40′9.1540″	28°2′57.5412″	圆	斯瓦尔巴群岛 157
79°39′44.2161″	28°1′3.6734″	圆	斯瓦尔巴群岛 157
79°39′20.2105″	27°59′3.8218″	圆	斯瓦尔巴群岛 157
79°39′9.5546″	27°58′7.0779″	点	斯瓦尔巴群岛 157、158
79°34′25.1431″	27°32′38.6872″	点	斯瓦尔巴群岛 158、159
79°20′50.7580″	26°40′29.9246″	点	斯瓦尔巴群岛 159
79°20′24.6595″	26°38′47.5911″	圆	斯瓦尔巴群岛 159
79°19′59.4287″	26°36′59.1544″	圆	斯瓦尔巴群岛 159
79°19′59.4223″	26°36′59.1254″	点	斯瓦尔巴群岛 159、160
79°14′35.5325″	26°12′59.0035″	点	斯瓦尔巴群岛 160
79°14′11.0741″	26°11′6.5266″	圆	斯瓦尔巴群岛 160
79°13′47.5732″	26°9′8.4135″	圆	斯瓦尔巴群岛 160
79°13′25.0755″	26°7′4.9043″	圆	斯瓦尔巴群岛 160
79°13′3.6248″	26°4′56.2485″	圆	斯瓦尔巴群岛 160
79°12′43.2628″	26°2′42.7041″	圆	斯瓦尔巴群岛 160
79°12′24.0290″	26°0′24.5376″	圆	斯瓦尔巴群岛 160
79°12′5.9606″	25°58′2.0230″	圆	斯瓦尔巴群岛 160
79°12′0.3550″	25°57′14.9002″	点	斯瓦尔巴群岛 160、161
79°2′3.6786″	24°35′7.0707″	点	斯瓦尔巴群岛 161
79°1′46.5611″	24°32′43.5109″	圆	斯瓦尔巴群岛 161
79°1′30.6705″	24°30′16.1691″	圆	斯瓦尔巴群岛 161
79°1′21.1563″	24°28′39.9954″	点	斯瓦尔巴群岛 161、162
78°50′17.2913″	22°38′11.9758″	点	斯瓦尔巴群岛 163、164
78°49′20.8217″	22°35′55.0284″	点	斯瓦尔巴群岛 164、165

续　表

北　纬	东　经		编　号
78°39′56.2731″	22°51′36.7887″	点	斯瓦尔巴群岛 165、166
78°18′53.5979″	23°56′11.6770″	点	斯瓦尔巴群岛 166
78°18′25.5811″	23°57′30.4097″	圆	斯瓦尔巴群岛 166
78°18′6.8169″	23°58′18.6028″	点	斯瓦尔巴群岛 166、167
78°17′57.9499″	23°58′40.5461″	点	斯瓦尔巴群岛 167
78°17′28.8135″	23°59′48.5800″	圆	斯瓦尔巴群岛 167
78°16′59.0818″	24°0′49.9992″	圆	斯瓦尔巴群岛 167
78°16′28.8161″	24°1′44.6908″	圆	斯瓦尔巴群岛 167
78°16′10.4849″	24°2′14.1453″	点	斯瓦尔巴群岛 168、169
78°6′1.8291″	24°52′.2174″	点	斯瓦尔巴群岛 169、170
77°59′21.0833″	25°40′55.0661″	点	斯瓦尔巴群岛 170
77°59′2.5489″	25°43′1.7834″	圆	斯瓦尔巴群岛 170
77°58′42.8315″	25°45′4.2588″	圆	斯瓦尔巴群岛 170
77°58′21.9725″	25°47′2.2406″	圆	斯瓦尔巴群岛 170
77°58′.0158″	25°48′55.4877″	圆	斯瓦尔巴群岛 170
77°57′37.0074″	25°50′43.7697″	圆	斯瓦尔巴群岛 170
77°57′12.9955″	25°52′26.8680″	圆	斯瓦尔巴群岛 170
77°56′48.0302″	25°54′4.5754″	圆	斯瓦尔巴群岛 170
77°56′22.1638″	25°55′36.6976″	圆	斯瓦尔巴群岛 170
77°55′55.4501″	25°57′3.0524″	圆	斯瓦尔巴群岛 170
77°55′27.9447″	25°58′23.4710″	圆	斯瓦尔巴群岛 170
77°54′59.7046″	25°59′37.7976″	圆	斯瓦尔巴群岛 170
77°54′30.7885″	26°0′45.8900″	圆	斯瓦尔巴群岛 170
77°54′1.2560″	26°1′47.6198″	圆	斯瓦尔巴群岛 170
77°53′31.1682″	26°2′42.8725″	圆	斯瓦尔巴群岛 170
77°53′.5871″	26°3′31.5474″	圆	斯瓦尔巴群岛 170
77°52′29.5754″	26°4′13.5583″	圆	斯瓦尔巴群岛 170
77°51′58.1968″	26°4′48.8331″	圆	斯瓦尔巴群岛 170
77°51′26.5156″	26°5′17.3139″	圆	斯瓦尔巴群岛 170

续　表

北　纬	东　经		编　号
77°50′54.5964″	26°5′38.9572″	圆	斯瓦尔巴群岛 170
77°50′22.5043″	26°5′53.7335″	圆	斯瓦尔巴群岛 170
77°49′50.3046″	26°6′1.6277″	圆	斯瓦尔巴群岛 170
77°49′18.0627″	26°6′2.6388″	圆	斯瓦尔巴群岛 170
77°48′57.3365″	26°5′59.6579″	点	斯瓦尔巴群岛 170、171
77°48′9.9548″	26°5′49.6056″	点	斯瓦尔巴群岛 171
77°47′37.7849″	26°5′39.3597″	圆	斯瓦尔巴群岛 171
77°47′17.7570″	26°5′29.5033″	点	斯瓦尔巴群岛 171、172
77°46′14.9178″	26°4′54.4174″	点	斯瓦尔巴群岛 172
77°45′42.9906″	26°4′33.1846″	圆	斯瓦尔巴群岛 172
77°45′11.2974″	26°4′5.2353″	圆	斯瓦尔巴群岛 172
77°45′10.0265″	26°4′3.9696″	点	斯瓦尔巴群岛 172、173
77°45′1.1351″	26°3′55.0771″	点	斯瓦尔巴群岛 173
77°44′29.7526″	26°3′20.2286″	圆	斯瓦尔巴群岛 173
77°43′58.7330″	26°2′38.8217″	圆	斯瓦尔巴群岛 173
77°43′28.1384″	26°1′50.9527″	圆	斯瓦尔巴群岛 173
77°42′58.0297″	26°0′56.7302″	圆	斯瓦尔巴群岛 173
77°42′28.4669″	25°59′56.2746″	圆	斯瓦尔巴群岛 173
77°41′59.5086″	25°58′49.7182″	圆	斯瓦尔巴群岛 173
77°41′31.2123″	25°57′37.2046″	圆	斯瓦尔巴群岛 173
77°41′3.6339″	25°56′18.8882″	圆	斯瓦尔巴群岛 173
77°40′36.8280″	25°54′54.9343″	圆	斯瓦尔巴群岛 173
77°40′10.8473″	25°53′25.5181″	圆	斯瓦尔巴群岛 173
77°39′45.7429″	25°51′50.8249″	圆	斯瓦尔巴群岛 173
77°39′43.1858″	25°51′40.6874″	点	斯瓦尔巴群岛 173、174
77°39′27.6165″	25°50′38.7040″	点	斯瓦尔巴群岛 174
77°39′3.5305″	25°48′58.4794″	圆	斯瓦尔巴群岛 174
77°38′40.4222″	25°47′13.3980″	圆	斯瓦尔巴群岛 174
77°38′18.3367″	25°45′23.6728″	圆	斯瓦尔巴群岛 174

续 表

北　　纬	东　　经		编　　号
77°37′57.3172″	25°43′29.5250″	圆	斯瓦尔巴群岛 174
77°37′37.4049″	25°41′31.1834″	圆	斯瓦尔巴群岛 174
77°37′30.2022″	25°40′45.5852″	点	斯瓦尔巴群岛 174、175
77°26′58.8116″	24°34′45.0507″	点	斯瓦尔巴群岛 175、176
77°12′38.8022″	24°5′31.2902″	点	斯瓦尔巴群岛 176
77°12′9.6141″	24°4′29.4323″	圆	斯瓦尔巴群岛 176
77°11′58.9942″	24°4′5.1188″	点	斯瓦尔巴群岛 176、177
77°9′45.0372″	23°58′53.1835″	点	斯瓦尔巴群岛 177
77°9′16.7187″	23°57′43.8290″	圆	斯瓦尔巴群岛 177
77°8′59.3827″	23°56′57.6505″	点	斯瓦尔巴群岛 177、178
77°3′10.7133″	23°41′7.6281″	点	斯瓦尔巴群岛 178
77°2′43.5086″	23°39′50.4189″	圆	斯瓦尔巴群岛 178
77°2′17.1031″	23°38′27.9206″	圆	斯瓦尔巴群岛 178
77°2′7.2871″	23°37′55.2120″	点	斯瓦尔巴群岛 178、179
76°55′21.9914″	23°15′15.7753″	点	斯瓦尔巴群岛 179
76°54′56.6451″	23°13′47.7357″	圆	斯瓦尔巴群岛 179
76°54′32.2120″	23°12′14.8437″	圆	斯瓦尔巴群岛 179
76°54′8.7402″	23°10′37.2892″	圆	斯瓦尔巴群岛 179
76°54′0.1652″	23°9′59.4077″	点	斯瓦尔巴群岛 179、180
76°43′42.3817″	22°24′37.4372″	点	斯瓦尔巴群岛 180
76°43′20.0072″	22°22′56.3513″	圆	斯瓦尔巴群岛 180
76°42′58.6880″	22°21′11.0788″	圆	斯瓦尔巴群岛 180
76°42′38.4658″	22°19′21.8309″	圆	斯瓦尔巴群岛 180
76°42′19.3802″	22°17′28.8263″	圆	斯瓦尔巴群岛 180
76°42′1.4685″	22°15′32.2897″	圆	斯瓦尔巴群岛 180
76°41′44.7656″	22°13′32.4523″	圆	斯瓦尔巴群岛 180
76°41′29.3041″	22°11′29.5510″	圆	斯瓦尔巴群岛 180
76°41′15.1140″	22°9′23.8277″	圆	斯瓦尔巴群岛 180
76°41′2.2230″	22°7′15.5293″	圆	斯瓦尔巴群岛 180

续　表

北　纬	东　经		编　号
76°40′50.6562″	22°5′4.9072″	圆	斯瓦尔巴群岛 180
76°40′40.4360″	22°2′52.2165″	圆	斯瓦尔巴群岛 180
76°40′31.5823″	22°0′37.7160″	圆	斯瓦尔巴群岛 180
76°40′24.1122″	21°58′21.6675″	圆	斯瓦尔巴群岛 180
76°40′18.0402″	21°56′4.3353″	圆	斯瓦尔巴群岛 180
76°40′13.3781″	21°53′45.9860″	圆	斯瓦尔巴群岛 180
76°40′10.1349″	21°51′26.8879″	圆	斯瓦尔巴群岛 180
76°40′9.3221″	21°50′37.1002″	点	斯瓦尔巴群岛 180、181
76°40′2.8678″	21°43′19.0213″	点	斯瓦尔巴群岛 181
76°40′1.4930″	21°40′59.3687″	圆	斯瓦尔巴群岛 181
76°40′1.5474″	21°38′39.5911″	圆	斯瓦尔巴群岛 181
76°40′3.0310″	21°36′19.9591″	圆	斯瓦尔巴群岛 181
76°40′5.9409″	21°34′.7431″	圆	斯瓦尔巴群岛 181
76°40′10.2714″	21°31′42.2129″	圆	斯瓦尔巴群岛 181
76°40′16.0141″	21°29′24.6370″	圆	斯瓦尔巴群岛 181
76°40′23.1580″	21°27′8.2823″	圆	斯瓦尔巴群岛 181
76°40′31.6891″	21°24′53.4137″	圆	斯瓦尔巴群岛 181
76°40′41.5910″	21°22′40.2937″	圆	斯瓦尔巴群岛 181
76°40′52.8443″	21°20′29.1817″	圆	斯瓦尔巴群岛 181
76°41′5.4273″	21°18′20.3337″	圆	斯瓦尔巴群岛 181
76°41′16.8680″	21°16′35.2516″	点	斯瓦尔巴群岛 181、182
76°41′22.1477″	21°15′48.9637″	点	斯瓦尔巴群岛 182
76°41′37.0929″	21°13′44.8822″	圆	斯瓦尔巴群岛 182
76°41′53.2922″	21°11′43.7663″	圆	斯瓦尔巴群岛 182
76°42′10.7138″	21°9′45.8550″	圆	斯瓦尔巴群岛 182
76°42′29.3239″	21°7′51.3817″	圆	斯瓦尔巴群岛 182
76°42′49.0860″	21°6′0.5740″	圆	斯瓦尔巴群岛 18Z
76°42′54.5106″	21°5′31.8560″	点	斯瓦尔巴群岛 182、183
76°43′4.1706″	21°4′41.3058″	点	斯瓦尔巴群岛 183

续　表

北　纬	东　经		编　号
76°43′25.3287″	21°2′55.4078″	圆	斯瓦尔巴群岛 183
76°43′47.5485″	21°1′13.6663″	圆	斯瓦尔巴群岛 183
76°44′10.7863″	20°59′36.2863″	圆	斯瓦尔巴群岛 183
76°44′34.9967″	20°58′3.4654″	圆	斯瓦尔巴群岛 183
76°45′0.1320″	20°56′35.3931″	圆	斯瓦尔巴群岛 183
76°45′26.1426″	20°55′12.2502″	圆	斯瓦尔巴群岛 183
76°45′52.9773″	20°53′54.2087″	圆	斯瓦尔巴群岛 183
76°46′20.5832″	20°52′41.4312″	圆	斯瓦尔巴群岛 183
76°46′48.9056″	20°51′34.0709″	圆	斯瓦尔巴群岛 183
76°47′17.8883″	20°50′32.2709″	圆	斯瓦尔巴群岛 183
76°47′47.4738″	20°49′36.1640″	圆	斯瓦尔巴群岛 183
76°48′17.6033″	20°48′45.8722″	圆	斯瓦尔巴群岛 183
76°48′48.2168″	20°48′1.5067″	圆	斯瓦尔巴群岛 183
76°49′19.2530″	20°47′23.1675″	圆	斯瓦尔巴群岛 183
76°49′50.6501″	20°46′50.9428″	圆	斯瓦尔巴群岛 183
76°50′22.3450″	20°46′24.9093″	圆	斯瓦尔巴群岛 183
76°50′22.8803″	20°46′24.5247″	点	斯瓦尔巴群岛 183、184
77°6′18.1813″	20°34′45.7899″	点	斯瓦尔巴群岛 184、185
77°12′27.6464″	20°26′18.5125″	点	斯瓦尔巴群岛 185、186
77°18′23.0114″	20°10′19.9864″	点	斯瓦尔巴群岛 186、187
77°18′54.0687″	20°7′6.0307″	点	斯瓦尔巴群岛 187
77°19′2.3145″	20°6′15.4826″	点	斯瓦尔巴群岛 187、188
77°22′42.7015″	19°43′59.0032″	点	斯瓦尔巴群岛 188、189
77°19′3.3274″	18°40′14.6636″	点	斯瓦尔巴群岛 189、190
77°15′53.7712″	18°23′48.2859″	点	斯瓦尔巴群岛 190、191
77°8′55.0483″	18°17′35.2952″	点	斯瓦尔巴群岛 191、192
76°56′31.6877″	18°9′44.7596″	点	斯瓦尔巴群岛 192、193
76°40′50.6119″	18°0′12.6823″	点	斯瓦尔巴群岛 193
76°40′31.9994″	18°0′0.5108″	点	斯瓦尔巴群岛 193、194

续　表

北　纬	东　经		编　号
76°31′1.9236″	17°53′19.3367″	点	斯瓦尔巴群岛 194
76°30′30.2175″	17°52′54.1515″	圆	斯瓦尔巴群岛 194
76°29′58.8069″	17°52′22.9169″	圆	斯瓦尔巴群岛 194
76°29′27.7547″	17°51′45.7070″	圆	斯瓦尔巴群岛 194
76°28′57.1230″	17°51′2.6074″	圆	斯瓦尔巴群岛 194
76°28′26.9729″	17°50′13.7149″	圆	斯瓦尔巴群岛 194
76°27′57.3646″	17°49′19.1375″	圆	斯瓦尔巴群岛 194
76°27′28.3571″	17°48′18.9938″	圆	斯瓦尔巴群岛 194
76°27′.0078″	17°47′13.4129″	圆	斯瓦尔巴群岛 194
76°26′32.3731″	17°46′2.5341″	圆	斯瓦尔巴群岛 194
76°26′5.5076″	17°44′46.5063″	圆	斯瓦尔巴群岛 194
76°25′49.5115″	17°43′57.6412″	点	斯瓦尔巴群岛 194、195
76°20′58.3151″	17°28′49.1632″	点	斯瓦尔巴群岛 195
76°20′32.7148″	17°27′26.1325″	圆	斯瓦尔巴群岛 195
76°20′8.0141″	17°25′58.3956″	圆	斯瓦尔巴群岛 195
76°19′44.2614″	17°24′26.1321″	圆	斯瓦尔巴群岛 195
76°19′25.9549″	17°23′9.1072″	点	斯瓦尔巴群岛 195、196
76°19′19.2836″	17°22′40.0293″	点	斯瓦尔巴群岛 196
76°18′57.3517″	17°21′.1187″	圆	斯瓦尔巴群岛 196
76°18′36.4934″	17°19′16.2262″	圆	斯瓦尔巴群岛 196
76°18′16.7498″	17°17′28.5603″	圆	斯瓦尔巴群岛 196
76°17′58.1593″	17°15′37.3359″	圆	斯瓦尔巴群岛 196
76°17′40.7584″	17°13′42.7741″	圆	斯瓦尔巴群岛 196
76°17′24.5810″	17°11′45.1020″	圆	斯瓦尔巴群岛 196
76°17′22.4753″	17°11′28.8568″	点	斯瓦尔巴群岛 196、096
76°16′3.5219″	17°1′17.9304″	点	斯瓦尔巴群岛 096
76°15′48.6902″	16°59′17.3755″	圆	斯瓦尔巴群岛 096
76°15′35.1446″	16°57′14.2011″	圆	斯瓦尔巴群岛 096
76°15′22.9116″	16°55′8.6490″	圆	斯瓦尔巴群岛 096

续　表

北　　纬	东　　经		编　　号
76°15′12.0149″	16°53′.9650″	圆	斯瓦尔巴群岛 096
76°15′2.4758″	16°50′51.3987″	圆	斯瓦尔巴群岛 096
76°14′54.3127″	16°48′40.2028″	圆	斯瓦尔巴群岛 096
76°14′47.5415″	16°46′27.6327″	圆	斯瓦尔巴群岛 096
76°14′42.1754″	16°44′13.9464″	圆	斯瓦尔巴群岛 096
76°14′38.2248″	16°41′59.4034″	圆	斯瓦尔巴群岛 096
76°14′35.6973″	16°39′44.2648″	圆	斯瓦尔巴群岛 096
76°14′34.5979″	16°37′28.7930″	圆	斯瓦尔巴群岛 096
76°14′34.9286″	16°35′13.2505″	圆	斯瓦尔巴群岛 096
76°14′36.6889″	16°32′57.9002″	圆	斯瓦尔巴群岛 096
76°14′39.8753″	16°30′43.0045″	圆	斯瓦尔巴群岛 096
76°14′44.4817″	16°28′28.8253″	圆	斯瓦尔巴群岛 096
76°14′50.4991″	16°26′15.6230″	圆	斯瓦尔巴群岛 096
76°14′57.9158″	16°24′3.6565″	圆	斯瓦尔巴群岛 096
76°15′6.7174″	16°21′53.1827″	圆	斯瓦尔巴群岛 096
76°15′16.8868″	16°19′44.4557″	圆	斯瓦尔巴群岛 096
76°15′28.4043″	16°17′37.7268″	圆	斯瓦尔巴群岛 096
76°15′41.2475″	16°15′33.2440″	圆	斯瓦尔巴群岛 096
76°15′55.3913″	16°13′31.2512″	圆	斯瓦尔巴群岛 096
76°16′10.8082″	16°11′31.9883″	圆	斯瓦尔巴群岛 096
76°16′27.4681″	16°9′35.6903″	圆	斯瓦尔巴群岛 096
76°16′45.3386″	16°7′42.5872″	圆	斯瓦尔巴群岛 096
76°17′4.3848″	16°5′52.9034″	圆	斯瓦尔巴群岛 096
76°17′24.5693″	16°4′6.8572″	圆	斯瓦尔巴群岛 096
76°17′45.8527″	16°2′24.6609″	圆	斯瓦尔巴群岛 096
76°17′50.2925″	16°2′4.4540″	点	斯瓦尔巴群岛 096、097

确定扬马延领海外部界限点的坐标表

表中的地理坐标点确定扬马延领海外部界限。列表中的坐标以 1989 年欧洲大地基准（EUREF89）为参考。

北　纬	东　经		编　号
71°21′28.8249″	7°53′7.0597″	点	扬马延 41、40
71°21′29.6937″	7°53′28.4019″	点	扬马延 40
71°21′33.0364″	7°55′8.7196″	圆	扬马延 40
71°21′34.9175″	7°56′49.4123″	圆	扬马延 40
71°21′35.3332″	7°58′30.2700″	圆	扬马延 40
71°21′34.2988″	8°0′10.1511″	点	扬马延 40、39
71°21′28.0656″	8°5′59.7238″	点	扬马延 39
71°21′25.5125″	8°7′40.2615″	圆	扬马延 39
71°21′21.5007″	8°9′20.3279″	圆	扬马延 39
71°21′16.0385″	8°10′59.7143″	圆	扬马延 39
71°21′9.1372″	8°12′38.2137″	圆	扬马延 39
71°21′7.7671″	8°12′55.5367″	点	扬马延 39、38
71°21′6.8380″	8°13′7.0837″	点	扬马延 38
71°20′58.2601″	8°14′44.2735″	圆	扬马延 38
71°20′48.2784″	8°16′20.1326″	圆	扬马延 38
71°20′45.7899″	8°16′41.9387″	点	扬马延 38、37
71°20′44.2350″	8°16′55.3405″	点	扬马延 37
71°20′32.5540″	8°18′29.2862″	圆	扬马延 37
71°20′19.5196″	8°20′1.4617″	圆	扬马延 37
71°20′9.9346″	8°21′2.7993″	点	扬马延 37、36
71°19′16.5912″	8°26′30.4876″	点	扬马延 36
71°19′9.7486″	8°27′11.3680″	点	扬马延 36、35
71°17′52.5579″	8°34′39.6956″	点	扬马延 35

续　表

北　　纬	东　　经		编　　号
71°17′36.6273″	8°36′7.1172″	圆	扬马延 35
71°17′19.4401″	8°37′32.1761″	圆	扬马延 35
71°17′1.0320″	8°38′54.6972″	圆	扬马延 35
71°16′41.4412″	8°40′14.5114″	圆	扬马延 35
71°16′40.8626″	8°40′16.7578″	点	扬马延 35、34
71°16′38.5241″	8°40′25.8240″	点	扬马延 34
71°16′17.7581″	8°41′42.6783″	圆	扬马延 34
71°15′55.8943″	8°42′56.5011″	圆	扬马延 34
71°15′32.9780″	8°44′7.1427″	圆	扬马延 34
71°15′9.0566″	8°45′14.4601″	圆	扬马延 34
71°14′44.1795″	8°46′18.3176″	圆	扬马延 34
71°14′31.7076″	8°46′48.1857″	点	扬马延 34、33
71°14′22.4411″	8°47′9.8689″	点	扬马延 33、32
71°12′55.7859″	8°50′59.9290″	点	扬马延 32
71°12′30.7853″	8°52′3.1987″	圆	扬马延 32
71°12′4.8873″	8°53′2.8708″	圆	扬马延 32
71°11′38.1454″	8°53′58.8264″	圆	扬马延 32
71°11′12.0935″	8°54′48.2877″	点	扬马延 32、31
71°10′11.7843″	8°56′37.2244″	点	扬马延 31
71°9′43.5506″	8°57′25.5483″	圆	扬马延 31
71°9′16.2207″	8°58′7.5624″	点	扬马延 27
71°9′0.5416″	8°59′34.7809″	圆	扬马延 27
71°8′43.5993″	9°0′59.6893″	圆	扬马延 27
71°8′25.4288″	9°2′22.1128″	圆	扬马延 27
71°8′6.0681″	9°3′41.8823″	圆	扬马延 27
71°7′45.5571″	9°4′58.8348″	圆	扬马延 27
71°7′39.0961″	9°5′21.6603″	点	扬马延 26

续 表

北 纬	东 经		编 号
71°7′26.5297″	9°6′53.4507″	圆	扬马延 26
71°7′12.6274″	9°8′23.3673″	圆	扬马延 26
71°6′57.4180″	9°9′51.2243″	圆	扬马延 26
71°6′40.9331″	9°11′16.8404″	圆	扬马延 26
71°6′23.2071″	9°12′40.0393″	圆	扬马延 26
71°6′4.2766″	9°14′0.6503″	圆	扬马延 26
71°5′44.1809″	9°15′18.5081″	圆	扬马延 26
71°5′22.9618″	9°16′33.4540″	圆	扬马延 26
71°5′0.6632″	9°17′45.3352″	圆	扬马延 26
71°43′7.3311″	9°18′54.0062″	圆	扬马延 26
71°41′3.0139″	9°19′59.3281″	圆	扬马延 26
71°3′47.7616″	9°21′1.1697″	圆	扬马延 26
71°3′47.7457″	9°21′1.2069″	点	扬马延 25、24
71°3′38.3884″	9°21′32.7164″	点	扬马延 24
71°3′18.2895″	9°22′37.6529″	点	扬马延 24、23
71°1′11.4969″	9°29′9.7508″	点	扬马延 23
71°0′48.2151″	9°30′18.3619″	圆	扬马延 23
71°0′40.3937″	9°30′40.0585″	点	扬马延 23、22
71°0′33.3567″	9°30′59.2869″	点	扬马延 22
71°0′8.7736″	9°32′3.4367″	圆	扬马延 22
70°59′43.2699″	9°33′4.0829″	圆	扬马延 22
70°59′16.8981″	9°34′1.1041″	圆	扬马延 22
70°58′49.7127″	9°34′54.3871″	圆	扬马延 22
70°58′21.7694″	9°35′43.8264″	圆	扬马延 22
70°58′7.2220″	9°36′7.5654″	点	扬马延 22、21
70°57′53.3980″	9°36′29.4928″	点	扬马延 21
70°57′24.4178″	9°37′12.9267″	圆	扬马延 21

续 表

北　纬	东　经		编　号
70°56′54.8267″	9°37′52.2900″	圆	扬马延 21
70°56′24.6853″	9°38′27.5074″	圆	扬马延 21
70°56′16.8825″	9°38′35.8542″	点	扬马延 21、20
70°55′47.7970″	9°39′6.3757″	点	扬马延 20
70°55′17.0505″	9°39′36.2660″	圆	扬马延 20
70°54′45.8943″	9°40′1.8739″	圆	扬马延 20
70°54′14.3919″	9°40′23.1527″	圆	扬马延 20
70°53′42.6077″	9°40′40.0648″	圆	扬马延 20
70°53′10.6062″	9°40′52.5816″	圆	扬马延 20
70°52′38.4525″	9°41′0.6837″	圆	扬马延 20
70°52′6.9585″	9°41′4.3254″	点	扬马延 20、19
70°52′4.0479″	9°41′4.4666″	点	扬马延 19
70°51′31.7854″	9°41′3.8190″	圆	扬马延 19
70°50′59.5650″	9°40′58.7520″	圆	扬马延 19
70°50′27.4519″	9°40′49.2818″	圆	扬马延 19
70°50′9.9549″	9°40′42.2473″	点	扬马延 19、18
70°48′0.9035″	9°39′45.5529″	点	扬马延 18
70°47′29.0824″	9°39′29.3779″	圆	扬马延 18
70°46′57.5324″	9°39′8.8880″	圆	扬马延 18
70°46′26.3170″	9°38′44.1302″	圆	扬马延 18
70°45′55.4989″	9°38′15.1597″	圆	扬马延 18
70°45′25.1400″	9°37′42.0399″	圆	扬马延 18
70°4455.3010″	9°37′4.8425″	圆	扬马延 18
70°44′26.0417″	9°36′23.6468″	圆	扬马延 18
70°43′57.4205″	9°35′38.5401″	圆	扬马延 18
70°43′29.4947″	9°34′49.6171″	圆	扬马延 18
70°43′2.3200″	9°33′56.9795″	圆	扬马延 18

续　表

北　纬	东　经		编　号
70°42′35.9504″	9°33′0.7365″	圆	扬马延 18
70°42′10.4384″	9°32′1.0038″	圆	扬马延 18
70°41′45.8347″	9°30′57.9037″	圆	扬马延 18
70°41′22.1883″	9°29′51.5650″	圆	扬马延 18
70°40′59.5460″	9°28′42.1222″	圆	扬马延 18
70°40′37.9526″	9°27′29.7160″	圆	扬马延 18
70°40′17.4510″	9°26′14.4921″	圆	扬马延 18
70°39′58.0817″	9°24′56.6018″	圆	扬马延 18
70°39′39.8830″	9°23′36.2010″	圆	扬马延 18
70°39′22.8908″	9°22′13.4504″	圆	扬马延 18
70°39′7.1387″	9°20′48.5150″	圆	扬马延 18
70°38′52.6578″	9°19′21.5634″	圆	扬马延 18
70°38′39.4765″	9°17′52.7684″	圆	扬马延 18
70°38′27.6209″	9°16′22.3058″	圆	扬马延 18
70°38′17.1143″	9°14′50.3544″	圆	扬马延 18
70°38′7.9774″	9°13′17.0959″	圆	扬马延 18
70°38′0.2282″	9°11′42.7140″	圆	扬马延 18
70°37′53.8819″	9°10′7.3949″	圆	扬马延 18
70°37′48.9509″	9°8′31.3260″	圆	扬马延 18
70°37′46.7421″	9°7′35.2989″	点	扬马延 18、17
70°37′38.0483″	9°3′28.8096″	点	扬马延 17
70°37′35.3366″	9°1′51.9623″	圆	扬马延 17
70°37′34.0594″	9°0′14.8500″	圆	扬马延 17
70°37′34.2194″	8°58′37.6634″	圆	扬马延 17
70°37′35.8161″	8°57′0.5936″	圆	扬马延 17
70°37′38.8465″	8°55′23.8312″	圆	扬马延 17
70°37′43.3045″	8°53′47.5665″	圆	扬马延 17

续 表

北 纬	东 经		编 号
70°37′49.1815″	8°52′11.9887″	圆	扬马延 17
70°37′56.4659″	8°50′37.2860″	圆	扬马延 17
70°38′5.1432″	8°49′3.6447″	圆	扬马延 17
70°38′15.1966″	8°47′31.2497″	圆	扬马延 17
70°38′25.6286″	8°46′7.6194″	点	扬马延 17、16
70°38′49.5869″	8°43′6.6170″	点	扬马延 16
70°39′2.1980″	8°41′37.0601″	圆	扬马延 16
70°39′16.1204″	8°40′9.2715″	圆	扬马延 16
70°39′31.3265″	8°38′43.4252″	圆	扬马延 16
70°39′47.7865″	8°37′19.6916″	圆	扬马延 16
70°39′57.1286″	8°36′35.6711″	点	扬马延 16、15
70°41′35.3205″	8°29′3.6090″	点	扬马延 15
70°41′53.5881″	8°27′43.2226″	圆	扬马延 15
70°42′13.0241″	8°26′25.3597″	圆	扬马延 15
70°42′33.5901″	8°25′10.1763″	圆	扬马延 15
70°42′55.2454″	8°23′57.8236″	圆	扬马延 15
70°43′17.9471″	8°22′48.4473″	圆	扬马延 15
70°43′41.6502″	8°21′42.1878″	圆	扬马延 15
70°43′52.7291″	8°21′13.1719″	点	扬马延 15、14
70°44′16.3471″	8°20′12.5414″	点	扬马延 14
70°44′41.4162″	8°19′11.0109″	圆	扬马延 14
70°45′7.3683″	8°18′12.9169″	圆	扬马延 14
70°45′34.1516″	8°17′18.3787″	圆	扬马延 14
70°46′1.7129″	8°16′27.5089″	圆	扬马延 14
70°46′12.4028″	8°16′9.1220″	点	扬马延 14、13
70°46′16.3779″	8°16′2.4190″	点	扬马延 11
70°46′23.2721″	8°14′26.7831″	圆	扬马延 11

续　表

北　纬	东　经		编　号
70°46′31.5635″	8°12′52.1641″	圆	扬马延 11
70°46′41.2358″	8°11′18.7482″	圆	扬马延 11
70°46′45.5699″	8°10′41.0612″	点	扬马延 11、10
70°48′9.5387″	7°58′47.5842″	点	扬马延 10、09
70°48′56.0596″	7°51′32.0455″	点	扬马延 09
70°49′6.6744″	7°49′59.3906″	圆	扬马延 09
70°49′18.6363″	7°48′28.2518″	圆	扬马延 09
70°49′31.9217″	7°46′58.8094″	圆	扬马延 09
70°49′46.5045″	7°45′31.2406″	圆	扬马延 09
70°50′2.3559″	7°44′5.7190″	圆	扬马延 09
70°50′19.4448″	7°42′42.4147″	圆	扬马延 09
70°50′21.5672″	7°42′32.6202″	点	扬马延 09、08
70°50′50.9410″	7°40′17.7281″	点	扬马延 08
70°51′9.3584″	7°38′57.0350″	圆	扬马延 08
70°51′28.9395″	7°37′38.9047″	圆	扬马延 08
70°51′49.3901″	7°36′24.3830″	点	扬马延 08、07
70°52′0.6151″	7°35′45.2498″	点	扬马延 07
70°52′22.3879″	7°34′32.6512″	圆	扬马延 07
70°52′25.0436″	7°34′24.2271″	点	扬马延 07、06
70°52′34.7832″	7°33′53.4890″	点	扬马延 06
70°52′57.7150″	7°32′44.2541″	圆	扬马延 06
70°53′21.6376″	7°31′38.1919″	圆	扬马延 06
70°53′46.5036″	7°30′35.4366″	圆	扬马延 06
70°54′12.2637″	7°29′36.1163″	圆	扬马延 06
70°54′38.8667″	7°28′40.3527″	圆	扬马延 06
70°55′6.2595″	7°27′48.2608″	圆	扬马延 06
70°55′6.5026″	7°27′47.8215″	点	扬马延 06、05

续　表

北　纬	东　经		编　号
70°55′14.4322″	7°27′33.4923″	点	扬马延 05
70°55′42.5655″	7°26′45.2028″	圆	扬马延 05
70°56′11.3776″	7°26′0.7950″	圆	扬马延 05
70°56′40.8110″	7°25′20.3625″	圆	扬马延 05
70°57′10.8068″	7°24′43.9911″	圆	扬马延 05
70°57′41.3049″	7°24′11.7587″	圆	扬马延 05
70°58′12.2443″	7°23′43.7354″	圆	扬马延 05
70°58′43.5628″	7°23′19.9828″	圆	扬马延 05
70°59′15.1975″	7°23′0.5543″	圆	扬马延 05
70°59′47.0847″	7°22′45.4950″	圆	扬马延 05
71°0′19.1602″	7°22′34.8409″	圆	扬马延 05
71°0′51.3592″	7°22′28.6196″	圆	扬马延 05
71°1′23.6168″	7°22′26.8497″	圆	扬马延 05
71°1′55.8675″	7°22′29.5409″	圆	扬马延 05
71°2′28.0462″	7°22′36.6937″	圆	扬马延 05
71°2′28.3277″	7°22′36.7761″	点	扬马延 05
71°2′36.5714″	7°22′39.1942″	点	扬马延 04
71°3′7.1828″	7°22′7.8451″	圆	扬马延 04
71°3′38.2204″	7°21′40.7397″	圆	扬马延 04
71°3′38.3515″	7°21′40.6350″	点	扬马延 04、03
71°5′47.9167″	7°19′56.9536″	点	扬马延 03
71°6′19.3159″	7°19′34.0820″	圆	扬马延 03
71°6′51.0160″	7°19′15.5735″	圆	扬马延 03
71°7′22.9535″	7°19′1.4711″	圆	扬马延 03
71°7′55.0639″	7°18′51.8093″	圆	扬马延 03
71°8′27.2823″	7°18′46.6137″	圆	扬马延 03
71°8′59.5437″	7°18′45.9009″	圆	扬马延 03

续 表

北 纬	东 经		编 号
71°9′31.7828″	7°18′49.6784″	圆	扬马延 03
71.10′3.9342″	7°18′57.9449″	圆	扬马延 03
71°10′35.9327″	7°19′10.6896″	圆	扬马延 03
71°11′7.7133″	7°19′27.8927″	圆	扬马延 03
71°11′39.2113″	7°19′49.5253″	圆	扬马延 03
71°12′10.3625″	7°20′15.5492″	圆	扬马延 03
71°12′41.1033″	7°20′45.9172″	圆	扬马延 03
71°13′11.3709″	7°21′20.5727″	圆	扬马延 03
71°13′41.1035″	7°21′59.4505″	圆	扬马延 03
71°14′4.3299″	7°22′33.3391″	点	扬马延 03、02
71°14′44.7225″	7°23′35.1003″	点	扬马延 02
71°15′13.3380″	7°24′21.4181″	圆	扬马延 02
71°15′41.2509″	7°25′11.7300″	圆	扬马延 02
71°16′8.4036″	7°26′5.9375″	圆	扬马延 02
71°16′34.7402″	7°27′3.9333″	圆	扬马延 02
71°16′40.2654″	7°27′16.8264″	点	扬马延 02、01
71°16′50.4884″	7°27′40.9292″	点	扬马延 01
71°17′15.7595″	7°28′43.3862″	圆	扬马延 01
71°17′40.0966″	7°29′49.3660″	圆	扬马延 01
71°18′3.4496″	7°30′58.7357″	圆	扬马延 01
71°18′25.7701″	7°32′11.3553″	圆	扬马延 01
71°18′47.0119″	7°33′27.0776″	圆	扬马延 01
71°19′7.1310″	7°34′45.7484″	圆	扬马延 01
71°19′26.0858″	7°36′7.2072″	圆	扬马延 01
71°19′43.8368″	7°37′31.2871″	圆	扬马延 01
71°20′.3473″	7°38′57.8154″	圆	扬马延 01
71°20′15.5829″	7°40′26.6140″	圆	扬马延 01

续　表

北　纬	东　经		编　号
71°20′29.5119″	7°41′57.4996″	圆	扬马延 01
71°20′42.1054″	7°43′30.2844″	圆	扬马延 01
71°20′53.3370″	7°45′4.7760″	圆	扬马延 01
71°21′3.1835″	7°46′40.7785″	圆	扬马延 01
71°21′11.6242″	7°48′18.0923″	圆	扬马延 01
71°21′18.6417″	7°49′56.5150″	圆	扬马延 01
71°21′20.6225″	7°50′28.8616″	点	扬马延 01、41
71°21′22.8447″	7°51′6.6878″	点	扬马延 41
71°21′27.9464″	7°52′46.2708″	圆	扬马延 41
71°21′28.8249″	7°53′7.0597″	点	扬马延 41、40

关于确定挪威本土领海范围基线的条例*
（2002 年 6 月 14 日《敕令》）

2002 年 6 月 14 日《敕令》制定，2003 年 10 月 10 日《摄政王储令》修订，依据 1814 年 5 月 17 日挪威王国宪法和 1812 年 2 月 22 日《敕令》（1812 年 2 月 25 日政府法令 Cancelli-Promemoria 中再次出现）。外交部提交。

1. 挪威本土领海的界限是在下列各点连成的直线外部并与之平行的一条线。（NM 指挪威本土。）

点 编 号	北　纬	东　经	点的名称
挪威本土 01	69°47′41.42″	30°49′03.55″	挪威与俄罗斯边界，边界标记 415
挪威本土 02	70°17′20.96″	31°03′51.55″	Kibergneset
挪威本土 03	70°23′12.64″	31°10′06.94″	Hornøya E-1（霍莫岛）

* 英文文本于 2003 年 11 月 28 日通过普通照会由挪威的联合国常驻使团向联合国交存。

续　表

点 编 号	北　纬	东　经	点的名称
挪威本土 04	70°23′15.35″	31°10′06.48″	Hornøya E-2（霍莫岛）
挪威本土 05	70°23′26.34″	31°09′49.28″	Hornøya N（霍莫岛）
挪威本土 06	70°23′53.36″	31°08′50.45″	Kålneset on Reinøya（雷恩岛）
挪威本土 07	70°40′34.37″	30°12′48.39″	Korsnes（科什内斯）
挪威本土 08	70°42′24.96″	30°05′43.19″	Molvikskjeret
挪威本土 09	70°51′14.49″	29°14′34.16″	Kjølneset
挪威本土 10	71°06′00.46″	28°11′50.55″	Rock E of Tørrbåbåken（Tørrbåbåken 东礁）
挪威本土 11	71°06′05.24″	28°10′46.13″	Rock N of Tørrbåbåken（Tørrbåbåken 北礁）
挪威本土 12	71°08′02.56″	27°39′27.58″	Rock off Avløysinga, Kinnarodden（诺尔辰角）
挪威本土 13	71°11′08.57″	25°40′30.80″	Rock off Knivskjelodden（克尼夫谢洛登角）
挪威本土 14	71°06′58.73″	24°43′09.21″	Avløysinga N of Hjelmsøya(耶尔姆岛）
挪威本土 15	71°06′07.74″	24°03′38.97″	Stabben
挪威本土 16	71°05′51.61″	23°58′34. 49″	Norther 挪威本土 ost 点 on Skagholmen
			（Skagholmen 最北点）
挪威本土 17	71°05′46.73″	23°58′04.53″	Dry rock off Skagholmen
挪威本土 18	70°51′34.01″	22°48′20.76″	Rundskjeret
挪威本土 19	70°40′27.34″	21°58′47.04″	Darupskjeret
挪威本土 20	70°24′59.34″	19°54′41.18″	Vesterfallet in Gåsan
挪威本土 21	70°18′14.02″	19°04′45.82″	Sannifallet
挪威本土 22	70°13′27.95″	18°38′33.48″	Ytre Fiskebåen
挪威本土 23	70°06′05.67″	18°22′56.83″	Jubåen
挪威本土 24	69°52′51.42″	17°55′53.81″	Saltbåen
挪威本土 25	69°36′03.49″	17°28′55.00″	Headland NW of Kjølva（Kjølva 西北岬）

续　表

点编号	北　纬	东　经	点的名称
挪威本土 26	69°29′27.18″	16°56′41.96″	Tokkebåen
挪威本土 27	69°20′19.42″	16°02′19.38″	Norther 挪威本土 ost 点 of Svebåan（Svebåan 最北点）
挪威本土 28	69°06′06.43″	15°09′31.14″	Norther 挪威本土 ost 点 of Flesan（Flesan 最北点）
挪威本土 29	68°44′42.11″	14°18′53.59″	Northwester 挪威本土 ost 点 of Floholman
			（Floholman 最西北点）
挪威本土 30	68°39′22.41″	14°12′44.20″	Utflesa
挪威本土 31	68°19′35.91″	13°40′20.82″	Kverna
挪威本土 32	68°11′10.11″	13°09′06.56″	Rock N of Skarvholman（Skarvholman 北礁）
挪威本土 33	68°08′40.11″	13°03′37.71″	Rock W of Strandflesa（Strandflesa 西礁）
挪威本土 34	67°56′27.08″	12°46′44.77″	Wester 挪威本土 ost rock off Nordbåen
			（Nordbåen 最西礁）
挪威本土 35	67°42′10.99″	12°34′53.34″	Ytreflesa
挪威本土 36	67°32′19.44″	12°01′00.80″	Hombåen
挪威本土 37	67°31′29.56″	11°58′32.17″	Tørrbåen
挪威本土 38	67°29′04.72″	11°51′40.59″	Northwester 挪威本土 ost rock on Nordskjortbaken
			（Nordskjortbaken 最西北礁）
挪威本土 39	67°25′50.82″	11°49′18.63″	Havbåen NW（Havbåen 西北）
挪威本土 40	67°25′49.85″	11°49′18.10″	Havbåen SW（Havbåen 西南）
挪威本土 41	67°24′05.44″	11°50′34.96″	Flesjan S（Flesjan 南）
挪威本土 42	66°46′18.21″	12°26′16.36″	Brimholman W（Brimholman 西）
挪威本土 43	66°35′29.84″	12°01′47.41″	Floholman SW（Floholman 西南）
挪威本土 44	66°07′30.21″	11°32′59.92″	Lundbåen
挪威本土 45	65°38′28.83″	11°15′37.91″	Svinglebåen WNW
挪威本土 46	65°23′40.11″	11°01′16.21″	Høgbraken

续 表

点 编 号	北 纬	东 经	点的名称
挪威本土 47	64°54′50.99″	10°31′17.70″	Svartflesa
挪威本土 48	64°49′54.30″	10°27′24.54″	Rock 2.5 km NW of Skringen
			（Skringen 西北 2.5 千米礁石）
挪威本土 49	64°46′51.32″	10°26′22.25″	Rock SW of Ertenbraken（Ertenbraken 西南礁）
挪威本土 50	64°12′54.81″	09°15′47.63″	Utgrunnskjer
挪威本土 51	63°54′56.97″	08°27′44.73″	Springaran
挪威本土 52	63°54′41.03″	08°27′10.87″	Springaran S（Springaran 南）
挪威本土 53	63°32′15.45″	07°49′22.37″	Flesa
挪威本土 54	63°28′10.61″	07°43′45.44″	Smokshåen
挪威本土 55	63°07′03.55″	07°09′22.18″	Fogna
挪威本土 56	62°48′54.41″	06°15′34.54″	Kjellskjera W（Kjellskjera 西）
挪威本土 57	62°41′11.69″	05°58′52.57″	Skreia
挪威本土 58	62°20′09.74″	05°15′49.14″	Rock N of Skjerkalven（Skjerkalven 北礁）
挪威本土 59	62°11′13.18″	05°03′17.76″	Bukketjuvane W（Bukketjuvane 西）
挪威本土 60	62°01′45.50″	04°53′54.98″	Steinen
挪威本土 61	61°56′13.60″	04°48′59.45″	Vetrungane S（Vetrungane 南）
挪威本土 62	61°39′03.97″	04°33′59.36″	Sendingane W（Sendingane 西）
挪威本土 63	61°04′24.07″	04°29′57.02″	Holmebåen
挪威本土 64	61°02′03.43″	04°29′59.37″	Steinsøyna NW（Steinsøyna 西北）
挪威本土 65	61°01′42.79″	04°30′01.60″	Mulen W（Mulen 西）
挪威本土 66	60°18′47.38″	04°53′16.06″	Hærbåeskjeret
挪威本土 67	59°48′00.14″	05°02′30.80″	Terneskjer
挪威本土 68	59°38′34.77″	05°04′21.76″	Båaskjeret
挪威本土 69	59°18′25.92″	04°51′17.56″	Utsira V
挪威本土 70	59°17′04.35″	04°50′38.94″	Rock NW of Spannholmane（Spannholmane 西北礁）

续 表

点 编 号	北 纬	东 经	点的名称
挪威本土 71	59°16′18.34″	04°50′49.77″	Lausingen
挪威本土 72	59°16′13.81″	04°50′55.43″	Lausingen S（Lausingen 南）
挪威本土 73	59°08′29.32″	05°10′29.75″	Svelgjeskjer
挪威本土 74	59°00′28.96″	05°21′51.81″	Rock SW of Imsen（Imsen 西南礁）
挪威本土 75	58°52′38.06″	05°25′19.66″	Ytre Faksen
挪威本土 76	58°45′01.14″	05°29′02.23″	Jæren Reef
挪威本土 77	58°40′08.20″	05°32′18.06″	Øyresteinen
挪威本土 78	58°39′26.21″	05°32′56.40″	Rock W of obrestadadodden（obrestadadodden 西礁）
挪威本土 79	58°33′12.95″	05°39′35.60″	Rock W of Horrodden（Horrodden 西礁）
挪威本土 80	58°31′34.28″	05°42′06.04″	Rock SW of Raunen（Raunen 西南礁）
挪威本土 81	58°25′46.19″	05°51′45.76″	Rock S of Eigerøy fyr（Eigerøy fyr 南礁）
挪威本土 82	58°25′24.78″	05°52′25.19″	Nordra Råsholmane
挪威本土 83	58°05′02.81″	06°35′42.85″	Rock SW of Tjørveneset（Tjørveneset 西南礁）
挪威本土 84	58°04′10.86″	06°37′36.80″	outermost rock off Lille Døsen（Lille Døsen 最外缘礁）
挪威本土 85	58°03′31.04″	06°39′42.08″	Rock SW of Listerauna（Listerauna 西南礁）
挪威本土 86	58°03′23.90″	06°40′14.36″	Rock S of Listerauna（Listerauna 南礁）
挪威本土 87	57°59′02.00″	07°00′14.90″	Bispen
挪威本土 88	57°57′41.97″	07°12′08.97″	Souther 挪威本土 ost rock in Gjesslingane（Gjesslingane 最南礁）
挪威本土 89	57°57′30.64″	07°33′52.30″	Pysen
挪威本土 90	57°57′41.20″	07°36′51.98″	Ytsteskjer
挪威本土 91	57°57′59.83″	07°38′44.53″	Southeaster 挪威本土 ost 点 of Gåseskjera（Gåseskjera 最南点）
挪威本土 92	57°58′30.24″	07°41′06.57″	Ballastskjera E（Ballastskjera 东）
挪威本土 93	58°02′55.46″	08°01′01.82″	Lille Svarten

续　表

点编号	北　纬	东　经	点的名称
挪威本土 94	58°05′34.06″	08°11′31.23″	Meholmskjer
挪威本土 95	58°06′28.24″	08°15′04.35″	Langbåen
挪威本土 96	58°13′03.51″	08°28′37.16″	outermost rock in Gjeslingen（Gjeslingen 最外缘礁）
挪威本土 97	58°18′27.10″	08°39′29.68″	Hesnesbregen
挪威本土 98	58°49′58.87″	09°33′01.19″	outermost rock E of the southern tip of
			Jomfruland（Jomfruland 南端东部最外缘礁）
挪威本土 99	58°56′07.26″	09°56′08.90″	Steinbrotta
挪威本土 100	58°57′55.16″	10°09′17.77″	Rock S of Bidevindsholmen
			（Bidevindsholmen 南礁）
挪威本土 101	58°58′36.67″	10°13′51.44″	Rock S of Ertholmen（Ertholmen 南礁）
挪威本土 102	58°56′53.04″	10°53′04.51″	Heifluene S（Heifluene 南）
挪威本土 103	58°56′32.18″	10°55′04.47″	Border between Norway and Sweden, border
			点 XX (G.B.2. buoy)
			（挪威和瑞典边界，边界点 XX）

列表中的坐标以 1989 年欧洲大地基准（EUREF89）为参考。一条直线指两点间的最短距离（大地线）。

2. 条例 2002 年 7 月 1 日生效。同时，1935 年 7 月 12 日《关于北纬 66°28′8″ 以北的挪威渔业区基线的敕令》以及 1952 年 7 月 18 日《关于北纬 66°28′8″ 以南的挪威渔业区基线的敕令》废除。*

* 2003 年 10 月 10 日《摄政王储令》修订，并于 2003 年 12 月 1 日生效。

图书在版编目（CIP）数据

世界海洋法译丛．欧洲卷．Ⅱ / 张海文，张桂红，黄影主编．— 青岛：青岛出版社，2017.12
ISBN 978-7-5552-6261-9

Ⅰ．①世… Ⅱ．①张… ②张… ③黄… Ⅲ．①海洋法－欧洲 Ⅳ．① D993.5

中国版本图书馆 CIP 数据核字（2017）第 314251 号

书　　名　世界海洋法译丛·欧洲卷Ⅱ
主　　编　张海文　张桂红　黄　影
出 版 人　孟鸣飞
出版发行　青岛出版社（青岛市海尔路 182 号，266061）
本社网址　http://www.qdpub.com
责任编辑　宋　磊
特约审读　陈奕彤
封面设计　张　晓
照　　排　青岛双星华信印刷有限公司
印　　刷　青岛国彩印刷有限公司
出版日期　2017 年 12 月第 1 版　2017 年 12 月第 1 次印刷
开　　本　16 开（710mm × 1000mm）
印　　张　22
字　　数　350 千
书　　号　ISBN 978-7-5552-6261-9
定　　价　180.00 元

编校印装质量、盗版监督服务电话　4006532017　0532-68068638